MARKUS JEHLE

HIMMLISCHE KONSTELLATIONEN 2024

Printed in EU

Gestaltung | Satz | alle Zeichnungen:
Dörthe Fürbeck | www.doerthe-fuerbeck.de

Titelfoto: Adobe Stock © Peter Jurik, Umgestaltung: Dörthe Fürbeck

Korrektorat & Lektorat:
Karin Wendering | kontakt@karinwendering.de

ISBN 978-3-89997-296-2

Kalenderbestellungen ganzjährig unter:
Chiron Verlag
Postfach 1250
D-72002 Tübingen
Fon 07071-8884150
Fax 07071-8884155

info@chironverlag.com
www.chironverlag.de

www.astrologie-zentrum-berlin.de

LEBEN UND HANDELN
IM EINKLANG
MIT DEM KOSMOS

MARKUS JEHLE

2024

HIMMLISCHE KONSTELLATIONEN

ASTROLOGISCHES JAHRBUCH

LIEBE LESERIN,
LIEBER LESER,

was wäre gewesen, wenn ...?
Diese Frage stellt sich meist
beim Rückblick auf Vergangenes.
So wie jetzt, mit Pluto, Ende Steinbock,
im Übergang in Wassermann.

***

Was sind die Geschichten,
die das Leben schreibt?
Inwieweit sind es unsere?
Wer war und wer ist noch daran beteiligt?
Und für wen sind sie noch lebendig?

***

Was ist mit den Geschichten,
die nicht geschrieben
und nicht erzählt worden sind?
Die Versäumnisse und Unterlassungen,
auch sie leben in uns fort.

***

Die Vergangenheit – sie ist veränderbar,
sobald ihre Geschichte neu erzählt wird.
Welche Wahrheiten daraus erwachsen,
wird unsere Zukunft prägen.

***

Mit Jupiter in Zwillinge
wird es 2024 viel zu erzählen geben.
Neues und Altes, Gelebtes und Ungelebtes.
Vergangenes, Gegenwärtiges und Zukünftiges.
Und wie lautet Ihre Geschichte?

***

Sternengrüße, Markus Jehle

INHALT

2024

JANUAR

Mo	1	8	15	22	29
Di	2	9	16	23	30
Mi	3	10	17	24	31
Do	4	11	18	25	
Fr	5	12	19	26	
Sa	6	13	20	27	
So	7	14	21	28	

FEBRUAR

Mo		5	12	19	26
Di		6	13	20	27
Mi		7	14	21	28
Do	1	8	15	22	29
Fr	2	9	16	23	
Sa	3	10	17	24	
So	4	11	18	25	

MÄRZ

Mo		4	11	18	25
Di		5	12	19	26
Mi		6	13	20	27
Do		7	14	21	28
Fr	1	8	15	22	29
Sa	2	9	16	23	30
So	3	10	17	24	31

APRIL

Mo	1	8	15	22	29
Di	2	9	16	23	30
Mi	3	10	17	24	
Do	4	11	18	25	
Fr	5	12	19	26	
Sa	6	13	20	27	
So	7	14	21	28	

MAI

Mo		6	13	20	27
Di		7	14	21	28
Mi	1	8	15	22	29
Do	2	9	16	23	30
Fr	3	10	17	24	31
Sa	4	11	18	25	
So	5	12	19	26	

JUNI

Mo		3	10	17	24
Di		4	11	18	25
Mi		5	12	19	26
Do		6	13	20	27
Fr		7	14	21	28
Sa	1	8	15	22	29
So	2	9	16	23	30

JULI

Mo	1	8	15	22	29
Di	2	9	16	23	30
Mi	3	10	17	24	31
Do	4	11	18	25	
Fr	5	12	19	26	
Sa	6	13	20	27	
So	7	14	21	28	

AUGUST

Mo		5	12	19	26
Di		6	13	20	27
Mi		7	14	21	28
Do	1	8	15	22	29
Fr	2	9	16	23	30
Sa	3	10	17	24	31
So	4	11	18	25	

SEPTEMBER

Mo		2	9	16	23	30
Di		3	10	17	24	
Mi		4	11	18	25	
Do		5	12	19	26	
Fr		6	13	20	27	
Sa		7	14	21	28	
So	1	8	15	22	29	

OKTOBER

Mo		7	14	21	28
Di	1	8	15	22	29
Mi	2	9	16	23	30
Do	3	10	17	24	31
Fr	4	11	18	25	
Sa	5	12	19	26	
So	6	13	20	27	

NOVEMBER

Mo		4	11	18	25
Di		5	12	19	26
Mi		6	13	20	27
Do		7	14	21	28
Fr	1	8	15	22	29
Sa	2	9	16	23	30
So	3	10	17	24	

DEZEMBER

Mo		2	9	16	23	30
Di		3	10	17	24	31
Mi		4	11	18	25	
Do		5	12	19	26	
Fr		6	13	20	27	
Sa		7	14	21	28	
So	1	8	15	22	29	

Orange hervorgehobene Feiertage gelten nicht in allen Bundesländern.

2025

	JANUAR				
Mo		6	13	20	27
Di		7	14	21	28
Mi	1	8	15	22	29
Do	2	9	16	23	30
Fr	3	10	17	24	31
Sa	4	11	18	25	
So	5	12	19	26	

	FEBRUAR				
Mo		3	10	17	24
Di		4	11	18	25
Mi		5	12	19	26
Do		6	13	20	27
Fr		7	14	21	28
Sa	1	8	15	22	
So	2	9	16	23	

	MÄRZ					
Mo		3	10	17	24	31
Di		4	11	18	25	
Mi		5	12	19	26	
Do		6	13	20	27	
Fr		7	14	21	28	
Sa	1	8	15	22	29	
So	2	9	16	23	30	

	APRIL				
Mo		7	14	21	28
Di	1	8	15	22	29
Mi	2	9	16	23	30
Do	3	10	17	24	
Fr	4	11	18	25	
Sa	5	12	19	26	
So	6	13	20	27	

	MAI				
Mo		5	12	19	26
Di		6	13	20	27
Mi		7	14	21	28
Do	1	8	15	22	29
Fr	2	9	16	23	30
Sa	3	10	17	24	31
So	4	11	18	25	

	JUNI					
Mo		2	9	16	23	30
Di		3	10	17	24	
Mi		4	11	18	25	
Do		5	12	19	26	
Fr		6	13	20	27	
Sa		7	14	21	28	
So	1	8	15	22	29	

	JULI				
Mo		7	14	21	28
Di	1	8	15	22	29
Mi	2	9	16	23	30
Do	3	10	17	24	31
Fr	4	11	18	25	
Sa	5	12	19	26	
So	6	13	20	27	

	AUGUST				
Mo		4	11	18	25
Di		5	12	19	26
Mi		6	13	20	27
Do		7	14	21	28
Fr	1	8	15	22	29
Sa	2	9	16	23	30
So	3	10	17	24	31

	SEPTEMBER				
Mo	1	8	15	22	29
Di	2	9	16	23	30
Mi	3	10	17	24	
Do	4	11	18	25	
Fr	5	12	19	26	
Sa	6	13	20	27	
So	7	14	21	28	

	OKTOBER				
Mo		6	13	20	27
Di		7	14	21	28
Mi	1	8	15	22	29
Do	2	9	16	23	30
Fr	3	10	17	24	31
Sa	4	11	18	25	
So	5	12	19	26	

	NOVEMBER				
Mo		3	10	17	24
Di		4	11	18	25
Mi		5	12	19	26
Do		6	13	20	27
Fr		7	14	21	28
Sa	1	8	15	22	29
So	2	9	16	23	30

	DEZEMBER				
Mo	1	8	15	22	29
Di	2	9	16	23	30
Mi	3	10	17	24	31
Do	4	11	18	25	
Fr	5	12	19	26	
Sa	6	13	20	27	
So	7	14	21	28	

Orange hervorgehobene Feiertage gelten nicht in allen Bundesländern.

SCHULFERIEN IN DEUTSCHLAND

Bundesland	Weihnachten 2023/2024	Winter 2024	Ostern 2024	Pfingsten 2024
Baden-Württemberg	23.12. - 05.01.	keine Ferien	23.03. - 05.04.	21.05. - 31.05.
Bayern	23.12. - 05.01.	12.02. - 16.02.*	25.03. - 06.04.	21.05. - 01.06.
Berlin	23.12. - 05.01.	05.02. - 10.02.*	25.03. - 05.04	10.05.*
Brandenburg	23.12. - 05.01.	05.02. - 09.02.	25.03. - 05.04.	keine Ferien*
Bremen	23.12. - 05.01.	01.02. - 02.02.	18.03. - 28.03.	10.05. + 21.05.*
Hamburg	22.12. - 05.01.	02.02.	18.03. - 28.03.*	10.05. + 21.05. - 24.05.*
Hessen	27.12. - 13.01.	keine Ferien	25.03. - 13.04.	keine Ferien
Mecklenburg-Vorpommern	21.12. - 03.01.	05.02. - 16.02.	25.03. - 03.04.	10.05. + 17.05.- 21.05.*
Niedersachsen	27.12. - 05.01.	01.02. - 02.02.	18.03. - 28.03.	10.05. + 21.05.*
NRW	21.12. - 05.01.	keine Ferien	25.03. - 06.04.	21.05.
Rheinland-Pfalz	27.12. - 05.01.	keine Ferien*	25.03. - 02.04.	21.05. - 29.05.
Saarland	21.12. - 02.01.	12.02. - 16.02.	25.03. - 05.04.	21.05. - 24.05.
Sachsen	23.12. - 02.01.	12.02. - 23.02.	28.03. - 05.04	10.05. + 18.05. - 21.05.*
Sachsen-Anhalt	21.12. - 03.01.	05.02. - 10.02.	25.03. - 30.03.	21.05. - 24.05.
Schleswig-Holstein	27.12. - 06.01.	keine Ferien	02.04. - 19.04.	10.05. - 11.05.*

Angegeben sind der erste und letzte Ferientag. Regionale Ferientage sind nicht berücksichtigt. Änderungen sind möglich. Alle Angaben ohne Gewähr.

Sommer 2024	Herbst 2024	Weihnachten 2024/2025	Winter 2025	Ostern 2025
25.07. - 07.09.	28.10. - 30.10. + 31.10.	23.12. - 04.01.	keine Ferien*	14.04. - 26.04.
29.07. - 09.09.	28.10. - 31.10. + 20.11.*	23.12. - 03.01.	03.03. - 07.03*	14.04. - 25.04.
18.07. - 30.08.	04.10. + 21.10. - 02.11.*	23.12. - 31.12.	03.02. - 08.02.	14.04. - 25.04. + 02.05. + 30.05.
18.07. - 31.08.	04.10. + 21.10. - 02.11.*	23.12. - 31.12.	03.02. - 08.02.	14.04. - 25.04. + 02.05. + 30.05.
24.06. - 02.08.	04.10. - 19.10. + 01.11.*	23.12. - 04.01.	03.02. - 04.02.	07.04. - 19.04.
18.07. - 28.08.	04.10. + 21.10. - 01.11.*	20.12. - 03.01.	31.01.*	10.03. - 21.03.
15.07. - 23.08.	keine Ferien	keine Ferien	keine Ferien	keine Ferien.
22.07. - 31.08.	04.10. + 21.10. - 26.10. + 01.11.*	23.12. - 06.01.*	03.02. - 14.02.*	14.04. - 23.04. + 30.05.
24.06. - 03.08.	04.10. - 19.10. + 01.11.*	23.12. - 04.01.	03.02. - 04.02.	07.04. - 19.04. + 30.04.
08.07. - 20.08	14.10. - 26.10.	23.12. - 06.01.	keine Ferien	14.04. - 26.04.
15.07. - 23.08.	14.10. - 25.10	23.12. - 08.01.	keine Ferien*	14.04. - 25.04.
15.07. - 23.08.	14.10. - 25.10..	23.12. - 03.01.	24.02. - 04.03.	14.04. - 25.04.
20.06. - 02.08.	07.10. - 19.10.	23.12. - 03.01.	17.02. - 01.03.	18.04. - 25.04. + 30.05.
24.06. - 03.08.	30.09. - 12.10. + 01.11.	23.12. - 04.01.	27.01. - 31.01.	07.04. - 19.04.
22.07. - 31.08.*	04.10. + 21.10. - 01.11.*	19.12. - 07.01.	03.02.*	11.04. - 25.04. + 02.05.

* *(zusätzlicher) unterrichtsfreier Tag*

1) Auf den niedersächsischen Nordseeinseln gelten Sonderregelungen.

2) Auf den Inseln Sylt, Föhr, Helgoland und Amrum sowie auf den Halligen enden die Sommerferien eine Woche früher, die Herbstferien beginnen eine Woche früher.

JANUAR 2024

1. Woche	1	Mo	Neujahr	
	2	Di		
	3	Mi		
	4	Do		◑ 4:30
	5	Fr		
	6	Sa	Heilige Drei Könige	
	7	So		
2. Woche	8	Mo		
	9	Di		
	10	Mi		
	11	Do		● 12:57
	12	Fr		
	13	Sa		
	14	So		
3. Woche	15	Mo		
	16	Di		
	17	Mi		
	18	Do		◐ 4:52
	19	Fr		
	20	Sa		
	21	So		
4. Woche	22	Mo		
	23	Di		
	24	Mi		
	25	Do		○ 18:54
	26	Fr		
	27	Sa	Gedenktag für die Opfer des Nationalsozialismus	
	28	So		
5. Woche	29	Mo		
	30	Di		
	31	Mi		

Orange hervorgehobene Feiertage gelten nicht in allen Bundesländern.

FEBRUAR 2024

	1	Do		
	2	Fr		
	3	Sa		◑ 0:18
	4	So		
6. Woche	5	Mo		
	6	Di		
	7	Mi		
	8	Do	Weiberfastnacht	
	9	Fr		● 23:59
	10	Sa		
	11	So		
7. Woche	12	Mo	Rosenmontag	
	13	Di	Faschingsdienstag	
	14	Mi	Aschermittwoch I Valentinstag	
	15	Do		
	16	Fr		◐ 16:01
	17	Sa		
	18	So		
8. Woche	19	Mo		
	20	Di		
	21	Mi		
	22	Do		
	23	Fr		
	24	Sa		○ 13:30
	25	So		
9. Woche	26	Mo		
	27	Di		
	28	Mi		
	29	Do		

MÄRZ 2024

	1	Fr		
	2	Sa		
	3	So		◑ 16:23
10. Woche	4	Mo		
	5	Di		
	6	Mi		
	7	Do		
	8	Fr	Internationaler Frauentag	
	9	Sa		
	10	So		● 10:00
11. Woche	11	Mo		
	12	Di		
	13	Mi		
	14	Do		
	15	Fr		
	16	Sa		
	17	So		◐ 5:11
12. Woche	18	Mo		
	19	Di		
	20	Mi	Frühlingsanfang I Tag der Astrologie	
	21	Do	Gedenktag gegen Rassismus	
	22	Fr		
	23	Sa		
	24	So	Palmsonntag	
13. Woche	25	Mo	Halbschatten-Mondfinsternis	○ 8:00
	26	Di		
	27	Mi		
	28	Do		
	29	Fr	Karfreitag	
	30	Sa		
	31	So	Ostersonntag Beginn der Sommerzeit (+ 1 Stunde)	

Orange hervorgehobene Feiertage gelten nicht in allen Bundesländern.

APRIL 2024

14. Woche	1	Mo	Ostermontag	
	2	Di		◑ 5:15
	3	Mi		
	4	Do		
	5	Fr		
	6	Sa		
	7	So		
15. Woche	8	Mo	totale Sonnenfinsternis	● 20:21
	9	Di		
	10	Mi		
	11	Do		
	12	Fr		
	13	Sa		
	14	So		
16. Woche	15	Mo		◐ 21:13
	16	Di		
	17	Mi		
	18	Do		
	19	Fr		
	20	Sa		
	21	So		
17. Woche	22	Mo		
	23	Di		
	24	Mi		○ 1:49
	25	Do		
	26	Fr		
	27	Sa		
	28	So		
18. Woche	29	Mo		
	30	Di	Walpurgisnacht	

MAI 2024

	1	Mi	Tag der Arbeit	◑ 13:27
	2	Do		
	3	Fr		
	4	Sa		
	5	So		
19. Woche	6	Mo		
	7	Di		
	8	Mi	Tag der Befreiung vom Nationalsozialismus	● 5:22
	9	Do	Christi Himmelfahrt I Vatertag I Europatag	
	10	Fr		
	11	Sa		
	12	So	Muttertag	
20. Woche	13	Mo		
	14	Di		
	15	Mi		◐ 13:48
	16	Do		
	17	Fr		
	18	Sa		
	19	So	Pfingstsonntag	
21. Woche	20	Mo	Pfingstmontag	
	21	Di		
	22	Mi		
	23	Do		○ 15:53
	24	Fr		
	25	Sa		
	26	So		
22. Woche	27	Mo		
	28	Di		
	29	Mi		
	30	Do	Fronleichnam	◑ 19:12
	31	Fr		

Orange hervorgehobene Feiertage gelten nicht in allen Bundesländern.

JUNI 2024

	1	Sa	Internationaler Kindertag	
	2	So		
23. Woche	3	Mo		
	4	Di		
	5	Mi		
	6	Do		● 14:38
	7	Fr		
	8	Sa		
	9	So		
24. Woche	10	Mo		
	11	Di		
	12	Mi		
	13	Do		
	14	Fr		◐ 7:18
	15	Sa		
	16	So		
25. Woche	17	Mo		
	18	Di		
	19	Mi		
	20	Do	Sommeranfang	
	21	Fr	Welthumanistentag	
	22	Sa		○ 3:08
	23	So		
26. Woche	24	Mo	Johannistag	
	25	Di		
	26	Mi		
	27	Do		
	28	Fr		◑ 23:53
	29	Sa		
	30	So		

JULI 2024

27. Woche	1 Mo	
	2 Di	
	3 Mi	
	4 Do	
	5 Fr	
	6 Sa	● 0:57
	7 So	
28. Woche	8 Mo	
	9 Di	
	10 Mi	
	11 Do	
	12 Fr	
	13 Sa	
	14 So	◐ 0:49
29. Woche	15 Mo	
	16 Di	
	17 Mi	
	18 Do	
	19 Fr	
	20 Sa	
	21 So	○ 12:17
30. Woche	22 Mo	
	23 Di	
	24 Mi	
	25 Do	
	26 Fr	
	27 Sa	
	28 So	◑ 4:51
31. Woche	29 Mo	
	30 Di	
	31 Mi	

Orange hervorgehobene Feiertage gelten nicht in allen Bundesländern.

AUGUST 2024

	1	Do	
	2	Fr	
	3	Sa	
	4	So	● 13:13
32. Woche	5	Mo	
	6	Di	
	7	Mi	
	8	Do	Augsburger Friedensfest
	9	Fr	
	10	Sa	
	11	So	
33. Woche	12	Mo	◐ 17:19
	13	Di	
	14	Mi	
	15	Do	Mariä Himmelfahrt
	16	Fr	
	17	Sa	
	18	So	
34. Woche	19	Mo	○ 20:26
	20	Di	
	21	Mi	
	22	Do	
	23	Fr	
	24	Sa	
	25	So	
35. Woche	26	Mo	◑ 11:26
	27	Di	
	28	Mi	
	29	Do	
	30	Fr	
	31	Sa	

SEPTEMBER 2024

Woche	Tag		Eintrag	Mond
	1	So	Antikriegstag	
36. Woche	2	Mo		
	3	Di		● 3:55
	4	Mi		
	5	Do		
	6	Fr		
	7	Sa		
	8	So		
37. Woche	9	Mo		
	10	Di		
	11	Mi		◐ 8:05
	12	Do		
	13	Fr		
	14	Sa		
	15	So		
38. Woche	16	Mo		
	17	Di		
	18	Mi	partielle Mondfinsternis	○ 4:34
	19	Do		
	20	Fr	Weltkindertag	
	21	Sa		
	22	So	Herbstanfang	
39. Woche	23	Mo		
	24	Di		◑ 20:50
	25	Mi		
	26	Do		
	27	Fr		
	28	Sa		
	29	So		
	30	Mo		
40. Woche				

Orange hervorgehobene Feiertage gelten nicht in allen Bundesländern.

OKTOBER 2024

	1	Di		
	2	Mi	ringförmige Sonnenfinsternis	● 20:49
	3	Do	Tag der Deutschen Einheit	
	4	Fr		
	5	Sa		
	6	So	Erntedankfest	
41. Woche	7	Mo		
	8	Di		
	9	Mi		
	10	Do		◐ 20:55
	11	Fr		
	12	Sa		
	13	So		
42. Woche	14	Mo		
	15	Di		
	16	Mi		
	17	Do		○ 13:26
	18	Fr		
	19	Sa		
	20	So		
43. Woche	21	Mo		
	22	Di		
	23	Mi		
	24	Do		◑ 10:03
	25	Fr		
	26	Sa		
	27	So	Ende der Sommerzeit (- 1 Stunde)	
44. Woche	28	Mo		
	29	Di		
	30	Mi		
	31	Do	Reformationstag | Halloween	

NOVEMBER 2024

	1	Fr	Allerheiligen	● 13:47
	2	Sa	Allerseelen	
	3	So		
45. Woche	4	Mo		
	5	Di		
	6	Mi		
	7	Do		
	8	Fr		
	9	Sa		◐ 6:55
	10	So		
46. Woche	11	Mo	Martinstag	
	12	Di		
	13	Mi		
	14	Do		
	15	Fr		○ 22:28
	16	Sa		
	17	So		
47. Woche	18	Mo		
	19	Di	Volkstrauertag	
	20	Mi	Buß- und Bettag	
	21	Do		
	22	Fr		
	23	Sa		◑ 2:28
	24	So	Totensonntag	
48. Woche	25	Mo		
	26	Di		
	27	Mi		
	28	Do		
	29	Fr		
	30	Sa		

Orange hervorgehobene Feiertage gelten nicht in allen Bundesländern.

DEZEMBER 2024

	1	So	1. Advent	● 7:21
49. Woche	2	Mo		
	3	Di		
	4	Mi		
	5	Do		
	6	Fr	Nikolaus	
	7	Sa		
	8	So	2. Advent	◐ 16:26
50. Woche	9	Mo		
	10	Di		
	11	Mi		
	12	Do		
	13	Fr		
	14	Sa		
	15	So	3. Advent	○ 10:01
51. Woche	16	Mo		
	17	Di		
	18	Mi		
	19	Do		
	20	Fr		
	21	Sa	Winteranfang	
	22	So	4. Advent	◑ 23:18
52. Woche	23	Mo		
	24	Di	Heiligabend	
	25	Mi	1. Weihnachtsfeiertag	
	26	Do	2. Weihnachtsfeiertag	
	27	Fr		
	28	Sa		
	29	So		
1. Woche	30	Mo		● 23:27
	31	Di	Silvester	

JANUAR 2025

	1	Mi	Neujahr	
	2	Do		
	3	Fr		
	4	Sa		
	5	So		
2. Woche	6	Mo	Heilige Drei Könige	
	7	Di		◐ 0:57
	8	Mi		
	9	Do		
	10	Fr		
	11	Sa		
	12	So		
3. Woche	13	Mo		○ 23:28
	14	Di		
	15	Mi		
	16	Do		
	17	Fr		
	18	Sa		
	19	So		
4. Woche	20	Mo		◑ 18:34
	21	Di		
	22	Mi		
	23	Do		
	24	Fr		
	25	Sa		
	26	So		
5. Woche	27	Mo		
	28	Di		
	29	Mi		● 13:37
	30	Do		
	31	Fr		

Orange hervorgehobene Feiertage gelten nicht in allen Bundesländern.

FEBRUAR 2025

	1	Sa		
	2	So		
6. Woche	3	Mo		
	4	Di		
	5	Mi		◐ 9:03
	6	Do		
	7	Fr		
	8	Sa		
	9	So		
7. Woche	10	Mo		
	11	Di		
	12	Mi		○ 14:55
	13	Do		
	14	Fr	Valentinstag	
	15	Sa		
	16	So		
8. Woche	17	Mo		
	18	Di		
	19	Mi		
	20	Do		◑ 18:34
	21	Fr		
	22	Sa		
	23	So		
9. Woche	24	Mo		
	25	Di		
	26	Mi		
	27	Do	Weiberfastnacht	
	28	Fr		● 1:46

MÄRZ 2025

	1	Sa		
	2	So		
10. Woche	3	Mo	Rosenmontag	
	4	Di	Faschingsdienstag	
	5	Mi	Aschermittwoch	
	6	Do		◐ 17:33
	7	Fr		
	8	Sa	Internationaler Frauentag	
	9	So		
11. Woche	10	Mo		
	11	Di		
	12	Mi		
	13	Do		
	14	Fr	totale Mondfinsternis	○ 7:56
	15	Sa		
	16	So		
12. Woche	17	Mo		
	18	Di		
	19	Mi		
	20	Do	Frühlingsanfang I Tag der Astrologie	
	21	Fr	Gedenktag gegen Rassismus	
	22	Sa		◑ 12:31
	23	So		
13. Woche	24	Mo		
	25	Di		
	26	Mi		
	27	Do		
	28	Fr		
	29	Sa	partielle Sonnenfinsternis	● 11:59
	30	So		
14. Woche	31	Mo	Beginn der Sommerzeit (+ 1 Stunde)	

Orange hervorgehobene Feiertage gelten nicht in allen Bundesländern.

APRIL 2025

	1	Di		
	2	Mi		
	3	Do		
	4	Fr		
	5	Sa		◐ 4:16
	6	So		
15. Woche	7	Mo		
	8	Di		
	9	Mi		
	10	Do		
	11	Fr		
	12	Sa		
	13	So	Palmsonntag	○ 2:23
16. Woche	14	Mo		
	15	Di		
	16	Mi		
	17	Do		
	18	Fr	Karfreitag	
	19	Sa		
	20	So	Ostersonntag	
17. Woche	21	Mo	Ostermontag	◑ 3:37
	22	Di		
	23	Mi		
	24	Do		
	25	Fr		
	26	Sa		
	27	So		● 21:32
18. Woche	28	Mo		
	29	Di		
	30	Mi		

WIE FUNKTIONIERT DER KALENDER?

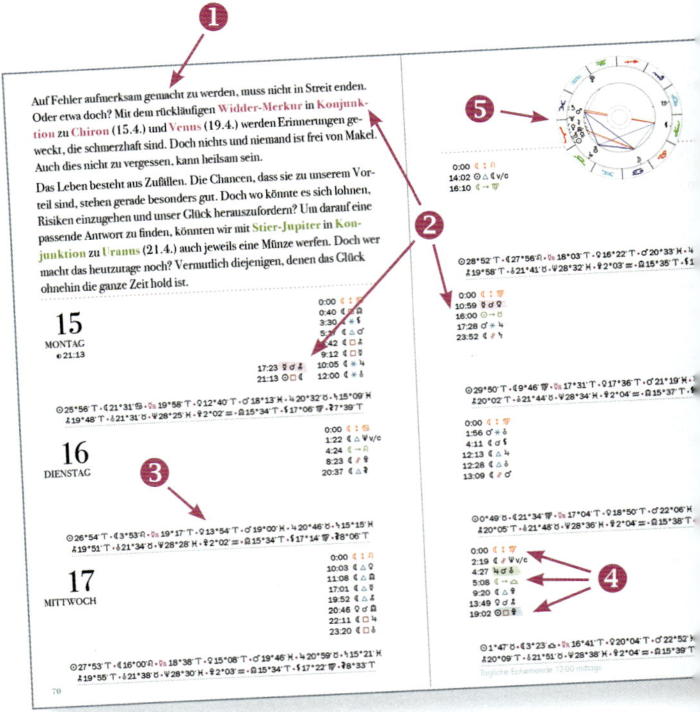

1 WOCHENIMPULSE

Wichtige astrologische Konstellationen der Woche in prägnanten Formulierungen tiefsinnig und humorvoll auf den Punkt gebracht.

❷ PLANETENKONSTELLATIONEN

Die farbigen Hervorhebungen und Unterlegungen markieren die Planetenkonstellationen, auf denen die Wochentexte basieren. Konstellationen, die zusammengehören, entsprechen einander farblich.

❸ TAGESEPHEMERIDE

Angegeben sind die Positionen der Planeten für 12:00 Uhr mittags. Merkur ist während seiner Rückläufigkeit rot gekennzeichnet.

❹ ASPEKTE

Die wichtigsten täglichen Aspekte werden mit Zeitangabe in mitteleuropäischer Zeit aufgeführt (Sommerzeit ist berücksichtigt). Grün hervorgehoben sind die Zeichenwechsel; spannungsreiche Aspekte sind rot, harmonische Aspekte blau und Konjunktionen schwarz gekennzeichnet. Die Rückläufigkeitsphasen von Merkur sind ebenfalls rot markiert. Ganz am Anfang der täglichen Aspektangaben ist die Zeichenstellung des Mondes um 00:00 Uhr in Orange angegeben. Informationen zur Deutung der Aspekte finden Sie ab Seite194.

❺ HOROSKOPGRAFIK

Hier finden Sie eine grafische Darstellung der Planetenstände und -aspekte im Horoskopkreis. Diese sind für die aktuelle Kalenderwoche erstellt, jeweils auf Montag um 12:00 mittags.

Die Sommerzeit ist bei allen Zeitangaben dieses Kalenders bereits berücksichtigt.

RÜCKLÄUFIGKEIT

Von der Erde aus scheinen sich die Planeten in östlicher Richtung vor dem Hintergrund der Sterne zu bewegen. Läuft ein innerer Planet an der Erde vorbei oder passiert die Erde einen der äußeren Planeten, scheint der langsamere Planet anzuhalten und sich dann westlich weiterzubewegen. Dies wird als »Rückläufigkeit« bezeichnet. Das ist wie auf der Autobahn: Wenn man ein Auto überholt, scheint dieses stillzustehen und dann rückwärtszufahren. Jupiter, Saturn, Chiron, Uranus, Neptun und Pluto sind etwa 35 bis 45 Prozent ihrer Umlaufzeit rückläufig,

PLANETENLAUF UND RÜCKLÄUFIGKEIT 2024

Planet	1. Januar	31. Dezember	rückläufig
Merkur 88 Tage*	22°17'r ♐	18°33' ♐	13. Dezember 202 2. April 5. August 26. November
Venus 225 Tage*	2°34' ♐	26°35' ♒	keine Rückläufigke in 2024
Mars 2 Jahre*	27°17' ♐	2°15'r ♌	6. Dezember
Jupiter 12 Jahre*	5°35' ♉	13°20'r ♊	9. Oktober
Saturn 29,5 Jahre*	3°14' ♓	14°27' ♓	29. Juni
Chiron 51 Jahre*	15°28' ♈	19°00' ♈	26. Juli
Uranus 84 Jahre*	19°23'r ♉	23°40'r ♉	29. August 2023 1. September
Neptun 165 Jahre*	25°05' ♓	27°17' ♓	2. Juli
Pluto 248 Jahre*	29°21' ♑	1°02' ♒	2. Mai

* Sonnenumlauf

⊕r

Merkur, Venus und Mars nur etwa 7 bis 15 Prozent. Rückläufige Phasen zeigen eine Zeit der Innenschau oder der Wiederholung an. Die Planeten kommen gewissermaßen aus der Zukunft und gehen nochmals in die Vergangenheit zurück. Die von ihnen angezeigten Themen sind uns bereits bekannt, bedürfen jedoch der Reflexion und Überarbeitung. Wer rückläufige Phasen dazu nutzt, sich innerlich neu aufzustellen und nach Lösungen für anstehende Herausforderungen zu suchen, der kann bei der anschließenden Direktläufigkeit davon profitieren.

Grad	direktläufig	Grad
8°29′ ♑ 27°13′ ♈ 4°05′ ♍ 22°39′ ♐	2. Januar 2024 25. April 28. August 15. Dezember	22°11′ ♐ 15°59′ ♈ 21°25′ ♌ 6°24′ ♐
6°10′ ♌	24. Februar 2025	17°01′ ♋
21°20′ ♊	4. Februar 2025	11°17′ ♊
19°26′ ♓	15. November	12°42′ ♓
23°32′ ♈	29. Dezember	19°00′ ♈
23°05′ ♉ 27°15′ ♉	27. Januar 2024 30. Januar 2025	19°05′ ♉ 23°16′ ♉
29°56′ ♓	9. Dezember	27°08′ ♓
2°06′ ♒	12. Oktober	29°38′ ♑

„Mit Schwung und Zuversicht ins neue Jahr“, so lautet das Glücksversprechen von Merkur, Venus und Mars im feurigen Schütze-Zeichen. Doch unseren guten Vorsätzen und Hoffnungen sind Grenzen gesetzt, die womöglich enger sind als gedacht. **Schütze-Venus** bildet ein **Quadrat** zu **Fische-Saturn** (1.1.) und **Mars wechselt** in **Steinbock** (4.1.). Unser Glück und unser Handeln unterliegen Bedingungen. Diese zu ignorieren führt zu Bestrafungen, die allerdings auch Lust bereiten können.

Wo ein Wille ist, da ist auch ein Hindernis. Mit **Steinbock-Sonne** im Quadrat zu **Widder-Chiron** (6.1.) tritt unsere Achillesferse deutlich zutage. Dies sollte uns nicht daran hindern, große Ziele ins Auge zu fassen. Was wir mit **Schütze-Merkur direktläufig** (ab 2.1.) entscheiden, bedarf unserer inneren Gewissheit, um auch für andere überzeugend zu sein.

1 MONTAG

JANUAR 2024

Neujahr

0:00 ☽ ↕ ♍
14:26 ♀ □ ♄
16:29 ☽ ☌ ⚸

☉ 10°30‘ ♑ • ☽ 11°25‘ ♍ • ☿R 22°13‘ ♐ • ♀ 3°10‘ ♐ • ♂ 27°39‘ ♐ • ♃ 5°35‘ ♉ • ♄ 3°17‘ ♓
⚷ 15°28‘ ♈ • ⛢R 19°22‘ ♉ • ♆ 25°05‘ ♓ • ♇ 29°22‘ ♑ • ☊ 21°02‘ ♈ • ⚸ 13°35‘ ♍ • ⚳ 15°37‘ ♒

2 DIENSTAG

0:00 ☽ ↕ ♍
4:09 ☽ △ ⛢
4:09 ☿SD
9:54 ☽ □ ☿
15:50 ☽ ☍ ♆
23:13 ☽ □ ♂

☉ 11°32‘ ♑ • ☽ 23°13‘ ♍ • ☿ 22°11‘ ♐ • ♀ 4°23‘ ♐ • ♂ 28°23‘ ♐ • ♃ 5°35‘ ♉ • ♄ 3°22‘ ♓
⚷ 15°28‘ ♈ • ⛢R 19°21‘ ♉ • ♆ 25°06‘ ♓ • ♇ 29°24‘ ♑ • ☊ 20°59‘ ♈ • ⚸ 13°48‘ ♍ • ⚳ 15°53‘ ♒

3 MITTWOCH

0:00 ☽ ↕ ♍
0:36 ☽ △ ♇ v/c
1:47 ☽ → ♎
13:15 ☽ ✶ ♀

☉ 12°33‘ ♑ • ☽ 5°03‘ ♎ • ☿ 22°19‘ ♐ • ♀ 5°36‘ ♐ • ♂ 29°08‘ ♐ • ♃ 5°36‘ ♉ • ♄ 3°28‘ ♓
⚷ 15°29‘ ♈ • ⛢R 19°20‘ ♉ • ♆ 25°07‘ ♓ • ♇ 29°26‘ ♑ • ☊ 20°57‘ ♈ • ⚸ 14°00‘ ♍ • ⚳ 16°09‘ ♒

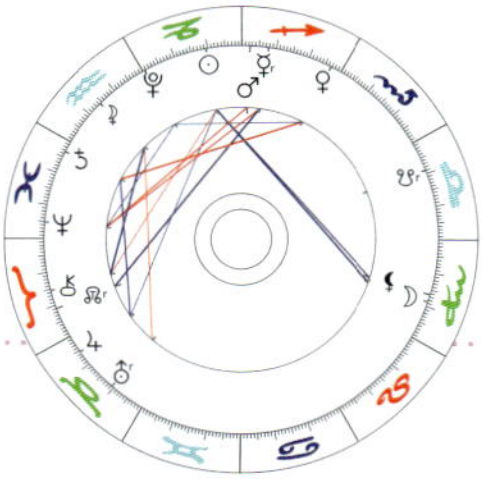

1. WOCHE
JANUAR

0:00 ☾ ↕ ♎
4:30 ⊙□☾
8:59 ☾☍⚷
10:50 ☾△⚳
15:58 ♂→♑
19:52 ☾☍☊
23:24 ☾⚹☿

4
DONNERSTAG
◑ 4:30

⊙13°34'♑ • ☾17°00'♎ • ☿22°34'♐ • ♀6°49'♐ • ♂29°53'♐ • ♃5°37'♉ • ♄3°33'♓
⚷15°29'♈ • ♅R 19°19'♉ • ♆25°08'♓ • ♇29°28'♑ • ☊20°57'♈ • ⚸14°12'♍ • ⚳16°26'♒

0:00 ☾ ↕ ♎
6:54 ⊙△⚸
12:41 ☾□♇ v/c
13:39 ☾→♏
15:03 ☾⚹♂
20:48 ☾△♄

5
FREITAG

⊙14°35'♑ • ☾29°09'♎ • ☿22°57'♐ • ♀8°03'♐ • ♂0°37'♑ • ♃5°38'♉ • ♄3°39'♓
⚷15°30'♈ • ♅R 19°18'♉ • ♆25°09'♓ • ♇29°30'♑ • ☊20°57'♈ • ⚸14°25'♍ • ⚳16°44'♒

0:00 ☾ ↕ ♏
0:35 ☾☍♃
9:35 ⊙□⚷
17:46 ☾⚹⚸
20:12 ⊙⚹☾
22:30 ☾□⚳

Heilige Drei Könige

6
SAMSTAG

⊙15°36'♑ • ☾11°37'♏ • ☿23°27'♐ • ♀9°16'♐ • ♂1°22'♑ • ♃5°39'♉ • ♄3°45'♓
⚷15°30'♈ • ♅R 19°17'♉ • ♆25°10'♓ • ♇29°32'♑ • ☊20°56'♈ • ⚸14°37'♍ • ⚳17°02'♒

0:00 ☾ ↕ ♏
2:24 ☾☍♅
13:21 ☾△♆
21:22 ☾⚹♇ v/c
22:08 ☾→♐

7
SONNTAG

⊙16°37'♑ • ☾24°27'♏ • ☿24°04'♐ • ♀10°29'♐ • ♂2°07'♑ • ♃5°40'♉ • ♄3°50'♓
⚷15°31'♈ • ♅R 19°16'♉ • ♆25°11'♓ • ♇29°34'♑ • ☊20°52'♈ • ⚸14°49'♍ • ⚳17°22'♒

Unser Wunschdenken macht vieles möglich, was zunächst wie ein Wunder erscheint. Doch mit **Schütze-Merkur** im **Quadrat** zu **Fische-Neptun** (9.1.) ist die Versuchung groß, uns selbst und anderen etwas vorzumachen. Es sind die praktischen Herausforderungen des Alltags, an denen wir uns zu bewähren haben. Unsere Kräfte zu bündeln und gezielt zum Einsatz zu bringen, ist mit **Steinbock-Mars** im **Sextil** zu **Fische-Saturn** (10.1.) und im **Trigon** zu **Stier-Jupiter** (12.1.) die richtige Strategie für langfristigen Erfolg. Mit dem **Wechsel** von **Merkur** in **Steinbock** (14.1.) tauchen immer mehr Tatsachen auf, an denen kein Weg vorbeiführt. Der Unterschied zwischen Fakt und Fake besteht aus mehr als nur einem Buchstaben.

Neumond in Steinbock (11.1.): Uns in Disziplin zu üben, muss, nicht in Masochismus und Selbstbestrafung münden.

8
MONTAG

0:00 ☾ ↕ ♐
5:11 ☾ □ ♄
19:44 ☾ ☌ ♀

☉17°38‘♑ • ☾7°43‘♐ • ☿24°45‘♐ • ♀11°42‘♐ • ♂2°52‘♑ • ♃5°42‘♉ • ♄3°56‘♓
⚷15°31‘♈ • ♅R 19°15‘♉ • ♆25°12‘♓ • ♇29°36‘♑ • ☊20°46‘♈ • ⚸15°00‘♍ • ⚳17°42‘♒

9
DIENSTAG

0:00 ☾ ↕ ♐
1:01 ☾ □ ⚸
1:44 ☾ △ ⚷
2:24 ☿ □ ♆
5:58 ☾ ✶ ⚳
10:35 ☾ △ ☊
18:27 ☾ □ ♆
19:24 ☾ ☌ ☿ v/c

☉18°40‘♑ • ☾21°27‘♐ • ☿25°32‘♐ • ♀12°56‘♐ • ♂3°36‘♑ • ♃5°44‘♉ • ♄4°02‘♓
⚷15°32‘♈ • ♅R 19°14‘♉ • ♆25°13‘♓ • ♇29°37‘♑ • ☊20°37‘♈ • ⚸15°12‘♍ • ⚳18°03‘♒

10
MITTWOCH

0:00 ☾ ↕ ♐
1:07 ☉ △ ♅
2:33 ☾ → ♑
3:40 ♂ ✶ ♄
9:29 ☾ ✶ ♄
9:45 ☾ ☌ ♂
12:14 ☾ △ ♃

☉19°41‘♑ • ☾5°38‘♑ • ☿26°23‘♐ • ♀14°09‘♐ • ♂4°21‘♑ • ♃5°46‘♉ • ♄4°08‘♓
⚷15°33‘♈ • ♅R 19°13‘♉ • ♆25°14‘♓ • ♇29°39‘♑ • ☊20°26‘♈ • ⚸15°23‘♍ • ⚳18°25‘♒

2. WOCHE
JANUAR

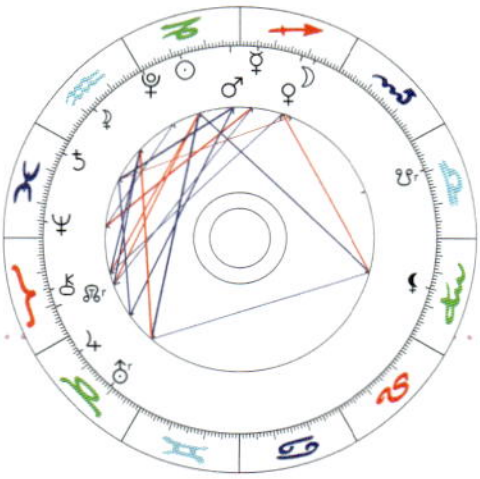

11
DONNERSTAG
● 12:57

0:00 ☽ ↕ ♑
2:43 ☉ □ ☊
4:24 ☽ △ ⚸
4:27 ☽ □ ⚷
10:26 ☽ △ ♅
12:07 ☽ □ ☊
12:57 ☉ ☌ ☽
15:36 ♀ △ ⚷
16:40 ♀ □ ⚸
20:20 ☽ ⚹ ♆

☉20°42' ♑ • ☽20°09' ♑ • ☿27°18' ♐ • ♀15°23' ♐ • ♂5°06' ♑ • ♃5°48' ♉ • ♄4°14' ♓
⚷15°34' ♈ • ♅R 19°12' ♉ • ♆25°15' ♓ • ♇29°41' ♑ • ☊20°13' ♈ • ⚸15°35' ♍ • ⚳18°47' ♒

12
FREITAG

0:00 ☽ ↕ ♑
3:33 ☽ ☌ ♇ v/c
4:01 ☽ → ♒
11:42 ♂ △ ♃
13:03 ♅ □ ⚳
13:29 ☽ □ ♃

☉21°43' ♑ • ☽4°56' ♒ • ☿28°16' ♐ • ♀16°36' ♐ • ♂5°51' ♑ • ♃5°51' ♉ • ♄4°20' ♓
⚷15°34' ♈ • ♅R 19°11' ♉ • ♆25°17' ♓ • ♇29°43' ♑ • ☊20°01' ♈ • ⚸15°46' ♍ • ⚳19°10' ♒

13
SAMSTAG

0:00 ☽ ↕ ♒
5:12 ☽ ⚹ ⚷
8:31 ☽ ⚹ ♀
10:59 ☽ □ ♅ v/c
11:35 ☽ ☌ ⚳
12:03 ☽ ⚹ ☊

☉22°44' ♑ • ☽19°48' ♒ • ☿29°18' ♐ • ♀17°50' ♐ • ♂6°36' ♑ • ♃5°53' ♉ • ♄4°26' ♓
⚷15°35' ♈ • ♅R 19°10' ♉ • ♆25°18' ♓ • ♇29°45' ♑ • ☊19°51' ♈ • ⚸15°57' ♍ • ⚳19°34' ♒

14
SONNTAG

0:00 ☽ ↕ ♒
0:28 ☊ ⚹ ⚳
3:49 ☿ → ♑
4:29 ☽ → ♓
4:32 ☽ ⚹ ☿
11:50 ☽ ☌ ♄
14:08 ☽ ⚹ ♃
16:40 ☽ ⚹ ♂
23:48 ♀ △ ☊

☉23°45' ♑ • ☽4°38' ♓ • ☿0°22' ♑ • ♀19°03' ♐ • ♂7°21' ♑ • ♃5°56' ♉ • ♄4°32' ♓
⚷15°36' ♈ • ♅R 19°10' ♉ • ♆25°19' ♓ • ♇29°47' ♑ • ☊19°42' ♈ • ⚸16°08' ♍ • ⚳19°58' ♒

Die Merkur-Rückläufigkeitszyklen finden 2024 vorwiegend in den drei Feuerzeichen Widder, Löwe und Schütze statt. Was begeistert uns? Wofür brennen wir innerlich? Welche Fragen und Angelegenheiten gehen uns persönlich etwas an? Wo springt der Funke über? Was wird dabei in uns und anderen entzündet? Wo sind wir zu sehr mit uns selbst beschäftigt? Hinter welchen Meinungen stehen wir? Wie authentisch kommunizieren wir?

Bei zwei Zyklen setzt die Rückläufigkeit in Erdzeichen ein. Auch pragmatische Überlegungen spielen eine wichtige Rolle. Wo laufen wir Gefahr, unsere Energie zu vergeuden? Welche Ideen machen sich bezahlt, welche nicht? Was sehen wir zu positiv und idealistisch? Unsere Entscheidungen wollen gründlich bedacht sein. Doch der größte Fehler wäre es, aus Mutlosigkeit und mangelnder Zuversicht erst gar keine zu treffen.

Mutige und beherzte Entscheidungen

vom 13. Dezember 2023 bis 2. Januar 2024
von 8°29‘ Steinbock bis 22°11‘ Schütze

vom 2. April bis 25. April
von 27°13‘ Widder auf 15°59‘ Widder

vom 5. August bis 28. August
von 4°05‘ Jungfrau bis 21°25‘ Löwe

vom 26. November bis 15. Dezember
von 22°40‘ bis 6°28‘ Schütze

Merkur ist rückläufig

Die Vergangenheit hinter uns zu lassen, ist leichter gesagt als getan. Mit **Steinbock-Sonne** in **Konjunktion** zu **Pluto** (20.1.) ist nicht länger zu übersehen, was ein Ende finden muss. Ziehen wir einen Schlussstrich unter alles, was uns schreckt.

Pluto nimmt einen zweiten Anlauf, um erneut in **Wassermann** zu **wechseln** (ab 21.1.). Vielleicht ist das mit dem Beginn des neuen Zeitalters doch kein Witz, wie manche meinen. Vieles kommt mit Sicherheit anders, als wir denken. Damit ist für Überraschungen gesorgt, die uns auch wehtun können.

Manche Schätze glitzern gerade besonders schön. Doch mit **Schütze-Venus** im **Quadrat** zu **Fische-Neptun** (19.1.) kann der Schein auch trügen. Worauf auch immer wir hereinfallen, es sollte uns beglücken.

15
MONTAG

0:00 ☾ ↕ ♓
7:02 ☾ ☍ ⚸
11:46 ☾ ⚹ ⛢
13:48 ☾ □ ♀
14:35 ♀ ⚹ ⚳
21:47 ☉ ⚹ ☾
22:03 ☾ ☌ ♆

☉24°47‘♑ • ☾19°17‘♓ • ☿1°29‘♑ • ♀20°17‘♐ • ♂8°06‘♑ • ♃5°59‘♉ • ♄4°38‘♓
⚷15°37‘♈ • ⛢R 19°09‘♉ • ♆25°21‘♓ • ♇29°49‘♑ • ☊19°37‘♈ • ⚸16°18‘♍ • ⚳20°22‘♒

16
DIENSTAG

0:00 ☾ ↕ ♓
1:37 ☉ ⚹ ♆
5:33 ☾ ⚹ ♇ v/c
5:48 ☾ → ♈
10:05 ☾ □ ☿
21:13 ☾ □ ♂

☉25°48‘♑ • ☾3°41‘♈ • ☿2°38‘♑ • ♀21°31‘♐ • ♂8°51‘♑ • ♃6°02‘♉ • ♄4°44‘♓
⚷15°39‘♈ • ⛢R 19°08‘♉ • ♆25°22‘♓ • ♇29°51‘♑ • ☊19°35‘♈ • ⚸16°29‘♍ • ⚳20°47‘♒

17
MITTWOCH

0:00 ☾ ↕ ♈
8:20 ☾ ☌ ⚷
15:03 ☾ ☌ ☊
18:05 ☾ ⚹ ⚳
21:22 ☾ △ ♀

☉26°49‘♑ • ☾17°48‘♈ • ☿3°50‘♑ • ♀22°44‘♐ • ♂9°37‘♑ • ♃6°06‘♉ • ♄4°50‘♓
⚷15°40‘♈ • ⛢R 19°08‘♉ • ♆25°23‘♓ • ♇29°53‘♑ • ☊19°34‘♈ • ⚸16°39‘♍ • ⚳21°13‘♒

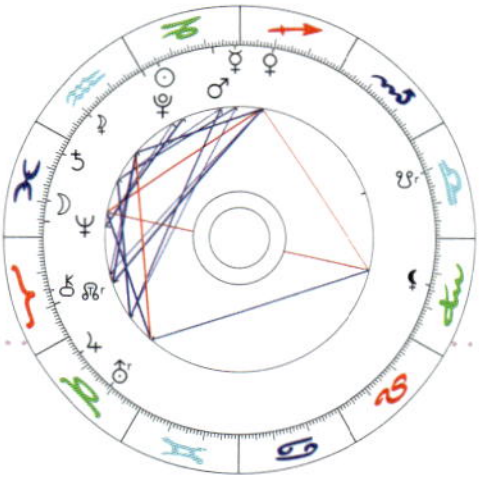

3. WOCHE
JANUAR

0:00 ☽ ↕ ♈
4:52 ⊙ □ ☽
9:03 ☽ □ ♇ v/c
9:12 ☽ → ♉
9:49 ☿ ⚹ ♄
17:57 ☽ ⚹ ♄
18:41 ☽ △ ☿
20:05 ☽ ☌ ♃

18
DONNERSTAG
◐ 4:52

27°50' ♑ • ☽ 1°36' ♉ • ☿5°03' ♑ • ♀23°58' ♐ • ♂10°22' ♑ • ♃6°09' ♉ • ♄4°57' ♓
⚷15°41' ♈ • ♅R 19°07' ♉ • ♆25°25' ♓ • ♇29°55' ♑ • ☊19°34' ♈ • ⚸16°49' ♍ • ⚳21°39' ♒

0:00 ☽ ↕ ♉
4:26 ☽ △ ♂
10:31 ☿ △ ♃
15:23 ☽ △ ⚸
16:49 ♀ □ ♆
19:11 ☽ ☌ ♅

19
FREITAG

⊙28°51' ♑ • ☽15°07' ♉ • ☿6°18' ♑ • ♀25°12' ♐ • ♂11°07' ♑ • ♃6°13' ♉ • ♄5°03' ♓
⚷15°42' ♈ • ♅R 19°07' ♉ • ♆25°26' ♓ • ♇29°57' ♑ • ☊19°33' ♈ • ⚸16°58' ♍ • ⚳22°05' ♒

0:00 ☽ ↕ ♉
1:00 ☽ □ ⚳
6:40 ☽ ⚹ ♆
14:46 ⊙ ☌ ♇
14:56 ☽ △ ♇
14:57 ⊙ △ ☽ v/c
14:58 ☽ → ♊
15:07 ⊙ → ♒

20
SAMSTAG

⊙29°52' ♑ • ☽28°23' ♉ • ☿7°34' ♑ • ♀26°25' ♐ • ♂11°52' ♑ • ♃6°17' ♉ • ♄5°10' ♓
⚷15°43' ♈ • ♅R 19°07' ♉ • ♆25°27' ♓ • ♇29°59' ♑ • ☊19°31' ♈ • ⚸17°08' ♍ • ⚳22°32' ♒

0:00 ☽ ↕ ♊
0:32 ☽ □ ♄
1:51 ♇ → ♒
20:04 ☽ ⚹ ⚷
23:03 ☽ □ ⚸

21
SONNTAG

⊙0°53' ♒ • ☽11°25' ♊ • ☿8°52' ♑ • ♀27°39' ♐ • ♂12°38' ♑ • ♃6°22' ♉ • ♄5°16' ♓
⚷15°45' ♈ • ♅R 19°06' ♉ • ♆25°29' ♓ • ♇0°01' ♒ • ☊19°25' ♈ • ⚸17°17' ♍ • ⚳22°59' ♒

Was uns gerade noch entzückt und bezaubert hat, kann uns Ernüchterung und Enttäuschung bereiten. **Venus** wechselt in **Steinbock** (23.1.). Im Umgang mit allem, was wir schätzen und lieben, ist unser Realitätssinn gefordert. Das klingt wenig romantisch, ist jedoch gut fürs Geschäft.

Unsere Anstrengungen sind womöglich vergeblich. Mit **Steinbock-Mars** im **Quadrat** zu **Widder-Chiron** (25.1.) können wir als Einzelkämpfer nur wenig bewirken. Stehvermögen und Ausdauer sind gefordert, um unsere Stellung zu behaupten. Manche Hindernisse sind erst im zweiten Anlauf zu bewältigen, andere bleiben unüberwindbar. Es ist schon viel gewonnen, wenn wir nicht zum Sisyphos werden.

Vollmond in Löwe (25.1.): Unser Gespür für das, was wichtig ist und uns am Herzen liegt, macht uns einmalig und unverwechselbar.

22
MONTAG

0:00 ☾ ↕ ♊
2:45 ☾ ⚹ ☊
10:26 ☾ △ ⚳
14:22 ☾ □ ♆
21:40 ☾ ☍ ♀ v/c
22:51 ☾ → ♋

☉1°54'♒ • ☾24°16'♊ • ☿10°11'♑ • ♀28°53'♐ • ♂13°23'♑ • ♃6°26'♉ • ♄5°22'♓
⚷15°46'♈ • ♅R 19°06'♉ • ♆25°30'♓ • ♇0°03'♒ • ☊19°16'♈ • ⚸17°26'♍ • ⚳23°27'♒

23
DIENSTAG

0:00 ☾ ↕ ♋
9:14 ☾ △ ♄
9:50 ♀ → ♑
11:13 ☾ ⚹ ♃
21:53 ☾ ☍ ☿

☉2°55'♒ • ☾6°55'♋ • ☿11°32'♑ • ♀0°07'♑ • ♂14°08'♑ • ♃6°30'♉ • ♄5°29'♓
⚷15°48'♈ • ♅R 19°06'♉ • ♆25°32'♓ • ♇0°05'♒ • ☊19°05'♈ • ⚸17°34'♍ • ⚳23°55'♒

24
MITTWOCH

0:00 ☾ ↕ ♋
2:44 ☾ ☍ ♂
5:03 ☾ □ ⚷
8:41 ☾ ⚹ ⚸
10:58 ☾ □ ☊
11:23 ☾ ⚹ ♅
23:58 ☾ △ ♆ v/c

☉3°56'♒ • ☾19°24'♋ • ☿12°53'♑ • ♀1°21'♑ • ♂14°54'♑ • ♃6°35'♉ • ♄5°36'♓
⚷15°49'♈ • ♅R 19°06'♉ • ♆25°34'♓ • ♇0°07'♒ • ☊18°52'♈ • ⚸17°43'♍ • ⚳24°24'♒

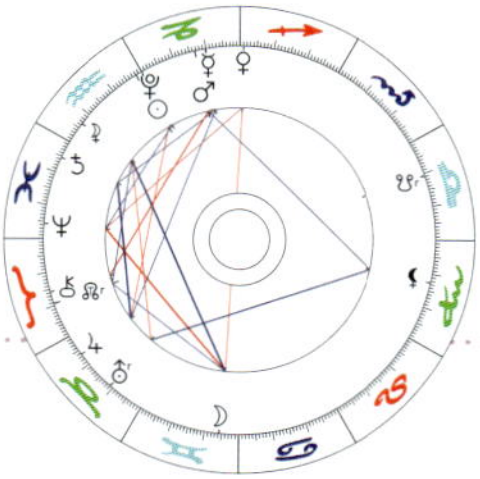

0:00 ☾ ↕ ♋
8:36 ☾ → ♌
8:53 ☾ ☍ ♇
18:15 ♂ □ ⚷
18:54 ☉ ☍ ☾
21:46 ☾ □ ♃

25
DONNERSTAG
○ 18:54

☉4°57'♒ • ☾1°44'♌ • ☿14°16'♑ • ♀2°34'♑ • ♂15°39'♑ • ♃6°40'♉ • ♄5°42'♓
⚷15°51'♈ • ♅R 19°05'♉ • ♆25°35'♓ • ♇0°09'♒ • ☊18°38'♈ • ⚸17°51'♍ • ⚳24°52'♒

0:00 ☾ ↕ ♌
15:49 ☿ □ ⚷
15:55 ☾ △ ⚷
20:49 ☾ △ ☊
22:19 ☾ □ ♅ v/c

26
FREITAG

☉5°58'♒ • ☾13°54'♌ • ☿15°39'♑ • ♀3°48'♑ • ♂16°25'♑ • ♃6°45'♉ • ♄5°49'♓
⚷15°52'♈ • ♅R 19°05'♉ • ♆25°37'♓ • ♇0°11'♒ • ☊18°25'♈ • ⚸17°58'♍ • ⚳25°22'♒

0:00 ☾ ↕ ♌
8:18 ☉ □ ♃
8:36 ♅ SD
11:50 ☾ ☍ ⚳
15:59 ☿ ☌ ♂
20:11 ☾ → ♍

Gedenktag für die
Opfer des Nationalsozialismus

27
SAMSTAG

☉6°59'♒ • ☾25°56'♌ • ☿17°04'♑ • ♀5°02'♑ • ♂17°10'♑ • ♃6°51'♉ • ♄5°56'♓
⚷15°54'♈ • ♅19°05'♉ • ♆25°38'♓ • ♇0°13'♒ • ☊18°13'♈ • ⚸18°06'♍ • ⚳25°51'♒

0:00 ☾ ↕ ♍
5:24 ☿ □ ☊
6:57 ☿ △ ⚸
7:03 ♀ ⚹ ♄
8:20 ☾ ☍ ♄
8:28 ☾ △ ♀
10:10 ☾ △ ♃
15:19 ♂ □ ☊
22:06 ☿ △ ♅
22:18 ♂ △ ⚸

28
SONNTAG

☉8°00'♒ • ☾7°50'♍ • ☿18°29'♑ • ♀6°16'♑ • ♂17°56'♑ • ♃6°56'♉ • ♄6°02'♓
⚷15°56'♈ • ♅19°05'♉ • ♆25°40'♓ • ♇0°14'♒ • ☊18°03'♈ • ⚸18°13'♍ • ⚳26°21'♒

Geben und Nehmen bilden die Geschäftsgrundlage unserer Beziehungen. Die darauf beruhenden Deals dürfen mit **Steinbock-Venus** im **Trigon** zu **Stier-Jupiter** (29.1.) und **Steinbock-Mars** im **Trigon** zu **Stier-Uranus** (30.1.) überprüft und neu verhandelt werden. Unsere Werte wandeln sich – dem gilt es, Rechnung zu tragen, damit unsere Investitionen sich weiterhin bezahlt machen.

Uns im Paradies zu wähnen, ist mit dem Wechsel des **Priapus-Pols** in **Fische** (4.2.) keine große Kunst. Es kann uns solche Lust und Freude bereiten, uns verloren zu gehen und innerlich den Halt zu verlieren, dass wir es immer wieder tun. Unser Glück und unsere Erfüllung liegen im Rauschhaften. Danach zu suchen, kann zur Sucht werden. Doch was kann es Schöneres geben, als es zu finden und darin aufzugehen?

29
MONTAG

0:00 ☽ ↕ ♍
2:02 ♀ △ ♃
9:15 ☽ ☌ ⚸
9:54 ☽ △ ♂
10:51 ☽ △ ♅
12:38 ☽ △ ☿

☉9°01'♒ • ☽19°39'♍ • ☿19°55'♑ • ♀7°30'♑ • ♂18°41'♑ • ♃7°02'♉ • ♄6°09'♓
⚷15°57'♈ • ♅19°05'♉ • ♆25°42'♓ • ♇0°16'♒ • ☊17°57'♈ • ⚸18°19'♍ • ⚴26°51'♒

30
DIENSTAG

0:00 ☽ ↕ ♍
0:20 ☽ ☍ ♆ v/c
0:41 ♂ △ ♅
9:04 ☽ → ♎
9:41 ☽ △ ♇

☉10°02'♒ • ☽1°26'♎ • ☿21°23'♑ • ♀8°44'♑ • ♂19°27'♑ • ♃7°08'♉ • ♄6°16'♓
⚷15°59'♈ • ♅19°06'♉ • ♆25°43'♓ • ♇0°18'♒ • ☊17°53'♈ • ⚸18°25'♍ • ⚴27°21'♒

31
MITTWOCH

0:00 ☽ ↕ ♎
4:34 ☽ □ ♀
7:06 ☉ △ ☽
17:36 ☽ ☍ ⚷
21:17 ☽ ☍ ☊

☉11°03'♒ • ☽13°15'♎ • ☿22°51'♑ • ♀9°58'♑ • ♂20°13'♑ • ♃7°14'♉ • ♄6°23'♓
⚷16°01'♈ • ♅19°06'♉ • ♆25°45'♓ • ♇0°20'♒ • ☊17°51'♈ • ⚸18°31'♍ • ⚴27°51'♒

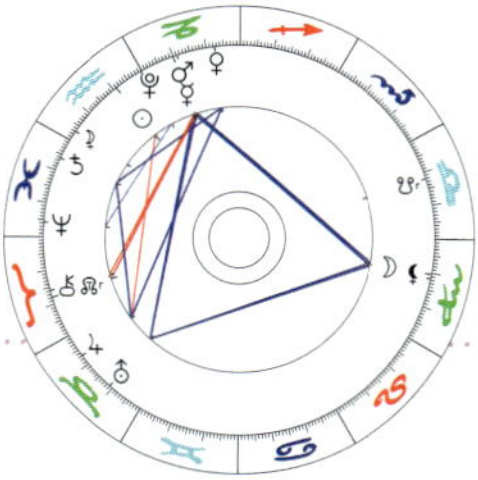

FEBRUAR

1 DONNERSTAG

0:00 ☾ ↕ ♎
3:00 ☾ □ ♂
10:03 ☾ □ ☿ v/c
18:39 ☾ △ ⚴
21:37 ☾ → ♏
22:22 ☾ □ ♇

☉ 12°04' ♒ • ☾ 25°11' ♎ • ☿ 24°19' ♑ • ♀ 11°12' ♑ • ♂ 20°58' ♑ • ♃ 7°20' ♉ • ♄ 6°30' ♓
⚷ 16°03' ♈ • ♅ 19°06' ♉ • ♆ 25°47' ♓ • ♇ 0°22' ♒ • ☊ 17°51' ♈ • ⚳ 18°36' ♍ • ⚴ 28°22' ♒

2 FREITAG

0:00 ☾ ↕ ♏
10:39 ☾ △ ♄
11:54 ☿ ⚹ ♆
12:17 ☾ ☍ ♃
23:09 ☾ ⚹ ♀

☉ 13°05' ♒ • ☾ 7°17' ♏ • ☿ 25°49' ♑ • ♀ 12°26' ♑ • ♂ 21°44' ♑ • ♃ 7°26' ♉ • ♄ 6°36' ♓
⚷ 16°05' ♈ • ♅ 19°06' ♉ • ♆ 25°49' ♓ • ♇ 0°24' ♒ • ☊ 17°52' ♈ • ⚳ 18°41' ♍ • ⚴ 28°53' ♒

3 SAMSTAG
◑ 0:18

0:00 ☾ ↕ ♏
0:18 ☉ □ ☾
10:14 ☾ ⚹ ⚳
10:54 ☾ ☍ ♅
17:42 ☾ ⚹ ♂
23:42 ☾ △ ♆

☉ 14°06' ♒ • ☾ 19°41' ♏ • ☿ 27°19' ♑ • ♀ 13°40' ♑ • ♂ 22°30' ♑ • ♃ 7°33' ♉ • ♄ 6°43' ♓
⚷ 16°07' ♈ • ♅ 19°07' ♉ • ♆ 25°50' ♓ • ♇ 0°26' ♒ • ☊ 17°52' ♈ • ⚳ 18°46' ♍ • ⚴ 29°24' ♒

4 SONNTAG

0:00 ☾ ↕ ♏
4:24 ☾ ⚹ ☿ v/c
7:07 ☾ □ ⚴
7:28 ☾ → ♐
8:19 ☾ ⚹ ♇
15:37 ⚴ → ♓
20:09 ☾ □ ♄

☉ 15°06' ♒ • ☾ 2°27' ♐ • ☿ 28°51' ♑ • ♀ 14°54' ♑ • ♂ 23°16' ♑ • ♃ 7°39' ♉ • ♄ 6°50' ♓
⚷ 16°09' ♈ • ♅ 19°07' ♉ • ♆ 25°52' ♓ • ♇ 0°28' ♒ • ☊ 17°50' ♈ • ⚳ 18°50' ♍ • ⚴ 29°55' ♒

Die Perspektive zu wechseln, könnte uns neue Einsichten bescheren. Wenn nur unser Tunnelblick nicht wäre. **Merkur** wechselt in **Wassermann** und bildet eine **Konjunktion** mit **Pluto** (5.2.) und ein **Quadrat** zu **Stier-Jupiter** (10.2.). Solange unser Denken auf falschen Vorstellungen beruht, sind unsere Gedanken alles andere als frei. Es sind die schmerzhaften Einsichten, die uns frei machen.

Die Wunde des Ungeliebtseins ist ein besonderer Schmerz. Mit **Steinbock-Venus** im **Quadrat** zu **Widder-Chiron** (5.2.) kann sich das Alleinsein auch heilsam anfühlen.

Neumond in Wassermann im **Quadrat** zu **Stier-Uranus (9.2.):** Was normal ist, kann auch besonders sein. Alles eine Frage der Perspektive.

5
MONTAG

0:00 ☾ ↕ ♐
6:10 ☿ → ♒
12:49 ♀ □ ⚷
12:55 ☉ ⚹ ☾
12:57 ☾ △ ⚷
13:27 ☉ ⚹ ⚷
13:57 ☿ ☌ ♇
15:46 ☾ △ ☊
17:48 ☾ □ ⚸

☉16°07'♒ • ☾15°39'♐ • ☿0°22'♒ • ♀16°08'♑ • ♂24°02'♑ • ♃7°46'♉ • ♄6°57'♓
⚷16°11'♈ • ♅19°08'♉ • ♆25°54'♓ • ♇0°30'♒ • ☊17°47'♈ • ⚸18°54'♍ • ⚳0°27'♓

6
DIENSTAG

0:00 ☾ ↕ ♐
6:06 ☾ □ ♆ v/c
13:08 ☾ → ♑
14:55 ☾ ⚹ ⚳
17:15 ♀ □ ☊
23:16 ☉ ⚹ ☊

☉17°08'♒ • ☾29°20'♐ • ☿1°55'♒ • ♀17°23'♑ • ♂24°47'♑ • ♃7°53'♉ • ♄7°04'♓
⚷16°13'♈ • ♅19°08'♉ • ♆25°56'♓ • ♇0°32'♒ • ☊17°40'♈ • ⚸18°57'♍ • ⚳0°58'♓

7
MITTWOCH

0:00 ☾ ↕ ♑
1:18 ☾ ⚹ ♄
2:41 ☾ △ ♃
16:33 ☾ □ ⚷
18:35 ☾ □ ☊
19:52 ♀ △ ⚸
21:06 ☾ △ ⚸
21:12 ☾ ☌ ♀
21:18 ☾ △ ♅
22:25 ♀ △ ♅

☉18°09'♒ • ☾13°31'♑ • ☿3°29'♒ • ♀18°37'♑ • ♂25°33'♑ • ♃8°00'♉ • ♄7°11'♓
⚷16°15'♈ • ♅19°09'♉ • ♆25°58'♓ • ♇0°34'♒ • ☊17°32'♈ • ⚸19°00'♍ • ⚳1°30'♓

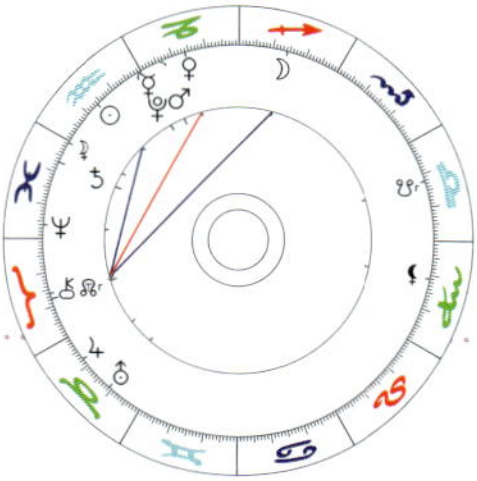

Weiberfastnacht

8 DONNERSTAG

0:00 ☾ ↕ ♑
1:20 ♂ ⚹ ♆
8:30 ☾ ⚹ ♆
8:52 ☾ ☌ ♂ v/c
11:46 ☉ □ ♅
14:59 ☾ → ♒
15:57 ☾ ☌ ♇

☉19°10'♒ • ☾28°09'♑ • ☿5°03'♒ • ♀19°51'♑ • ♂26°19'♑ • ♃8°07'♉ • ♄7°19'♓
⚷16°17'♈ • ♅19°09'♉ • ♆26°00'♓ • ♇0°35'♒ • ☊17°23'♈ • ⚸19°03'♍ • ⚳2°02'♓

9 FREITAG

● 23:59

0:00 ☾ ↕ ♒
0:25 ☾ ☌ ☿
4:10 ☾ □ ♃
17:06 ☾ ⚹ ⚷
18:26 ☾ ⚹ ☊
21:35 ☾ □ ♅
23:59 ☉ ☌ ☾ v/c

☉20°11'♒ • ☾13°07'♒ • ☿6°38'♒ • ♀21°05'♑ • ♂27°05'♑ • ♃8°15'♉ • ♄7°26'♓
⚷16°20'♈ • ♅19°10'♉ • ♆26°02'♓ • ♇0°37'♒ • ☊17°13'♈ • ⚸19°04'♍ • ⚳2°34'♓

10 SAMSTAG

0:00 ☾ ↕ ♒
14:25 ☿ □ ♃
14:42 ☾ → ♓
19:53 ☾ ☌ ⚳

☉21°11'♒ • ☾28°17'♒ • ☿8°14'♒ • ♀22°19'♑ • ♂27°51'♑ • ♃8°22'♉ • ♄7°33'♓
⚷16°22'♈ • ♅19°11'♉ • ♆26°04'♓ • ♇0°39'♒ • ☊17°05'♈ • ⚸19°06'♍ • ⚳3°06'♓

11 SONNTAG

0:00 ☾ ↕ ♓
2:44 ☾ ☌ ♄
4:04 ☾ ⚹ ♃
20:59 ☾ ☍ ⚸
21:06 ☾ ⚹ ♅

☉22°12'♒ • ☾13°28'♓ • ☿9°50'♒ • ♀23°33'♑ • ♂28°37'♑ • ♃8°30'♉ • ♄7°40'♓
⚷16°24'♈ • ♅19°11'♉ • ♆26°06'♓ • ♇0°41'♒ • ☊16°59'♈ • ⚸19°07'♍ • ⚳3°39'♓

An der Freiheit entzündet sich das Begehren. Attraktiv ist, was nicht in Reichweite liegt. Was schwer zu kriegen ist. Der Eros ist kein Freund der Gewohnheit. Er speist sich aus dem Neuen und Unbekannten. Lust macht das Fremde und Unverfügbare. Beständigkeit ist unsexy. Überraschungen sind gefragt. Was ist schon normal? Ausprobieren ist angesagt. Verlockend ist der Bruch mit der Konvention. Die Freude am Risiko. Kommt es zum Verrat, ist plötzlich alles möglich. Das Unbekannte als Kick, als Experiment. Hauptsache, anders.

Beziehungen leben von Spannungen und Widersprüchen. Reizvoll sind die Unvereinbarkeiten, nicht das Kompatible und Verträgliche. Was sich reibt, das liebt sich. Wird der Bogen überspannt, bricht alles zusammen. Ganz plötzlich. Wenn es sich als Strohfeuer entpuppt, war es keine Liebe. Allenfalls eine Amour fou, ein kurzzeitiger Ausbruch und Aufbruch. Nichts mehr als eine willkommene Abwechslung. Auch das kann, darf, soll, muss manchmal sein.

anders und *frei*

Am 22. Februar 2024 bildet Venus eine Konjunktion mit Mars auf 7° Wassermann. Dieser Venus/Mars-Zyklus dauert bis zur nächsten Konjunktion am 8. Januar 2026 auf 18° Steinbock. Höhepunkt des Zyklus ist am 12. Dezember 2024 die Opposition der Wassermann-Venus zum rückläufigen Löwe-Mars auf jeweils 6 Grad.

Freiheit lässt sich nicht erzwingen. Falls doch, beruht sie auf falschen Vorstellungen. **Mars** wechselt in **Wassermann** (13.2.), **Venus** auch (16.2.) und **beide** treten in **Konjunktion** mit **Pluto** (14./17.2.). Wovon wir uns provozieren lassen, dem wohnt eine große Sprengkraft inne. Was wir nicht kontrollieren können, davor fürchten wir uns am meisten. Doch genau das beschert uns jetzt die größten Freiheiten. Je mehr wir uns trauen, desto schneller weht ein frischer Wind durch unser Dasein.

Wollten wir nicht die Perspektive wechseln und auf andere Gedanken kommen? **Wassermann-Merkur** bildet ein **Quadrat** zu **Stier-Uranus** (17.2.). Wo jetzt der Blitz einschlägt, sollte er auf freie Geister treffen. Alles andere hätte Kurzschlussreaktionen zur Folge.

12 MONTAG

Rosenmontag

0:00 ☽ ↕ ♓
5:31 ☽ ⚹ ♀
8:11 ☽ ☌ ♆
13:31 ☽ ⚹ ♂ v/c
14:26 ☽ → ♈
15:35 ☽ ⚹ ♇

☉23°13'♒ • ☽28°30'♓ • ☿11°28'♒ • ♀24°47'♑ • ♂29°23'♑ • ♃8°38'♉ • ♄7°47'♓
⚷16°27'♈ • ⛢19°12'♉ • ♆26°08'♓ • ♇0°43'♒ • ☊16°55'♈ • ⚸19°07'♍ • ⚳4°11'♓

13 DIENSTAG

Faschingsdienstag

0:00 ☽ ↕ ♈
7:05 ♂ → ♒
11:44 ☽ ⚹ ☿
14:36 ♀ ⚹ ♆
17:22 ☽ ☌ ⚷
18:02 ☽ ☌ ☊

☉24°14'♒ • ☽13°14'♈ • ☿13°06'♒ • ♀26°02'♑ • ♂0°09'♒ • ♃8°46'♉ • ♄7°54'♓
⚷16°29'♈ • ⛢19°13'♉ • ♆26°09'♓ • ♇0°45'♒ • ☊16°54'♈ • ⚸19°07'♍ • ⚳4°44'♓

14 MITTWOCH

Aschermittwoch
Valentinstag

0:00 ☽ ↕ ♈
7:06 ♂ ☌ ♇
7:40 ☉ ⚹ ☽
11:20 ☽ □ ♀ v/c
16:02 ☽ → ♉
17:22 ☽ □ ♇
17:56 ☽ □ ♂

☉25°14'♒ • ☽27°37'♈ • ☿14°45'♒ • ♀27°16'♑ • ♂0°56'♒ • ♃8°54'♉ • ♄8°01'♓
⚷16°31'♈ • ⛢19°14'♉ • ♆26°11'♓ • ♇0°46'♒ • ☊16°54'♈ • ⚸19°07'♍ • ⚳5°16'♓

7. WOCHE
FEBRUAR

15
DONNERSTAG

0:00 ☽ ↕ ♉
1:34 ☽ ⚹ ⚳
5:57 ☽ ⚹ ♄
7:31 ☽ ☌ ♃
14:16 ☿ ⚹ ⚷
19:18 ☿ ⚹ ☊
21:36 ☽ □ ☿

☉26°15'♒ • ☽11°36'♉ • ☿16°25'♒ • ♀28°30'♑ • ♂1°42'♒ • ♃9°03'♉ • ♄8°09'♓
⚷16°34'♈ • ♅19°15'♉ • ♆26°14'♓ • ♇0°48'♒ • ☊16°55'♈ • ⚸19°06'♍ • ⚳5°49'♓

16
FREITAG
◐ 16:01

0:00 ☽ ↕ ♉
1:07 ☽ △ ⚸
1:26 ☽ ☌ ♅
13:55 ☽ ⚹ ♆
16:01 ☉ □ ☽ v/c
17:05 ♀ → ♒
20:39 ☽ → ♊
21:01 ☽ △ ♀
22:11 ☽ △ ♇

☉27°15'♒ • ☽25°11'♉ • ☿18°05'♒ • ♀29°44'♑ • ♂ 2°28'♒ • ♃9°11'♉ • ♄8°16'♓
⚷16°36'♈ • ♅19°16'♉ • ♆26°16'♓ • ♇0°50'♒ • ☊16°56'♈ • ⚸19°04'♍ • ⚳6°22'♓

17
SAMSTAG

0:00 ☽ ↕ ♊
1:56 ☽ △ ♂
4:52 ☿ □ ♅
9:07 ☽ □ ⚳
9:48 ♀ ☌ ♇
11:57 ☽ □ ♄

☉28°16'♒ • ☽8°25'♊ • ☿19°47'♒ • ♀0°58'♒ • ♂ 3°14'♒ • ♃9°20'♉ • ♄8°23'♓
⚷16°39'♈ • ♅19°17'♉ • ♆26°18'♓ • ♇0°52'♒ • ☊16°55'♈ • ⚸19°02'♍ • ⚳6°55'♓

18
SONNTAG

0:00 ☽ ↕ ♊
3:18 ☽ ⚹ ⚷
3:42 ☽ ⚹ ☊
7:38 ☽ □ ⚸
12:21 ☽ △ ☿
21:28 ☽ □ ♆

☉29°17'♒ • ☽21°20'♊ • ☿21°30'♒ • ♀2°13'♒ • ♂4°00'♒ • ♃9°29'♉ • ♄8°30'♓
⚷16°42'♈ • ♅19°18'♉ • ♆26°20'♓ • ♇0°54'♒ • ☊16°53'♈ • ⚸18°59'♍ • ⚳7°28'♓

Schon seit Längerem wird unser Vertrauen auf die Probe gestellt. Mit **Fische-Saturn** am **Priapus-Pol** (20.2.) rückt das Thema ganz nah an uns heran. Im richtigen Moment Nein zu sagen, fällt uns besonders schwer. Dadurch wird auch in unseren Beziehungen einiges durcheinandergeraten, was uns mit **Wassermann-Venus** in **Konjunktion** zu **Mars** (22.2.) durchaus gelegen kommen kann. Es ist die Lust und Freude am Risiko, die uns jetzt so manche Überraschung beschert. Unsere Liebe und unser Verlangen gelten allem, was nicht verfügbar ist.

Merkur wechselt in **Fische** (23.2.). Ausflüchte sind erlaubt. Irgendwie müssen wir uns ja durchmogeln, in Zeiten wie diesen.

Vollmond in Jungfrau in Opposition zu Saturn (24.2.): Der Reiz an Mängelexemplaren ist Unvollkommenheit. Nichts ist langweiliger als das Perfekte.

19
MONTAG

0:00 ☾ ↕ ♊
4:20 ☉ △ ☾ v/c
4:25 ☾ → ♋
5:13 ☉ → ♓
20:08 ☾ △ ⚳
21:02 ☾ △ ♄
22:12 ☊ ☌ ⚷
23:00 ☾ ✶ ♃

☉0°17'♓ • ☾3°58'♋ • ☿23°13'♒ • ♀3°27'♒ • ♂4°46'♒ • ♃9°38'♉ • ♄8°38'♓
⚷16°44'♈ • ♅19°19'♉ • ♆26°22'♓ • ♇0°55'♒ • ☊16°48'♈ • ⚵18°56'♍ • ⚳8°01'♓

20
DIENSTAG

0:00 ☾ ↕ ♋
12:34 ☾ □ ☊
12:45 ☾ □ ⚷
16:48 ☾ ✶ ⚵
17:45 ☾ ✶ ♅
22:05 ♄ ☌ ⚳

☉1°18'♓ • ☾16°24'♋ • ☿24°57'♒ • ♀4°41'♒ • ♂5°33'♒ • ♃9°47'♉ • ♄8°45'♓
⚷16°47'♈ • ♅19°21'♉ • ♆26°24'♓ • ♇0°57'♒ • ☊16°41'♈ • ⚵18°52'♍ • ⚳8°34'♓

21
MITTWOCH

0:00 ☾ ↕ ♋
7:38 ☾ △ ♆ v/c
14:40 ☾ → ♌
16:37 ☾ ☍ ♇

☉2°18'♓ • ☾28°39'♋ • ☿26°42'♒ • ♀5°55'♒ • ♂6°19'♒ • ♃9°56'♉ • ♄8°52'♓
⚷16°50'♈ • ♅19°22'♉ • ♆26°26'♓ • ♇0°59'♒ • ☊16°33'♈ • ⚵18°48'♍ • ⚳9°07'♓

8. WOCHE
FEBRUAR

0:00 ☾ ↕ ♌
4:02 ☾ ☍ ♀
4:13 ☾ ☍ ♂
8:14 ♀ ☌ ♂
10:39 ☾ □ ♃
23:11 ☾ △ ☊

22
DONNERSTAG

☉3°18'♓ • ☾10°45'♌ • ☿28°29'♒ • ♀7°10'♒ • ♂7°05'♒ • ♃10°05'♉ • ♄9°00'♓
⚷16°52'♈ • ♅19°23'♉ • ♆26°28'♓ • ♇1°01'♒ • ☊16°25'♈ • ⚸18°44'♍ • ⚳9°41'♓

0:00 ☾ ↕ ♌
0:17 ☾ △ ⚷
5:18 ☾ □ ♅ v/c
8:29 ☿ → ♓
12:20 ♃ ⚹ ⚳

23
FREITAG

☉4°19'♓ • ☾22°44'♌ • ☿0°16'♓ • ♀8°24'♒ • ♂7°52'♒ • ♃10°14'♉ • ♄9°07'♓
⚷16°55'♈ • ♅19°25'♉ • ♆26°30'♓ • ♇1°02'♒ • ☊16°17'♈ • ⚸18°39'♍ • ⚳10°14'♓

0:00 ☾ ↕ ♌
2:37 ☾ → ♍
5:51 ☾ ☍ ☿
13:30 ☉ ☍ ☾
21:24 ☾ ☍ ♄
23:49 ☾ △ ♃

24
SAMSTAG
○ 13:30

☉5°19'♓ • ☾4°38'♍ • ☿2°04'♓ • ♀9°38'♒ • ♂8°38'♒ • ♃10°24'♉ • ♄9°14'♓
⚷16°58'♈ • ♅19°26'♉ • ♆26°32'♓ • ♇1°04'♒ • ☊16°09'♈ • ⚸18°33'♍ • ⚳10°47'♓

0:00 ☾ ↕ ♍
1:04 ☾ ☍ ⚳
5:01 ♀ □ ♃
15:59 ☾ ☌ ⚸
18:04 ☾ △ ♅

25
SONNTAG

☉6°20'♓ • ☾16°29'♍ • ☿3°53'♓ • ♀10°52'♒ • ♂9°24'♒ • ♃10°34'♉ • ♄9°22'♓
⚷17°01'♈ • ♅19°27'♉ • ♆26°35'♓ • ♇1°06'♒ • ☊16°04'♈ • ⚸18°27'♍ • ⚳11°21'♓

Die Lust, es uns gut gehen zu lassen, ist groß. Ein echter Coup wäre es, dies anders zu machen als sonst. Mit Gewohnheiten zu brechen, ist mit **Wassermann-Venus** und **-Mars** im **Quadrat** zu **Stier-Jupiter** (25./27.2.) ein besonderer Genuss. Nur vor Übertreibungen sollten wir uns hüten, es sei denn, wir können sie uns leisten. Uns durchzumogeln, war vielleicht doch keine so gute Idee. Wobei auch immer wir uns ertappt fühlen – nun gilt es, Farbe zu bekennen. Mit **Fische-Sonne** und **-Merkur** in **Konjunktion** zu **Saturn** (28.2.) sind unseren Ausflüchten enge Grenzen gesetzt. Bei der Suche nach Schuldigen können wir überall fündig werden, auch bei uns selbst. Darauf zu verzichten, wäre ein Zeichen von Klugheit. Hadern wir nicht mit Enttäuschungen, sie können uns den richtigen Weg weisen.

26
MONTAG

0:00 ☾ ↕ ♍
8:35 ☾ ☍ ♆ v/c
15:29 ☾ → ♎
17:47 ☾ △ ♇

☉7°20'♓ • ☾28°17'♍ • ☿5°43'♓ • ♀12°07'♒ • ♂10°11'♒ • ♃10°43'♉ • ♄9°29'♓
⚷17°04'♈ • ♅19°29'♉ • ♆26°37'♓ • ♇1°07'♒ • ☊16°00'♈ • ⚸18°21'♍ • ⚳11°54'♓

27
DIENSTAG

0:00 ☾ ↕ ♎
9:30 ♂ □ ♃
13:51 ☾ △ ♂
19:22 ☾ △ ♀
23:54 ☾ ☍ ☊

☉8°20'♓ • ☾10°06'♎ • ☿7°34'♓ • ♀13°21'♒ • ♂10°57'♒ • ♃10°53'♉ • ♄9°36'♓
⚷17°07'♈ • ♅19°31'♉ • ♆26°39'♓ • ♇1°09'♒ • ☊15°58'♈ • ⚸18°15'♍ • ⚳12°28'♓

28
MITTWOCH

0:00 ☾ ↕ ♎
2:16 ☾ ☍ ⚷ v/c
9:43 ☉ ☌ ☿
16:07 ☿ ☌ ♄
22:25 ☉ ☌ ♄

☉9°21'♓ • ☾21°58'♎ • ☿9°25'♓ • ♀14°35'♒ • ♂11°43'♒ • ♃11°03'♉ • ♄9°43'♓
⚷17°09'♈ • ♅19°32'♉ • ♆26°41'♓ • ♇1°11'♒ • ☊15°58'♈ • ⚸18°08'♍ • ⚳13°01'♓

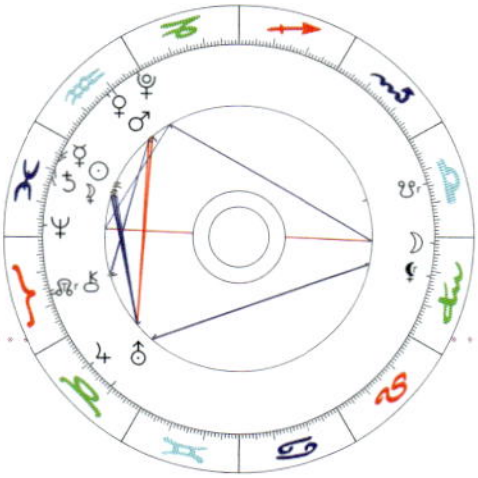

29
DONNERSTAG

0:00 ☾ ↕ ♎
4:09 ☾ → ♏
6:32 ☾ □ ♇
10:53 ☿ ⚹ ♃
15:17 ♀ ⚹ ☊
23:52 ☾ △ ♄

☉10°21'♓ • ☾3°56'♏ • ☿11°18'♓ • ♀15°49'♒ • ♂12°30'♒ • ♃11°13'♉ • ♄9°51'♓
⚷17°12'♈ • ♅19°34'♉ • ♆26°43'♓ • ♇1°12'♒ • ☊15°59'♈ • ⚸18°01'♍ • ⚳13°35'♓

MÄRZ

1
FREITAG

0:00 ☾ ↕ ♏
1:52 ☉ △ ☾
2:40 ☾ ☍ ♃
5:18 ☾ △ ☿
6:07 ☾ □ ♂
8:01 ☾ △ ⚳
13:15 ☉ ⚹ ♃
14:09 ☾ □ ♀
15:30 ☾ ⚹ ⚸
15:58 ♀ ⚹ ⚷
18:53 ☾ ☍ ♅

☉11°21'♓ • ☾16°05'♏ • ☿13°12'♓ • ♀17°04'♒ • ♂13°16'♒ • ♃11°24'♉ • ♄9°58'♓
⚷17°15'♈ • ♅19°36'♉ • ♆26°45'♓ • ♇1°14'♒ • ☊16°01'♈ • ⚸17°53'♍ • ⚳14°08'♓

2
SAMSTAG

0:00 ☾ ↕ ♏
4:54 ☿ ☌ ⚳
8:47 ☾ △ ♆ v/c
14:56 ☾ → ♐
17:20 ☾ ⚹ ♇

☉12°21'♓ • ☾28°28'♏ • ☿15°06'♓ • ♀18°18'♒ • ♂14°03'♒ • ♃11°34'♉ • ♄10°05'♓
⚷17°18'♈ • ♅19°37'♉ • ♆26°48'♓ • ♇1°15'♒ • ☊16°03'♈ • ⚸17°46'♍ • ⚳14°42'♓

3
SONNTAG
◑ 16:23

0:00 ☾ ↕ ♐
10:11 ☾ □ ♄
14:17 ♀ □ ♅
16:23 ☉ □ ☾
19:11 ☾ ⚹ ♂
19:18 ☿ ☍ ⚸
19:54 ☾ □ ⚳
21:02 ☾ △ ☊
23:28 ☾ △ ⚷
23:49 ☾ □ ⚸

☉13°21'♓ • ☾11°10'♐ • ☿17°01'♓ • ♀19°32'♒ • ♂14°49'♒ • ♃11°44'♉ • ♄10°13'♓
⚷17°21'♈ • ♅19°39'♉ • ♆26°50'♓ • ♇1°17'♒ • ☊16°03'♈ • ⚸17°38'♍ • ⚳15°15'♓

Unsere Gelüste spielen uns derzeit so manchen Streich. Mit **Wassermann-Venus** und **-Mars** im **Quadrat** zu **Stier-Uranus** (3./9.3.) könnte das sogar richtig lustig werden. Vor allem dann, wenn wir dabei cool und gelassen bleiben. Was wäre das Leben ohne die Kapriolen, die es schlägt? Kein Grund, deswegen verrücktzuspielen.

Ist es nicht schön, uns unseren Sehnsüchten nahe und verbunden zu fühlen? Fast wie im Paradies. Um mit **Fische-Sonne** am **Priapus-Pol** in **Opposition** zum **Lilith-Pol** (7.3.) in unserem Glück zu schwelgen, müssen wir wählerisch sein. Dies gelingt uns dann, wenn wir uns nicht von unseren romantischen Bedürfnissen vereinnahmen lassen.

Neumond in Fische (10.3.): Alles ist möglich. Zumindest in unseren Gedanken und unserer Fantasie.

4
MONTAG

0:00 ☽ ↕ ♐
0:39 ☽ □ ☿
5:00 ☽ ✶ ♀
16:40 ☽ □ ♆ v/c
21:24 ☿ ✶ ♅
22:15 ☽ → ♑

☉ 14°21' ♓ • ☽ 24°16' ♐ • ☿ 18°56' ♓ • ♀ 20°46' ♒ • ♂ 15°36' ♒ • ♃ 11°55' ♉ • ♄ 10°20' ♓
⚷ 17°25' ♈ • ♅ 19°41' ♉ • ♆ 26°52' ♓ • ♇ 1°18' ♒ • ☊ 16°03' ♈ • ⚸ 17°31' ♍ • ⚳ 15°49' ♓

5
DIENSTAG

0:00 ☽ ↕ ♑
1:35 ♂ ✶ ☊
16:37 ☽ ✶ ♄
19:30 ☽ △ ♃

☉ 15°22' ♓ • ☽ 7°49' ♑ • ☿ 20°52' ♓ • ♀ 22°01' ♒ • ♂ 16°22' ♒ • ♃ 12°06' ♉ • ♄ 10°27' ♓
⚷ 17°28' ♈ • ♅ 19°43' ♉ • ♆ 26°54' ♓ • ♇ 1°20' ♒ • ☊ 16°01' ♈ • ⚸ 17°23' ♍ • ⚳ 16°22' ♓

6
MITTWOCH

0:00 ☽ ↕ ♑
2:01 ☉ ✶ ☽
2:06 ☽ □ ☊
3:21 ☽ ✶ ⚳
4:19 ☽ △ ⚸
4:40 ☽ □ ⚷
8:28 ☽ △ ♅
13:54 ☽ ✶ ☿
20:35 ☽ ✶ ♆ v/c
23:35 ⚸ ☍ ⚳

☉ 16°22' ♓ • ☽ 21°50' ♑ • ☿ 22°49' ♓ • ♀ 23°15' ♒ • ♂ 17°09' ♒ • ♃ 12°16' ♉ • ♄ 10°35' ♓
⚷ 17°31' ♈ • ♅ 19°45' ♉ • ♆ 26°57' ♓ • ♇ 1°21' ♒ • ☊ 15°58' ♈ • ⚸ 17°15' ♍ • ⚳ 16°56' ♓

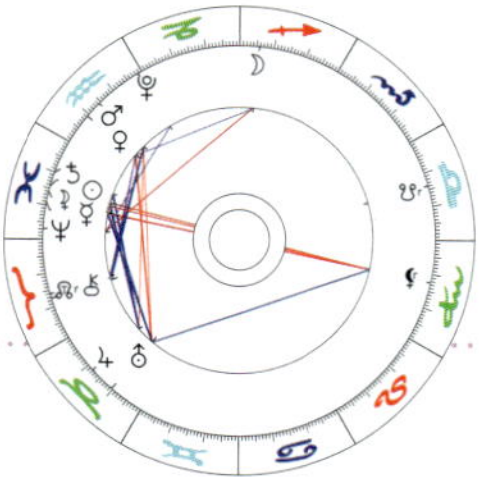

10. WOCHE
MÄRZ

7
DONNERSTAG

0:00 ☾ ↕ ♑
0:04 ♂ ⚹ ⚷
1:38 ☾ → ♒
3:54 ☾ ☌ ♇
7:01 ☉ ☍ ⚸
18:22 ☉ ☌ ⚳
22:08 ☾ □ ♃

☉17°22'♓ • ☾6°18'♒ • ☿24°45'♓ • ♀24°29'♒ • ♂17°55'♒ • ♃12°27'♉ • ♄10°42'♓
⚷17°34'♈ • ♅19°47'♉ • ♆26°59'♓ • ♇1°23'♒ • ☊15°54'♈ • ⚸17°08'♍ • ⚳17°29'♓

8
FREITAG

Internationaler Frauentag

0:00 ☾ ↕ ♒
3:30 ☾ ⚹ ☊
6:18 ☾ ⚹ ⚷
7:51 ☾ ☌ ♂
9:50 ☾ □ ♅
16:06 ☿ ☌ ♆
19:55 ☾ ☌ ♀ v/c

☉18°22'♓ • ☾21°10'♒ • ☿26°42'♓ • ♀25°44'♒ • ♂18°42'♒ • ♃12°38'♉ • ♄10°49'♓
⚷17°37'♈ • ♅19°49'♉ • ♆27°01'♓ • ♇1°24'♒ • ☊15°50'♈ • ⚸17°00'♍ • ⚳18°02'♓

9
SAMSTAG

0:00 ☾ ↕ ♒
2:03 ☾ → ♓
19:23 ☾ ☌ ♄
22:24 ☾ ⚹ ♃
23:55 ♂ □ ♅

☉19°22'♓ • ☾6°18'♓ • ☿28°38'♓ • ♀26°58'♒ • ♂19°29'♒ • ♃12°49'♉ • ♄10°57'♓
⚷17°40'♈ • ♅19°51'♉ • ♆27°03'♓ • ♇1°26'♒ • ☊15°46'♈ • ⚸16°53'♍ • ⚳18°35'♓

10
SONNTAG
● 10:00

0:00 ☾ ↕ ♓
0:01 ☉ ⚹ ♅
4:32 ☾ ☍ ⚸
5:03 ☿ → ♈
8:04 ☾ ☌ ⚳
9:22 ☾ ⚹ ♅
10:00 ☉ ☌ ☾
20:45 ☾ ☌ ♆ v/c
23:20 ☿ ⚹ ♇

☉20°22'♓ • ☾21°33'♓ • ☿0°33'♈ • ♀28°12'♒ • ♂20°15'♒ • ♃13°00'♉ • ♄11°04'♓
⚷17°43'♈ • ♅19°53'♉ • ♆27°06'♓ • ♇1°27'♒ • ☊15°44'♈ • ⚸16°46'♍ • ⚳19°08'♓

Was ist gesunder Egoismus? An welchen Punkten werden Kompromisse faul? Wo sind unser Wille und unser Einsatz gefordert? Worauf sollten wir Rücksicht nehmen? Wozu sollten wir uns aufraffen? Womit dürfen wir es uns bequem machen? Wobei dürfen wir nur an uns selbst denken? Was zählen die Interessen der anderen? Was dürfen wir erwarten? Welche Ansprüche stellen wir an uns selbst?

Es gilt 2024, vieles auszugleichen. Dies gelingt umso besser, je klarer unsere Ziele sind. Gemeinsamkeit beruht auf dem Willen aller Beteiligten. Wo zu viele Mitläufer sind, verrennen wir uns. Jemand muss den Anfang machen. Am besten alle gemeinsam. Frieden zu schaffen, ist nicht das Ende, sondern ein Neubeginn. Dafür lohnt es sich zu kämpfen.

ICH und DU und WIR alle gemeinsam

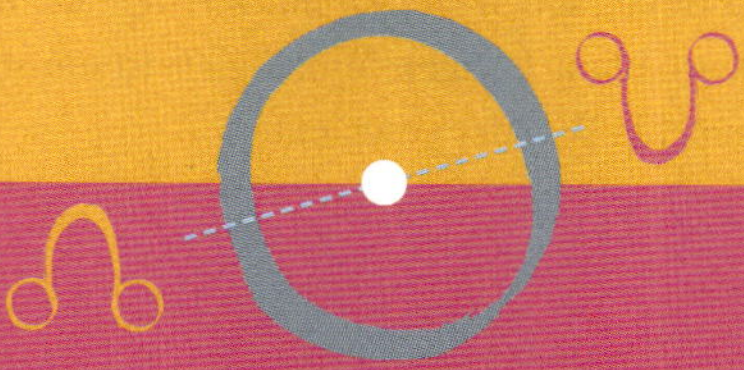

Die Achse der Mondknoten bewegt sich 2024 rückläufig durch die Zeichen Widder (aufsteigender Mondknoten) und Waage (absteigender Mondknoten). Dadurch kommt es am 8. April 2024 zu einer totalen Sonnenfinsternis, die hauptsächlich in Nordamerika zu sehen sein wird, sowie am 2. Oktober 2024 zu einer ringförmigen Sonnenfinsternis, die von Chile und Argentinien aus zu beobachten sein wird. Auch die Halbschatten-Mondfinsternis am 24./25. März 2024 und die partielle Mondfinsternis am 17./18. September 2024, die beide in Europa zu sehen sein werden, stehen mit den Mondknoten in Widder und Waage in Zusammenhang.

Um uns Gehör zu verschaffen, sind Ausrufezeichen vonnöten. Mit **Merkur** in **Widder** (10.3.) kann es unvermittelt stürmisch und provokant zugehen. Es ist der Imperativ, der unseren Gedanken die nötige Durchschlagskraft verleiht. Trotz der bisweilen lauten Töne sind auch unsere Empathie und unser Mitgefühl gefragt. Mit **Venus** in **Fische** (11.3.) und **Fische-Sonne** in **Konjunktion** zu **Neptun** (17.3.) sind wir dünnhäutiger und durchlässiger als sonst. Das kann uns in spiritueller Hinsicht große Freude bereiten. Doch im Alltag damit klarzukommen, kommt einem Kunststück gleich. Unsere Hilfsbereitschaft ist gefragt. Wenn wir nur wüssten, wie und wo wir sie am besten zur Anwendung bringen. Womöglich ist uns selbst nicht zu helfen, es sei denn, ein Wunder geschieht.

11
MONTAG

0:00 ☾ ↕ ♓
1:19 ☾ → ♈
3:38 ☾ ⚹ ♇
4:15 ☾ ☌ ☿
22:28 ⛢ ⚹ ⚳
22:50 ♀ → ♓

☉21°22'♓ • ☾6°45'♈ • ☿2°28'♈ • ♀29°26'♒ • ♂21°02'♒ • ♃13°12'♉ • ♄11°11'♓
⚷17°47'♈ • ⛢19°55'♉ • ♆27°08'♓ • ♇1°29'♒ • ☊15°42'♈ • ⚸16°39'♍ • ⚳19°42'♓

12
DIENSTAG

0:00 ☾ ↕ ♈
2:17 ☾ ☌ ☊
5:41 ☾ ☌ ⚷
12:08 ☾ ⚹ ♂ v/c

☉22°22'♓ • ☾21°44'♈ • ☿4°22'♈ • ♀0°41'♓ • ♂21°49'♒ • ♃13°23'♉ • ♄11°18'♓
⚷17°50'♈ • ⛢19°57'♉ • ♆27°10'♓ • ♇1°30'♒ • ☊15°42'♈ • ⚸16°33'♍ • ⚳20°15'♓

13
MITTWOCH

0:00 ☾ ↕ ♈
1:28 ☾ → ♉
3:56 ☾ ⚹ ♀
3:57 ☾ □ ♇
20:30 ☾ ⚹ ♄

☉23°22'♓ • ☾6°23'♉ • ☿6°14'♈ • ♀1°55'♓ • ♂22°35'♒ • ♃13°35'♉ • ♄11°26'♓
⚷17°53'♈ • ⛢19°59'♉ • ♆27°12'♓ • ♇1°31'♒ • ☊15°43'♈ • ⚸16°27'♍ • ⚳20°48'♓

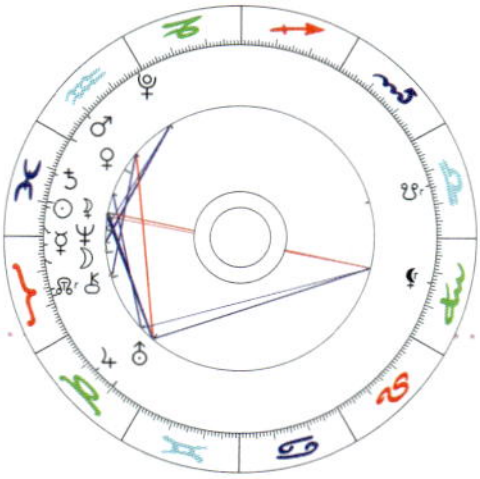

11. WOCHE
MÄRZ

0:00 ☾ ↕ ♉
0:12 ☾ ☌ ♃
4:47 ☾ △ ⚸
11:00 ☾ ☌ ♅
13:18 ☾ ⚹ ⚳
17:00 ☾ □ ♂
18:56 ☉ ⚹ ☾
23:29 ☾ ⚹ ♆ v/c

14
DONNERSTAG

☉24°21'♓ • ☾20°37'♉ • ☿8°04'♈ • ♀3°09'♓ • ♂23°22'♒ • ♃13°46'♉ • ♄11°33'♓
⚷17°57'♈ • ♅20°02'♉ • ♆27°15'♓ • ♇1°33'♒ • ☊15°44'♈ • ⚸16°21'♍ • ⚳21°20'♓

0:00 ☾ ↕ ♉
4:15 ☾ → ♊
7:00 ☾ △ ♇
11:59 ☾ □ ♀
23:10 ☾ ⚹ ☿

15
FREITAG

☉25°21'♓ • ☾4°24'♊ • ☿9°51'♈ • ♀4°24'♓ • ♂24°08'♒ • ♃13°58'♉ • ♄11°40'♓
⚷18°00'♈ • ♅20°04'♉ • ♆27°17'♓ • ♇1°34'♒ • ☊15°46'♈ • ⚸16°15'♍ • ⚳21°53'♓

0:00 ☾ ↕ ♊
1:05 ☾ □ ♄
8:24 ☾ ⚹ ☊
9:08 ☾ □ ⚸
12:33 ☾ ⚹ ⚷
20:58 ☾ □ ⚳

16
SAMSTAG

☉26°21'♓ • ☾17°45'♊ • ☿11°36'♈ • ♀5°38'♓ • ♂24°55'♒ • ♃14°09'♉ • ♄11°47'♓
⚷18°03'♈ • ♅20°06'♉ • ♆27°19'♓ • ♇1°35'♒ • ☊15°47'♈ • ⚸16°10'♍ • ⚳22°26'♓

0:00 ☾ ↕ ♊
2:02 ☾ △ ♂
5:11 ☉ □ ☾
5:43 ☾ □ ♆ v/c
10:40 ☾ → ♋
12:22 ☉ ☌ ♆

17
SONNTAG
◐5:11

☉27°21'♓ • ☾0°42'♋ • ☿13°17'♈ • ♀6°52'♓ • ♂25°42'♒ • ♃14°21'♉ • ♄11°54'♓
⚷18°07'♈ • ♅20°09'♉ • ♆27°22'♓ • ♇1°36'♒ • ☊15°47'♈ • ⚸16°06'♍ • ⚳22°59'♓

Angriffslustig zu kommunizieren, reißt alte Wunden auf. Damit verletzen wir nicht nur andere, sondern auch uns selbst. **Widder-Merkur** tritt in **Konjunktion** zu **Chiron** (20.3.). Unser Verstand und unsere Intelligenz sind gefordert, um uns nicht mit unbedachten Äußerungen ins Abseits zu manövrieren.

Vertrauen ist kostbar und schnell verspielt. Das gilt mit **Fische-Venus** in **Konjunktion** zu **Saturn** (22.3.) auch für die Liebe. Unsere Loyalität ist gefragt, damit unser Glück nicht unverhofft ein Ende hat.

Mars wechselt in **Fische** (23.3.). Manche Ziele sind nur auf Schleichwegen zu erreichen. Je besser wir unser Handeln zu tarnen verstehen, desto geringer ist die Gefahr, erwischt zu werden. Was wir jetzt für andere tun, sollte auch in unserem Interesse liegen.

18
MONTAG

0:00 ☾ ↕ ♋
0:55 ☾ △ ♀
9:29 ☾ △ ♄
14:24 ☾ ✶ ♃
15:29 ☾ □ ☿
16:43 ☾ □ ☊
17:11 ☾ ✶ ⚸
21:24 ☾ □ ⚷

☉28°20'♓ • ☾13°19'♋ • ☿14°54'♈ • ♀8°06'♓ • ♂26°28'♒ • ♃14°33'♉ • ♄12°02'♓
⚷18°10'♈ • ⛢20°11'♉ • ♆27°24'♓ • ♇1°38'♒ • ☊15°46'♈ • ⚸16°02'♍ • ⚳23°31'♓

19
DIENSTAG

0:00 ☾ ↕ ♋
1:12 ☿ ☌ ☊
1:20 ☾ ✶ ⛢
8:43 ☾ △ ⚳
15:30 ☾ △ ♆
19:52 ☉ △ ☾ v/c
20:33 ☾ → ♌
23:49 ☾ ☍ ♇

☉29°20'♓ • ☾25°40'♋ • ☿16°27'♈ • ♀9°20'♓ • ♂27°15'♒ • ♃14°45'♉ • ♄12°09'♓
⚷18°13'♈ • ⛢20°14'♉ • ♆27°26'♓ • ♇1°39'♒ • ☊15°45'♈ • ⚸15°58'♍ • ⚳24°04'♓

20
MITTWOCH

Frühlingsanfang
Tag der Astrologie

0:00 ☾ ↕ ♌
4:06 ☉ → ♈
18:27 ☿ ☌ ⚷

☉0°20'♈ • ☾7°47'♌ • ☿17°55'♈ • ♀10°35'♓ • ♂28°02'♒ • ♃14°57'♉ • ♄12°16'♓
⚷18°17'♈ • ⛢20°16'♉ • ♆27°28'♓ • ♇1°40'♒ • ☊15°43'♈ • ⚸15°55'♍ • ⚳24°36'♓

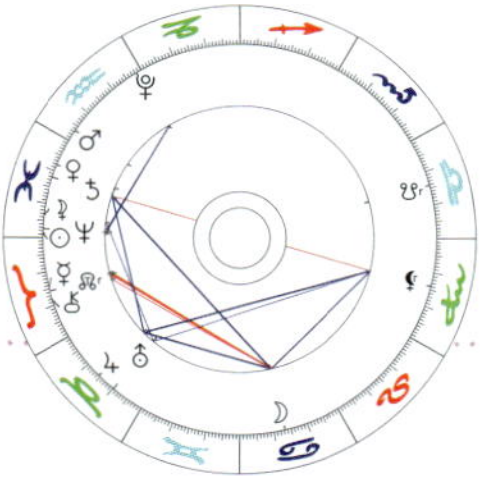

12. WOCHE
MÄRZ

0:00 ☾ ↕ ♌
2:35 ☾ □ ♃
3:49 ☾ △ ☊
9:07 ☾ △ ⚷
10:57 ☾ △ ☿
13:07 ☾ □ ♅
21:03 ☉ ⚹ ♇

21
DONNERSTAG

☉1°19' ♈ • ☾19°46' ♌ • ☿19°18' ♈ • ♀11°49' ♓ • ♂28°48' ♒ • ♃15°09' ♉ • ♄12°23' ♓
⚷18°20' ♈ • ♅20°19' ♉ • ♆27°31' ♓ • ♇1°41' ♒ • ☊15°41' ♈ • ⚸15°52' ♍ • ⚳25°08' ♓

0:00 ☾ ↕ ♌
0:09 ♀ ☌ ♄
7:34 ☾ ☍ ♂ v/c
8:42 ☾ → ♍

22
FREITAG

☉2°19' ♈ • ☾1°38' ♍ • ☿20°35' ♈ • ♀13°03' ♓ • ♂29°35' ♒ • ♃15°21' ♉ • ♄12°30' ♓
⚷18°24' ♈ • ♅20°21' ♉ • ♆27°33' ♓ • ♇1°42' ♒ • ☊15°38' ♈ • ⚸15°49' ♍ • ⚳25°41' ♓

0:00 ☾ ↕ ♍
0:47 ♂ → ♓
10:17 ☾ ☍ ♄
13:54 ☾ ☍ ♀
16:22 ☾ △ ♃
16:45 ☾ ☌ ⚸

23
SAMSTAG

☉3°18' ♈ • ☾13°27' ♍ • ☿21°46' ♈ • ♀14°17' ♓ • ♂0°22' ♓ • ♃15°34' ♉ • ♄12°37' ♓
⚷18°27' ♈ • ♅20°24' ♉ • ♆27°35' ♓ • ♇1°43' ♒ • ☊15°37' ♈ • ⚸15°48' ♍ • ⚳26°13' ♓

0:00 ☾ ↕ ♍
2:10 ☾ △ ♅
12:33 ♃ △ ⚸
15:09 ☾ ☍ ⚳
16:43 ♀ ☍ ⚸
16:49 ☾ ☍ ♆v/c
17:37 ♀ ⚹ ♃
21:37 ☾ → ♎

24
SONNTAG

☉4°18' ♈ • ☾25°16' ♍ • ☿22°51' ♈ • ♀15°32' ♓ • ♂1°08' ♓ • ♃15°46' ♉ • ♄12°44' ♓
⚷18°30' ♈ • ♅20°26' ♉ • ♆27°37' ♓ • ♇1°45' ♒ • ☊15°35' ♈ • ⚸15°46' ♍ • ⚳26°45' ♓

Was wir jetzt nah an uns heranlassen, fügt sich wie von selbst. Mit **Neptun** am **Priapus-Pol** (26.3.) können Wunder geschehen, die uns komplett vereinnahmen und überwältigen. Diese Tage fühlen sich an wie ein großer, nie endender Rausch. Oder wie eine grenzenlose Enttäuschung, ein Platzen unserer Träume und Sehnsüchte. Was auch immer wir erleben, es sollte sich traumhaft anfühlen und uns glücklich machen. Es kommt nicht darauf an, was am Ende davon übrig bleibt. Was zählt, ist das Gefühl, aus einer Quelle zu schöpfen, die unerschöpflich ist. Spirituell betrachtet ist die Erleuchtung zum Greifen nah. Ob wir dieser Herausforderung gewachsen sind, steht auf einem anderen Blatt, das wir womöglich noch gar nicht beschriftet haben.

Vollmond in Waage (25.3.): Wer anderen die Hand reichen möchte, darf sie nicht zur Faust ballen.

25
MONTAG
○ 8:00

Halbschatten-Mondfinsternis

0:00 ☾ ↕ ♎
1:11 ☾ △ ⯓
8:00 ☉ ☍ ☾

☉5°17'♈ • ☾7°06'♎ • ☿23°49'♈ • ♀16°46'♓ • ♂1°55'♓ • ♃15°58'♉ • ♄12°51'♓
⚷18°34'♈ • ♅20°29'♉ • ♆27°40'♓ • ⯓1°46'♒ • ☊15°35'♈ • ⚸15°45'♍ • ⯒27°16'♓

26
DIENSTAG

0:00 ☾ ↕ ♎
5:07 ☾ ☍ ☊
6:57 ♆ ☌ ⯒
11:15 ☾ ☍ ⚷

☉6°17'♈ • ☾18°59'♎ • ☿24°40'♈ • ♀18°00'♓ • ♂2°42'♓ • ♃16°11'♉ • ♄12°58'♓
⚷18°37'♈ • ♅20°32'♉ • ♆27°42'♓ • ⯓1°47'♒ • ☊15°34'♈ • ⚸15°45'♍ • ⯒27°48'♓

27
MITTWOCH

0:00 ☾ ↕ ♎
0:09 ☾ ☍ ☿ v/c
10:03 ☾ → ♏
13:37 ☾ □ ⯓
17:18 ☾ △ ♂

☉7°16'♈ • ☾0°59'♏ • ☿25°24'♈ • ♀19°14'♓ • ♂3°29'♓ • ♃16°23'♉ • ♄13°05'♓
⚷18°41'♈ • ♅20°34'♉ • ♆27°44'♓ • ⯓1°48'♒ • ☊15°35'♈ • ⚸15°45'♍ • ⯒28°20'♓

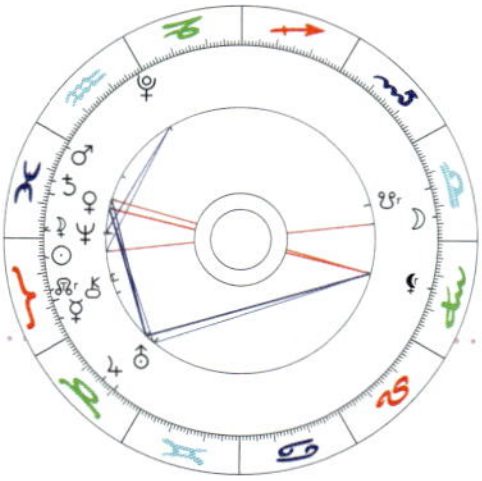

13. WOCHE
MÄRZ

0:00 ☽ ↕ ♏
12:11 ☽ △ ♄
14:58 ♀ ⚹ ♅
17:13 ☽ ⚹ ⚸
18:58 ☽ ☍ ♃

28 DONNERSTAG

☉8°15'♈ • ☽13°06'♏ • ☿26°00'♈ • ♀20°28'♓ • ♂4°15'♓ • ♃16°36'♉ • ♄13°12'♓
⚷18°44'♈ • ♅20°37'♉ • ♆27°46'♓ • ♇1°49'♒ • ☊15°35'♈ • ⚸15°46'♍ • ⚳28°51'♓

0:00 ☽ ↕ ♏
2:45 ☽ ☍ ♅
4:01 ☽ △ ♀
16:40 ☽ △ ♆ v/c
19:59 ☽ △ ⚳
20:52 ☽ → ♐

Karfreitag

29 FREITAG

☉9°15'♈ • ☽25°24'♏ • ☿26°29'♈ • ♀21°42'♓ • ♂5°02'♓ • ♃16°49'♉ • ♄13°19'♓
⚷18°48'♈ • ♅20°40'♉ • ♆27°49'♓ • ♇1°50'♒ • ☊15°36'♈ • ⚸15°47'♍ • ⚳29°22'♓

0:00 ☽ ↕ ♐
0:23 ☽ ⚹ ♇
7:43 ☽ □ ♂
16:44 ☉ △ ☽
17:10 ⚳ → ♈
22:29 ☽ □ ♄

30 SAMSTAG

☉10°14'♈ • ☽7°56'♐ • ☿26°51'♈ • ♀22°57'♓ • ♂5°49'♓ • ♃17°01'♉ • ♄13°25'♓
⚷18°51'♈ • ♅20°43'♉ • ♆27°51'♓ • ♇1°51'♒ • ☊15°37'♈ • ⚸15°49'♍ • ⚳29°53'♓

0:00 ☽ ↕ ♐
2:30 ☽ △ ☊
2:54 ☽ □ ⚸
9:39 ☽ △ ⚷
20:05 ☽ □ ♀

Ostersonntag
Beginn der Sommerzeit (+1 Stunde)

31 SONNTAG

☉11°11'♈ • ☽20°10'♐ • ☿27°05'♈ • ♀24°08'♓ • ♂6°33'♓ • ♃17°14'♉ • ♄13°32'♓
⚷18°55'♈ • ♅20°45'♉ • ♆27°53'♓ • ♇1°51'♒ • ☊15°37'♈ • Lilith 15°50'♍ • ⚳0°23'♈

Schnell noch hektische Entscheidungen zu treffen, ist keine gute Idee. **Widder-Merkur** wird **rückläufig** (2.4.). Uns wird alles in Erinnerung gerufen, was wir in den vergangenen Wochen im Eifer des Gefechts übersehen und überhört haben. Im zweiten Anlauf funktioniert dafür manches besser und es gibt auch weniger Streit, hoffentlich. An Gelegenheiten, uns in der Kunst des Verzeihens zu üben, herrscht kein Mangel. Im Gegenteil, mit **Fische-Venus in Konjunktion** zu **Neptun** (3.4.) werden uns auch Sünden vergeben, die wir gar nicht begangen, sondern uns nur zusammenfantasiert haben. Je platonischer wir lieben, desto schmachtender leben wir. Manche machen und mögen das, ohne es zu merken.

APRIL

Ostermontag

1
MONTAG

0:00 ☾ ↕ ♐
0:54 ☾ △ ☿
2:16 ☾ □ ♆ v/c
6:05 ☾ → ♑
7:32 ☾ □ ⚳
19:49 ☾ ⚹ ♂

☉12°10'♈ • ☾3°15'♑ • ☿27°12'♈ • ♀25°22'♓ • ♂7°20'♓ • ♃17°27'♉ • ♄13°39'♓
⚷18°58'♈ • ♅20°48'♉ • ♆27°55'♓ • ♇1°52'♒ • ☊15°37'♈ • ⚴15°53'♍ • ⚳0°54'♈

2
DIENSTAG
◑ 5:15

0:00 ☾ ↕ ♑
0:16 ☿SR
5:15 ☉ □ ☾
6:46 ☾ ⚹ ♄
10:07 ☾ □ ☊
10:39 ☾ △ ⚴
13:43 ☾ △ ♃
16:08 ☾ □ ⚷
19:19 ☾ △ ♅

☉13°09'♈ • ☾16°42'♑ • ☿27°12'♈ • ♀26°36'♓ • ♂8°07'♓ • ♃17°39'♉ • ♄13°45'♓
⚷19°02'♈ • ♅20°51'♉ • ♆27°58'♓ • ♇1°53'♒ • ☊15°37'♈ • ⚴15°56'♍ • ⚳1°24'♈

3
MITTWOCH

0:00 ☾ ↕ ♑
6:11 ☾ □ ☿
6:58 ☾ ⚹ ♀
7:40 ☾ ⚹ ♆ v/c
11:08 ☾ → ♒
11:45 ♇ ⚹ ⚳
14:23 ☾ ☌ ♇
14:29 ☾ ⚹ ⚳
15:10 ♀ ☌ ♆

☉14°08'♈ • ☾0°31'♒ • ☿R27°05'♈ • ♀27°50'♓ • ♂8°53'♓ • ♃17°52'♉ • ♄13°52'♓
⚷19°05'♈ • ♅20°54'♉ • ♆28°00'♓ • ♇1°54'♒ • ☊15°37'♈ • ⚴15°59'♍ • ⚳1°54'♈

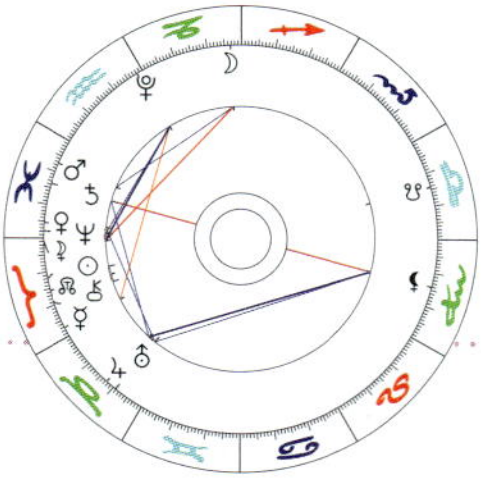

14. WOCHE
APRIL

0:00 ☽ ↕ ♒
12:44 ☉ ⚹ ☽
13:31 ☽ ⚹ ☊
17:43 ☽ □ ♃
19:25 ☽ ⚹ ⚷
22:24 ☽ □ ♅

4
DONNERSTAG

☉ 15°07' ♈ • ☽ 14°42' ♒ • ☿R 26°52' ♈ • ♀ 29°04' ♓ • ♂ 9°40' ♓ • ♃ 18°05' ♉ • ♄ 13°59' ♓
⚷ 19°09' ♈ • ♅ 20°57' ♉ • ♆ 28°02' ♓ • ♇ 1°55' ♒ • ☊ 15°37' ♈ • ⚸ 16°03' ♍ • ⚳ 2°24' ♈

0:00 ☽ ↕ ♒
0:10 ☉ ☌ ☊
6:00 ♀ → ♈
7:39 ☽ ⚹ ☿ v/c
13:12 ☽ → ♓

5
FREITAG

☉ 16°06' ♈ • ☽ 29°16' ♒ • ☿R 26°32' ♈ • ♀ 0°19' ♈ • ♂ 10°27' ♓ • ♃ 18°19' ♉ • ♄ 14°05' ♓
⚷ 19°12' ♈ • ♅ 21°00' ♉ • ♆ 28°04' ♓ • ♇ 1°56' ♒ • ☊ 15°37' ♈ • ⚸ 16°07' ♍ • ⚳ 2°54' ♈

0:00 ☽ ↕ ♓
7:08 ☽ ☌ ♂
12:10 ☽ ☌ ♄
15:22 ☽ ☍ ⚸
19:12 ☽ ⚹ ♃
19:45 ♀ ⚹ ♇
23:11 ☽ ⚹ ♅

6
SAMSTAG

☉ 17°05' ♈ • ☽ 14°06' ♓ • ☿R 26°07' ♈ • ♀ 1°33' ♈ • ♂ 11°14' ♓ • ♃ 18°32' ♉ • ♄ 14°12' ♓
⚷ 19°16' ♈ • ♅ 21°03' ♉ • ♆ 28°06' ♓ • ♇ 1°56' ♒ • ☊ 15°37' ♈ • ⚸ 16°11' ♍ • ⚳ 3°24' ♈

0:00 ☽ ↕ ♓
10:27 ☽ ☌ ♆ v/c
13:25 ☽ → ♈
16:31 ☽ ⚹ ♇
18:21 ☽ ☌ ♀
19:51 ☽ ☌ ⚳

7
SONNTAG

☉ 18°05' ♈ • ☽ 29°07' ♓ • ☿R 25°36' ♈ • ♀ 2°47' ♈ • ♂ 12°00' ♓ • ♃ 18°45' ♉ • ♄ 14°19' ♓
⚷ 19°20' ♈ • ♅ 21°06' ♉ • ♆ 28°08' ♓ • ♇ 1°57' ♒ • ☊ 15°38' ♈ • ⚸ 16°16' ♍ • ⚳ 3°53' ♈

Der Wert unseres Geldes und unserer Besitztümer beruht größtenteils auf Zuversicht und Vertrauen. Wie stabil bzw. unsicher diese Basis ist, das zeigt sich 2024 in aller Deutlichkeit. Das Blatt kann sich jederzeit zu unseren Gunsten oder Ungunsten wenden. Unser Glück ist ebenso schnell gewonnen wie verspielt. Dass unsere Besitzverhältnisse sich ändern, wird nicht zu vermeiden sein. Was uns bleibt, ist das, was wir daraus machen. Im Idealfall lernen wir in anderen Währungen zu rechnen als bisher. Über mehr Autonomie und Freiheit zu verfügen, macht sich in jedem Fall bezahlt.

Veränderungen stehen jedoch nicht nur in materieller, sondern auch in territorialer Hinsicht an. Manche Reviere werden nicht länger zu halten sein. Doch mit etwas Glück können wir auch an Boden hinzugewinnen und dort neue Samen einpflanzen, die uns eine zeitgemäße und ertragreiche Ernte versprechen.

Dem Glück auf die Sprünge helfen

Am 21. April 2024 beginnt ein neuer Jupiter/Uranus-Zyklus auf 21°50‘ Stier. Dieser Zyklus dauert bis zur dreifachen Konjunktion von Jupiter und Uranus in den Jahren 2037 bis 2038 auf 20° bis 23° Krebs.

♃

♅

Was uns gefällt, das steht uns zu. Also nehmen wir es uns einfach. Wozu noch lange warten? **Venus** befindet sich nach ihrem **Wechsel** in **Widder** (5.4.) am **Priapus-Pol** (8.4.). Es gibt derzeit nichts Schöneres, als uns von spontanen Gelüsten überwältigen zu lassen. Wer zuerst kommt, mahlt zuerst. Das gilt auch für unsere Beziehungen. Ob uns das gefällt, danach fragt niemand. Würde nur unnötig Zeit kosten.

Wo ein Wille ist, sind die Schleichwege nicht fern. Doch auf diese Weise ans Ziel zu gelangen, ist uns mit **Fische-Mars** in **Konjunktion** zu **Saturn** (10.4.) endgültig versperrt. Was wir wollen, ist schwieriger zu erreichen als gedacht.

Neumond in Widder Konjunktion Chiron (8.4.): Einen Fehlstart hinzulegen, kann sowohl peinlich als auch heilsam sein.

8
MONTAG
● 20:21

totale Sonnenfinsternis

0:00 ☾ ↕ ♈
14:19 ☾ ☌ ☊
20:21 ☉ ☌ ☾
20:21 ☾ ☌ ⚷
20:28 ☉ ☌ ⚷
23:24 ♀ ☌ ⚳

☉19°04‘♈ • ☾14°11‘♈ • ☿R 25°01‘♈ • ♀4°01‘♈ • ♂12°47‘♓ • ♃18°58‘♉ • ♄14°25‘♓
⚷19°23‘♈ • ♅21°09‘♉ • ♆28°11‘♓ • ♇1°58‘♒ • ☊15°38‘♈ • ⚸16°21‘♍ • ⚳4°22‘♈

9
DIENSTAG

0:00 ☾ ↕ ♈
4:38 ☾ ☌ ☿ v/c
13:23 ☾ → ♉
16:35 ☾ □ ♇

☉20°02‘♈ • ☾29°09‘♈ • ☿R 24°22‘♈ • ♀5°15‘♈ • ♂13°34‘♓ • ♃19°11‘♉ • ♄14°32‘♓
⚷19°27‘♈ • ♅21°12‘♉ • ♆28°13‘♓ • ♇1°59‘♒ • ☊15°38‘♈ • ⚸16°27‘♍ • ⚳4°51‘♈

10
MITTWOCH

0:00 ☾ ↕ ♉
12:49 ☾ ⚹ ♂
13:16 ☾ ⚹ ♄
16:27 ☾ △ ⚸
21:19 ☾ ☌ ♃
22:36 ♂ ☌ ♄

☉21°01‘♈ • ☾13°52‘♉ • ☿R 23°40‘♈ • ♀6°29‘♈ • ♂14°20‘♓ • ♃19°25‘♉ • ♄14°38‘♓
⚷19°30‘♈ • ♅21°15‘♉ • ♆28°15‘♓ • ♇1°59‘♒ • ☊15°37‘♈ • ⚸16°33‘♍ • ⚳5°20‘♈

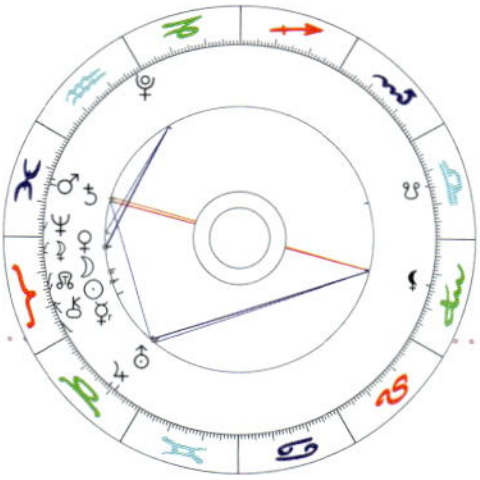

0:00 ☽ ↕ ♉
0:18 ☽ ☌ ⛢
12:04 ☽ ⚹ ♆ v/c
14:58 ☽ → ♊
18:22 ☽ △ ♇

11
DONNERSTAG

☉22°00' ♈ • ☽28°15' ♉ • ☿R 22°57' ♈ • ♀7°43' ♈ • ♂15°07' ♓ • ♃19°38' ♉ • ♄14°44' ♓
⚷19°34' ♈ • ⛢21°19' ♉ • ♆28°17' ♓ • ♇2°00' ♒ • ☊15°37' ♈ • ⚸16°39' ♍ • ⚳5°48' ♈

0:00 ☽ ↕ ♊
1:03 ☉ ☌ ☿
1:21 ☽ ⚹ ⚳
5:47 ☽ ⚹ ♀
16:39 ☽ □ ♄
17:56 ☽ ⚹ ☊
18:51 ☽ □ ♂
20:03 ☽ □ ⚸

12
FREITAG

☉22°59' ♈ • ☽12°13' ♊ • ☿R 22°12' ♈ • ♀8°57' ♈ • ♂15°53' ♓ • ♃19°52' ♉ • ♄14°51' ♓
⚷19°37' ♈ • ⛢21°22' ♉ • ♆28°19' ♓ • ♇2°00' ♒ • ☊15°36' ♈ • ⚸16°45' ♍ • ⚳6°16' ♈

0:00 ☽ ↕ ♊
1:07 ☽ ⚹ ⚷
4:42 ☽ ⚹ ☿
8:34 ☉ ⚹ ☽
16:46 ☽ □ ♆ v/c
19:23 ♂ ☍ ⚸
19:45 ☽ → ♋

13
SAMSTAG

☉23°58' ♈ • ☽25°44' ♊ • ☿R 21°26' ♈ • ♀10°11' ♈ • ♂16°40' ♓ • ♃20°05' ♉ • ♄14°57' ♓
⚷19°41' ♈ • ⛢21°25' ♉ • ♆28°21' ♓ • ♇2°01' ♒ • ☊15°35' ♈ • ⚸16°52' ♍ • ⚳6°44' ♈

0:00 ☽ ↕ ♋
8:52 ☽ □ ⚳
17:23 ☽ □ ♀
23:47 ☽ △ ♄

14
SONNTAG

☉24°57' ♈ • ☽8°49' ♋ • ☿R 20°42' ♈ • ♀11°26' ♈ • ♂17°27' ♓ • ♃20°19' ♉ • ♄15°03' ♓
⚷19°44' ♈ • ⛢21°28' ♉ • ♆28°23' ♓ • ♇2°01' ♒ • ☊15°34' ♈ • ⚸16°59' ♍ • ⚳7°12' ♈

Auf Fehler aufmerksam gemacht zu werden, muss nicht in Streit enden. Oder etwa doch? Mit dem rückläufigen **Widder-Merkur** in **Konjunktion** zu **Chiron** (15.4.) und **Venus** (19.4.) werden Erinnerungen geweckt, die schmerzhaft sind. Doch nichts und niemand ist frei von Makel. Auch dies nicht zu vergessen, kann heilsam sein.

Das Leben besteht aus Zufällen. Die Chancen, dass sie zu unserem Vorteil sind, stehen gerade besonders gut. Doch wo könnte es sich lohnen, Risiken einzugehen und unser Glück herauszufordern? Um darauf eine passende Antwort zu finden, könnten wir mit **Stier-Jupiter** in **Konjunktion** zu **Uranus** (21.4.) auch jeweils eine Münze werfen. Doch wer macht das heutzutage noch? Vermutlich diejenigen, denen das Glück ohnehin die ganze Zeit hold ist.

15
MONTAG
◐ 21:13

0:00 ☽ ↕ ♋
0:40 ☽ □ ☊
3:30 ☽ ⚹ ⚸
5:17 ☽ △ ♂
8:42 ☽ □ ⚷
9:12 ☽ □ ☿
17:23 ☿ ☌ ⚷
10:05 ☽ ⚹ ♃
21:13 ☉ □ ☽
12:00 ☽ ⚹ ♅

☉25°56'♈ • ☽21°31'♋ • ☿R 19°58'♈ • ♀12°40'♈ • ♂18°13'♓ • ♃20°32'♉ • ♄15°09'♓
⚷19°48'♈ • ♅21°31'♉ • ♆28°25'♓ • ♇2°02'♒ • ☊15°34'♈ • ⚸17°06'♍ • ⚳7°39'♈

16
DIENSTAG

0:00 ☽ ↕ ♋
1:22 ☽ △ ♆ v/c
4:24 ☽ → ♌
8:23 ☽ ☍ ♇
20:37 ☽ △ ⚳

☉26°54'♈ • ☽3°53'♌ • ☿R 19°17'♈ • ♀13°54'♈ • ♂19°00'♓ • ♃20°46'♉ • ♄15°15'♓
⚷19°51'♈ • ♅21°34'♉ • ♆28°28'♓ • ♇2°02'♒ • ☊15°34'♈ • ⚸17°14'♍ • ⚳8°06'♈

17
MITTWOCH

0:00 ☽ ↕ ♌
10:03 ☽ △ ♀
11:08 ☽ △ ☊
17:01 ☽ △ ☿
19:52 ☽ △ ⚷
20:46 ♀ ☌ ☊
22:11 ☽ □ ♃
23:20 ☽ □ ♅

☉27°53'♈ • ☽16°00'♌ • ☿R 18°38'♈ • ♀15°08'♈ • ♂19°46'♓ • ♃20°59'♉ • ♄15°21'♓
⚷19°55'♈ • ♅21°38'♉ • ♆28°30'♓ • ♇2°03'♒ • ☊15°34'♈ • ⚸17°22'♍ • ⚳8°33'♈

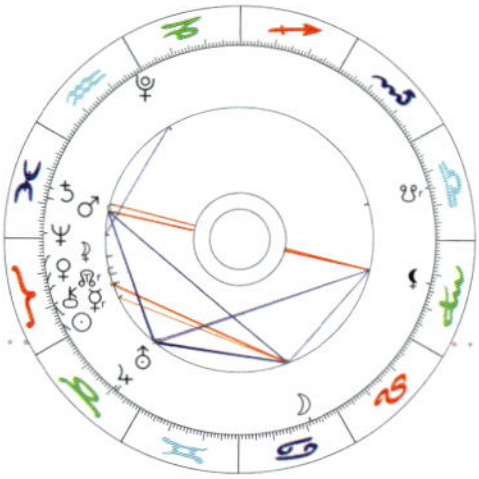

16. WOCHE
APRIL

0:00 ☽ ↕ ♌
14:02 ☉ △ ☽ v/c
16:10 ☽ → ♍

18
DONNERSTAG

☉ 28°52' ♈ • ☽ 27°56' ♌ • ☿R 18°03' ♈ • ♀ 16°22' ♈ • ♂ 20°33' ♓ • ♃ 21°13' ♉ • ♄ 15°27' ♓
⚷ 19°58' ♈ • ♅ 21°41' ♉ • ♆ 28°32' ♓ • ♇ 2°03' ♒ • ☊ 15°35' ♈ • ⚸ 17°30' ♍ • ⚳ 8°59' ♈

0:00 ☽ ↕ ♍
10:59 ☿ ☌ ♀
16:00 ☉ → ♉
17:28 ♂ ⚹ ♃
23:52 ☽ ☍ ♄

19
FREITAG

☉ 29°50' ♈ • ☽ 9°46' ♍ • ☿R 17°31' ♈ • ♀ 17°36' ♈ • ♂ 21°19' ♓ • ♃ 21°27' ♉ • ♄ 15°33' ♓
⚷ 20°02' ♈ • ♅ 21°44' ♉ • ♆ 28°34' ♓ • ♇ 2°04' ♒ • ☊ 15°37' ♈ • ⚸ 17°38' ♍ • ⚳ 9°25' ♈

0:00 ☽ ↕ ♍
1:56 ♂ ⚹ ♅
4:11 ☽ ☌ ⚸
12:13 ☽ △ ♃
12:28 ☽ △ ♅
13:09 ☽ ☍ ♂

20
SAMSTAG

☉ 0°49' ♉ • ☽ 21°34' ♍ • ☿R 17°04' ♈ • ♀ 18°50' ♈ • ♂ 22°06' ♓ • ♃ 21°40' ♉ • ♄ 15°39' ♓
⚷ 20°05' ♈ • ♅ 21°48' ♉ • ♆ 28°36' ♓ • ♇ 2°04' ♒ • ☊ 15°38' ♈ • ⚸ 17°46' ♍ • ⚳ 9°51' ♈

0:00 ☽ ↕ ♍
2:19 ☽ ☍ ♆ v/c
4:27 ♃ ☌ ♅
5:08 ☽ → ♎
9:20 ☽ △ ♇
13:49 ♀ ☌ ⚷
19:02 ☉ □ ♇

21
SONNTAG

☉ 1°47' ♉ • ☽ 3°23' ♎ • ☿R 16°41' ♈ • ♀ 20°04' ♈ • ♂ 22°52' ♓ • ♃ 21°54' ♉ • ♄ 15°45' ♓
⚷ 20°09' ♈ • ♅ 21°51' ♉ • ♆ 28°38' ♓ • ♇ 2°04' ♒ • ☊ 15°39' ♈ • ⚸ 17°55' ♍ • ⚳ 10°16' ♈

Entschlossenheit ist Trumpf. Nach einer Phase des Überlegens und Hinterfragens können wir wieder Nägel mit Köpfen machen. **Widder-Merkur** wird **direktläufig** (25.4.). Für manche Entscheidungen ist es allerdings schon zu spät. Das könnte Ärger geben, muss aber nicht. Es gibt Wichtigeres zu tun, als unsere wertvolle Zeit mit hitzigen Diskussionen zu vergeuden. Im Zweifelsfall haben diejenigen das Sagen, die sich am lautesten zu Wort melden. Das ist nicht immer fair, aber unglaublich effektiv. Das gilt auch für den Gebrauch von Ausrufezeichen. Jetzt aber los! Zack, zack!

Vollmond in Skorpion Quadrat Pluto (24.4.):
Der Trauerzug ist lang wenn wir unsere falschen Vorstellungen zu Grabe tragen.

22
MONTAG

0:00 ☾ ↕ ♎
2:25 ☾ ☍ ⚳
12:44 ☾ ☍ ☊
14:10 ☾ ☍ ☿
21:54 ☾ ☍ ⚷

☉2°46'♉ • ☾15°17'♎ • ☿R 16°23'♈ • ♀21°18'♈ • ♂23°39'♓ • ♃22°08'♉ • ♄15°51'♓
⚷20°12'♈ • ♅21°54'♉ • ♆28°40'♓ • ♇2°05'♒ • ☊15°39'♈ • ⚸18°03'♍ • ⚳10°41'♈

23
DIENSTAG

0:00 ☾ ↕ ♎
1:24 ☾ ☍ ♀ v/c
17:20 ☾ → ♏
21:27 ☾ □ ♇

☉3°44'♉ • ☾27°19'♎ • ☿R 16°10'♈ • ♀22°32'♈ • ♂24°25'♓ • ♃22°22'♉ • ♄15°57'♓
⚷20°16'♈ • ♅21°58'♉ • ♆28°42'♓ • ♇2°05'♒ • ☊15°39'♈ • ⚸18°12'♍ • ⚳11°06'♈

24
MITTWOCH
○ 1:49

0:00 ☾ ↕ ♏
1:49 ☉ ☍ ☾

☉4°43'♉ • ☾9°29'♏ • ☿R 16°02'♈ • ♀23°46'♈ • ♂25°11'♓ • ♃22°36'♉ • ♄16°02'♓
⚷20°19'♈ • ♅22°01'♉ • ♆28°43'♓ • ♇2°05'♒ • ☊15°38'♈ • ⚸18°21'♍ • ⚳11°30'♈

0:00 ☾ ↕ ♏
0:52 ☾ △ ♄
5:28 ☾ ⚹ ⚸
12:26 ☾ ☍ ♅
13:55 ☾ ☍ ♃
14:55 ☿ SD
20:25 ☾ △ ♂

25
DONNERSTAG

☉5°41'♉ • ☾21°51'♏ • ☿R 15°59'♈ • ♀25°00'♈ • ♂25°58'♓ • ♃22°49'♉ • ♄16°08'♓
⚷20°23'♈ • ♅22°04'♉ • ♆28°45'♓ • ♇2°05'♒ • ☊15°35'♈ • ⚸18°30'♍ • ⚳11°54'♈

0:00 ☾ ↕ ♏
1:17 ☾ △ ♆ v/c
3:37 ☾ → ♐
7:36 ☾ ⚹ ♇

26
FREITAG

☉6°40'♉ • ☾4°25'♐ • ☿16°01'♈ • ♀26°13'♈ • ♂26°44'♓ • ♃23°03'♉ • ♄16°14'♓
⚷20°26'♈ • ♅22°08'♉ • ♆28°47'♓ • ♇2°06'♒ • ☊15°32'♈ • ⚸18°40'♍ • ⚳12°17'♈

0:00 ☾ ↕ ♐
3:17 ☾ △ ⚳
8:49 ☾ △ ☊
9:59 ☾ △ ☿
10:21 ☾ □ ♄
15:04 ☾ □ ⚸
18:09 ☾ △ ⚷

27
SAMSTAG

☉7°38'♉ • ☾17°12'♐ • ☿16°08'♈ • ♀27°27'♈ • ♂27°30'♓ • ♃23°17'♉ • ♄16°19'♓
⚷20°30'♈ • ♅22°11'♉ • ♆28°49'♓ • ♇2°06'♒ • ☊15°29'♈ • ⚸18°49'♍ • ⚳12°40'♈

0:00 ☾ ↕ ♐
8:15 ☾ □ ♂
8:56 ☾ △ ♀
9:31 ☾ □ ♆ v/c
11:37 ☾ → ♑

28
SONNTAG

☉8°36'♉ • ☾0°12'♑ • ☿16°19'♈ • ♀28°41'♈ • ♂28°17'♓ • ♃23°31'♉ • ♄16°25'♓
⚷20°33'♈ • ♅22°14'♉ • ♆28°51'♓ • ♇2°06'♒ • ☊15°26'♈ • ⚸18°59'♍ • ⚳13°02'♈

Wer glaubt, die Letzten werden die Ersten sein, hofft möglicherweise doch nicht vergebens. Mit **Fische-Mars** in **Konjunktion** zu **Neptun** (29.4.) führt der direkte Weg nur selten ans Ziel. Manches verpufft einfach, anderes wiederum fügt sich auch ohne unser Zutun. Sogar Wunder sind möglich, sofern es uns gelingt, im richtigen Moment den Willen der Götter walten zu lassen.

Mit dem **Wechsel** von **Mars** in **Widder** (30.4.) ist Schluss mit Chillen. Plötzlich herrscht rege Betriebsamkeit. Hektik kommt auf. Die Ellenbogen werden ausgefahren. Egoismus macht sich breit. Verlustängste sind die Triebfeder unseres Handelns. Da kennen wir mit **Stier-Venus** im **Quadrat** zum **stationär rückläufigen Wassermann-Pluto** (1./2.5.) kein Pardon. Wenn der Genuss zur Sünde wird, fängt der Ärger so richtig an.

29
MONTAG

0:00 ☾ ↕ ♑
4:28 ☉ △ ☾
6:31 ♂ ☌ ♆
11:53 ☾ □ ⚳
13:31 ♀ → ♉
15:26 ☾ □ ☊
17:28 ☾ ⚹ ♄
17:44 ☾ □ ☿
22:17 ☾ △ ⚴

☉9°35'♉ • ☾13°28'♑ • ☿16°36'♈ • ♀29°55'♈ • ♂29°03'♓ • ♃23°45'♉ • ♄16°30'♓
⚷20°37'♈ • ♅22°18'♉ • ♆28°53'♓ • ♇2°06'♒ • ☊15°23'♈ • ⚴19°09'♍ • ⚳13°24'♈

30
DIENSTAG

Walpurgisnacht

0:00 ☾ ↕ ♑
0:49 ☾ □ ⚷
3:49 ☾ △ ♅
6:39 ☾ △ ♃
15:25 ☾ ⚹ ♆
17:19 ☾ ⚹ ♂ v/c
17:19 ☾ → ♒
17:33 ♂ → ♈
20:04 ☾ □ ♀
21:00 ☾ ☌ ♇

☉10°33'♉ • ☾26°58'♑ • ☿16°56'♈ • ♀1°09'♉ • ♂29°49'♓ • ♃23°59'♉ • ♄16°35'♓
⚷20°40'♈ • ♅22°21'♉ • ♆28°55'♓ • ♇2°06'♒ • ☊15°21'♈ • ⚴19°19'♍ • ⚳13°45'♈

1
MITTWOCH
◑ 13:27

MAI
Internationaler Tag der Arbeit

0:00 ☾ ↕ ♒
6:30 ♀ □ ♇
13:27 ☉ □ ☾
17:56 ☾ ⚹ ⚳
19:56 ☾ ⚹ ☊
23:48 ☾ ⚹ ☿

☉11°31'♉ • ☾10°44'♒ • ☿17°22'♈ • ♀2°23'♉ • ♂0°36'♈ • ♃24°13'♉ • ♄16°40'♓
⚷20°43'♈ • ♅22°25'♉ • ♆28°57'♓ • ♇2°06'♒ • ☊15°21'♈ • ⚴19°29'♍ • ⚳14°06'♈

18. WOCHE
APRIL
MAI

0:00 ☾ ↕ ♒
5:12 ☾ ⚹ ⚷
8:06 ☾ □ ♅
11:28 ☾ □ ♃ v/c
19:44 ♇SR
20:52 ☾ → ♓

2
DONNERSTAG

☉12°29'♉ • ☾24°46'♒ • ☿17°51'♈ • ♀3°37'♉ • ♂1°22'♈ • ♃24°27'♉ • ♄16°46'♓
⚷20°47'♈ • ♅22°28'♉ • ♆28°58'♓ • ♇2°06'♒ • ☊15°21'♈ • ⚸19°39'♍ • ⚳14°26'♈

0:00 ☾ ↕ ♓
4:21 ☾ ⚹ ♀
11:06 ♂ ⚹ ♇
19:54 ☉ ⚹ ☾

3
FREITAG

☉13°28'♉ • ☾9°02'♓ • ☿18°25'♈ • ♀4°51'♉ • ♂2°08'♈ • ♃24°41'♉ • ♄16°51'♓
⚷20°50'♈ • ♅22°32'♉ • ♆29°00'♓ • ♇R 2°06'♒ • ☊15°22'♈ • ⚸19°50'♍ • ⚳14°46'♈

0:00 ☾ ↕ ♓
1:04 ☾ ☌ ♄
6:09 ☾ ☍ ⚸
10:28 ☾ ⚹ ♅
14:22 ☾ ⚹ ♃
21:06 ☾ ☌ ♆ v/c
22:41 ☾ → ♈

4
SAMSTAG

☉14°26'♉ • ☾23°30'♓ • ☿19°03'♈ • ♀6°05'♉ • ♂2°54'♈ • ♃24°55'♉ • ♄16°56'♓
⚷20°53'♈ • ♅22°35'♉ • ♆29°02'♓ • ♇R 2°06'♒ • ☊15°24'♈ • ⚸20°00'♍ • ⚳15°05'♈

0:00 ☾ ↕ ♈
2:07 ☾ ⚹ ♇
4:17 ☾ ☌ ♂
14:29 ☊ ☌ ⚳
23:53 ☾ ☌ ☊

5
SONNTAG

☉15°24'♉ • ☾8°08'♈ • ☿19°44'♈ • ♀7°19'♉ • ♂3°40'♈ • ♃25°09'♉ • ♄17°01'♓
⚷20°57'♈ • ♅22°38'♉ • ♆29°04'♓ • ♇R 2°06'♒ • ☊15°25'♈ • ⚸20°10'♍ • ⚳15°23'♈

Unsere Welt ist ein interessanter Ort. Unglaublich interessant sogar. Es gibt so viel zu entdecken. So viel zu lernen. Ein ausuferndes Gewimmel an Informationen. Eine Unzahl an Meinungen. Unmengen an Wissen. Jeder weiß Bescheid. Und alle wissen es besser. Eine Welt voller Schlauberger. Und Schlitzohren, an jeder Ecke. Es wird getrickst und gelogen. Ohne Ende. Jeder macht seine Geschäfte. Und alle hauen sie sich gegenseitig übers Ohr. Wir wollen clever sein, smart und gerissen. Derweil wird lauter Unsinn geredet. Und alle tun so, als würde es keiner merken. Klingt blöd, ist aber so. Und niemand fragt sich, wer am Ende die Dummen sind. Nur die Schlauen blicken dabei noch durch. Wer damit wohl gemeint sein könnte, wenn nicht wir?

Was gibt´s Neues?

*Am 26. Mai 2024 wechselt Jupiter in Zwillinge.
Am 9. Juni 2025 wird er das Zeichen wieder
verlassen und in Krebs gehen.
Auf seiner Reise durch Zwillinge bildet Jupiter am
19. August und 24. Dezember 2024 jeweils
ein Quadrat zu Fische-Saturn,
am 12. Oktober und 2. November 2024 sowie
am 18. Mai 2025 jeweils ein Quadrat
zu Widder-Chiron und am
3. Juni 2024 ein Trigon zu Wassermann-Pluto.*

♃ ♊

Der Zorn des Achilles – er geht uns alle an. Unsere Wut und unsere Verletzlichkeit sind der Dauerbrenner dieses Frühjahrs. **Widder-Merkur** bildet erneut eine **Konjunktion** zu **Chiron** (7.5.). Schluss mit der Vergeblichkeit unserer Anstrengungen und Kämpfe, sonst platzt uns am Ende doch noch der Kragen. Ein letzter Anlauf noch. Was dann noch immer nicht hinhaut, das können wir getrost abhaken. Manchmal gibt es für uns einfach nichts zu gewinnen, so schmerzhaft dies auch sein mag.

Neumond in Stier (8.5.) Konjunktion Uranus und Jupiter: Unsere Sicherheit aufs Spiel zu setzen könnte sich lohnen. Garantien dafür gibt es keine. Das machte die Sache so spannend und reizvoll.

6
MONTAG

0:00 ☾ ↕ ♈
0:04 ☾ ☌ ⚳
7:57 ☾ ☌ ☿
8:59 ☾ ☌ ⚷ v/c
23:42 ☾ → ♉

☉16°22'♉ • ☾22°50'♈ • ☿20°29'♈ • ♀8°33'♉ • ♂4°26'♈ • ♃25°23'♉ • ♄17°06'♓
⚷21°00'♈ • ♅22°42'♉ • ♆29°05'♓ • ♇R 2°06'♒ • ☊15°25'♈ • ⚴20°21'♍ • ⚳15°40'♈

7
DIENSTAG

0:00 ☾ ↕ ♉
3:08 ☾ □ ♇
4:27 ☿ ☌ ⚷
7:42 ☉ ⚹ ♄
16:04 ☾ ☌ ♀

☉17°20'♉ • ☾7°30'♉ • ☿21°18'♈ • ♀9°47'♉ • ♂5°12'♈ • ♃25°38'♉ • ♄17°11'♓
⚷21°03'♈ • ♅22°45'♉ • ♆29°07'♓ • ♇R 2°06'♒ • ☊15°23'♈ • ⚴20°32'♍ • ⚳15°57'♈

8
MITTWOCH
● 5:22

Tag der Befreiung vom Nationalsozialismus

0:00 ☾ ↕ ♉
4:02 ☾ ⚹ ♄
5:22 ☉ ☌ ☾
9:46 ☾ △ ⚴
13:19 ☾ ☌ ♅
18:30 ☾ ☌ ♃
23:55 ☾ ⚹ ♆ v/c

☉18°18'♉ • ☾22°02'♉ • ☿22°10'♈ • ♀11°00'♉ • ♂5°58'♈ • ♃25°52'♉ • ♄17°15'♓
⚷21°06'♈ • ♅22°49'♉ • ♆29°09'♓ • ♇R 2°06'♒ • ☊15°20'♈ • ⚴20°42'♍ • ⚳16°14'♈

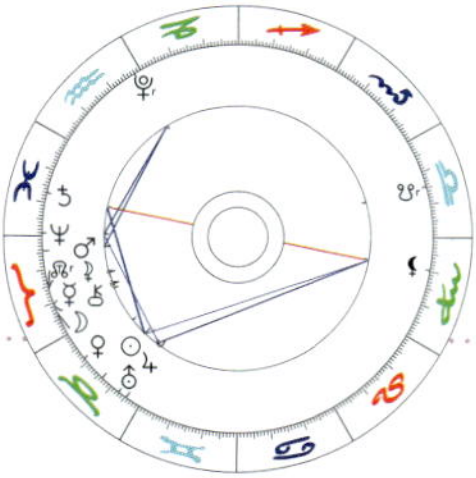

0:00 ☽ ↕ ♉
1:20 ☽ → ♊
4:52 ☽ △ ♇
12:47 ☽ ✶ ♂

Christi Himmelfahrt
Vatertag
Europatag

9
DONNERSTAG

☉19°16'♉ • ☽6°18'♊ • ☿23°05'♈ • ♀12°14'♉ • ♂6°44'♈ • ♃26°06'♉ • ♄17°20'♓
⚷21°10'♈ • ⛢22°52'♉ • ♆29°10'♓ • ♇R 2°06'♒ • ☊15°16'♈ • ⚸20°53'♍ • ⚳16°29'♈

0:00 ☽ ↕ ♊
3:15 ☽ ✶ ☊
5:47 ☽ ✶ ⚳
7:03 ☽ □ ♄
13:28 ☽ □ ⚸
13:42 ☽ ✶ ⚷
19:13 ☽ ✶ ☿

10
FREITAG

☉20°14'♉ • ☽20°14'♊ • ☿24°03'♈ • ♀13°28'♉ • ♂7°30'♈ • ♃26°20'♉ • ♄17°25'♓
⚷21°13'♈ • ⛢22°56'♉ • ♆29°12'♓ • ♇R 2°05'♒ • ☊15°10'♈ • ⚸21°04'♍ • ⚳16°44'♈

0:00 ☽ ↕ ♊
3:49 ☽ □ ♆ v/c
5:13 ☽ → ♋
13:29 ☉ △ ⚸
20:36 ☽ □ ♂

11
SAMSTAG

☉21°12'♉ • ☽3°47'♋ • ☿25°05'♈ • ♀14°42'♉ • ♂8°16'♈ • ♃26°34'♉ • ♄17°29'♓
⚷21°16'♈ • ⛢22°59'♉ • ♆29°13'♓ • ♇R 2°05'♒ • ☊15°05'♈ • ⚸21°15'♍ • ⚳16°58'♈

0:00 ☽ ↕ ♋
8:26 ☽ □ ☊
9:57 ☽ ✶ ♀
12:28 ☽ □ ⚳
13:10 ☽ △ ♄
20:13 ☽ □ ⚷
20:31 ☽ ✶ ⚸
22:34 ☉ ✶ ☽
23:28 ☽ ✶ ⛢

Muttertag

12
SONNTAG

☉22°10'♉ • ☽16°56'♋ • ☿26°09'♈ • ♀15°56'♉ • ♂9°02'♈ • ♃26°48'♉ • ♄17°34'♓
⚷21°19'♈ • ⛢23°03'♉ • ♆29°15'♓ • ♇R 2°05'♒ • ☊15°00'♈ • ⚸21°26'♍ • ⚳17°11'♈

Es steht gerade einiges auf dem Spiel – unsere Freiheit, unser Glück und alles, was uns lieb und teuer ist. Mit **Stier-Sonne** in **Konjunktion** zu **Uranu** (13.5.) und **Jupiter** (18.5.) werden die Karten neu gemischt. Mit etwas Glüc erwischen wir einen Joker, um das Blatt zu unseren Gunsten zu wenden.

Doch Vorsicht! Unsere Verlustängste können uns einen Strich durch die Rechnung machen. **Merkur wechselt** in **Stier** (15.5.) und bildet ein **Quadrat** zu **Wassermann-Pluto** (17.5.). Wovor wir uns fürchten, ist nicht immer das, was wir tatsächlich zu befürchten haben. Das Unglück beruht meist auf falschen Vorstellungen.

Vielleicht ist es die Freiheit, die uns gerade am meisten ängstigt. Das Glück liegt im Unverfügbaren. Mit **Stier-Venus** in **Konjunktion** zu **Uranus** (18.5.) bekommen wir das auch in unseren Beziehungen zu spüren.

13
MONTAG

0:00 ☾ ↕ ♋
6:52 ☾ ⚹ ♃
6:56 ☾ □ ☿
11:13 ☾ △ ♆ v/c
11:13 ☉ ☌ ♅
12:36 ☾ → ♌
16:34 ☾ ☍ ♇
21:45 ♀ ⚹ ♄

☉23°08'♉ • ☾29°41'♋ • ☿27°16'♈ • ♀17°10'♉ • ♂9°48'♈ • ♃27°02'♉ • ♄17°38'♓
⚷21°22'♈ • ♅23°06'♉ • ♆29°16'♓ • ♇R 2°05'♒ • ☊14°56'♈ • ⚶21°37'♍ • ⚳17°23'♈

14
DIENSTAG

0:00 ☾ ↕ ♌
8:48 ☾ △ ♂
17:28 ☾ △ ☊
22:54 ☾ △ ⚳

☉24°06'♉ • ☾12°06'♌ • ☿28°26'♈ • ♀18°24'♉ • ♂10°34'♈ • ♃27°17'♉ • ♄17°42'♓
⚷21°26'♈ • ♅23°10'♉ • ♆29°18'♓ • ♇R 2°04'♒ • ☊14°53'♈ • ⚶21°48'♍ • ⚳17°34'♈

15
MITTWOCH
◐ 13:48

0:00 ☾ ↕ ♌
1:47 ☾ □ ♀
6:29 ☾ △ ⚷
9:58 ☾ □ ♅
13:48 ☉ □ ☾
18:41 ☾ □ ♃ v/c
19:05 ☿ → ♉
23:33 ☾ → ♍

☉25°04'♉ • ☾24°14'♌ • ☿29°38'♈ • ♀19°37'♉ • ♂11°20'♈ • ♃27°31'♉ • ♄17°47'♓
⚷21°29'♈ • ♅23°13'♉ • ♆29°19'♓ • ♇R 2°04'♒ • ☊14°52'♈ • ⚶21°59'♍ • ⚳17°44'♈

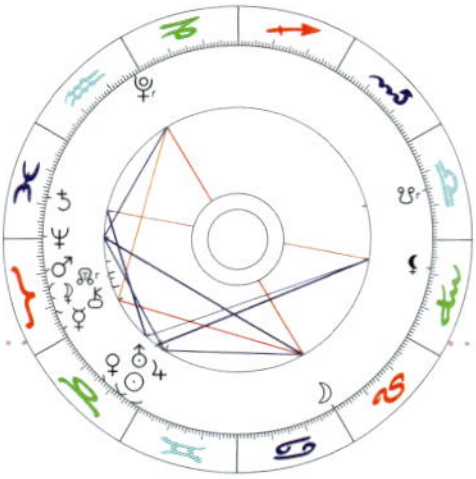

0:00 ☽ ↕ ♍
0:04 ☽ △ ☿

16
DONNERSTAG

☉26°02'♉ • ☽6°11'♍ • ☿0°53'♉ • ♀20°51'♉ • ♂12°05'♈ • ♃27°45'♉ • ♄17°51'♓
⚷21°32'♈ • ♅23°17'♉ • ♆29°21'♓ • ♇R 2°04'♒ • ☊14°53'♈ • ⚸22°10'♍ • ⚳17°53'♈

0:00 ☽ ↕ ♍
9:44 ☿ □ ♇
11:48 ☽ ☍ ♄
18:18 ♀ △ ⚸
20:59 ☽ ☌ ⚸
21:15 ☽ △ ♀
22:53 ☽ △ ♅

17
FREITAG

☉27°00'♉ • ☽18°01'♍ • ☿2°11'♉ • ♀22°05'♉ • ♂12°51'♈ • ♃27°59'♉ • ♄17°55'♓
⚷21°35'♈ • ♅23°20'♉ • ♆29°22'♓ • ♇R 2°03'♒ • ☊14°54'♈ • ⚸22°22'♍ • ⚳18°01'♈

0:00 ☽ ↕ ♍
7:53 ☉ △ ☽
8:42 ☽ △ ♃
11:08 ☽ ☍ ♆ v/c
12:22 ☽ → ♎
13:40 ♀ ☌ ♅
16:31 ☽ △ ♇
20:45 ☉ ☌ ♃

18
SAMSTAG

☉27°57'♉ • ☽29°49'♍ • ☿3°31'♉ • ♀23°19'♉ • ♂13°37'♈ • ♃28°13'♉ • ♄17°59'♓
⚷21°38'♈ • ♅23°24'♉ • ♆29°24'♓ • ♇R 2°03'♒ • ☊14°56'♈ • ⚸22°33'♍ • ⚳18°08'♈

0:00 ☽ ↕ ♎
17:48 ☽ ☍ ♂
18:35 ☽ ☍ ☊

Pfingstsonntag

19
SONNTAG

☉28°55'♉ • ☽11°40'♎ • ☿4°53'♉ • ♀24°33'♉ • ♂14°22'♈ • ♃28°27'♉ • ♄18°03'♓
⚷21°41'♈ • ♅23°27'♉ • ♆29°25'♓ • ♇R 2°02'♒ • ☊14°57'♈ • ⚸22°44'♍ • ⚳18°14'♈

Das Glück scheint uns hold, doch es gibt uns Rätsel auf. **Stier-Jupiter** bildet ein **Sextil** zu **Fische-Neptun** (23.5.), ehe er in **Zwillinge wechselt** (26.5.). Es gibt Dinge, die gehen über unseren Verstand hinaus. Das macht manche Dinge erst so interessant. Ideen müsste man haben. Kluge Sprüche zu klopfen, reicht bei Weitem nicht.

Unsere Kontaktfreude ist schier grenzenlos. Doch was treibt uns an? Mit **Widder-Mars** am **Priapus-Pol** (24.5.) ist unser Verlangen nicht zu leugnen. Am liebsten würden wir nehmen, was uns gefällt. Die Frage ist, inwieweit uns das bekommt bzw. ob uns unser Begehren den Ärger wert ist, den es verursacht.

Vollmond in Schütze Trigon Fische-Neptun (23.5.): Was uns verwirrt, ist sowohl Teil des Problems als auch der Schlüssel zu dessen Lösung.

20 MONTAG

Pfingstmontag

0:00 ☽ ↕ ♎
0:45 ☉ ⚹ ♆
1:15 ☽ ☍ ⚳
5:59 ♂ ☌ ☊
8:09 ☽ ☍ ⚷ v/c
14:59 ☉ → ♊

☉29°53' ♉ • ☽23°39' ♎ • ☿6°18' ♉ • ♀25°46' ♉ • ♂15°08' ♈ • ♃28°42' ♉ • ♄18°07' ♓
⚷21°44' ♈ • ⛢23°31' ♉ • ♆29°26' ♓ • ♇R 2°02' ♒ • ☊14°56' ♈ • ⚸22°55' ♍ • ⚳18°18' ♈

21 DIENSTAG

0:00 ☽ ↕ ♎
0:34 ☽ → ♏
4:33 ☽ □ ♇
16:18 ☽ ☍ ☿

☉0°51' ♊ • ☽5°49' ♏ • ☿7°46' ♉ • ♀27°00' ♉ • ♂15°54' ♈ • ♃28°56' ♉ • ♄18°10' ♓
⚷21°47' ♈ • ⛢23°34' ♉ • ♆29°28' ♓ • ♇R 2°01' ♒ • ☊14°54' ♈ • ⚸23°06' ♍ • ⚳18°21' ♈

22 MITTWOCH

0:00 ☽ ↕ ♏
12:03 ☽ △ ♄
17:14 ☉ △ ♇
21:52 ☽ ⚹ ⚸
22:23 ☽ ☍ ⛢

☉1°48' ♊ • ☽18°13' ♏ • ☿9°15' ♉ • ♀28°14' ♉ • ♂16°39' ♈ • ♃29°10' ♉ • ♄18°14' ♓
⚷21°49' ♈ • ⛢23°38' ♉ • ♆29°29' ♓ • ♇R 2°01' ♒ • ☊14°50' ♈ • ⚸23°18' ♍ • ⚳18°22' ♈

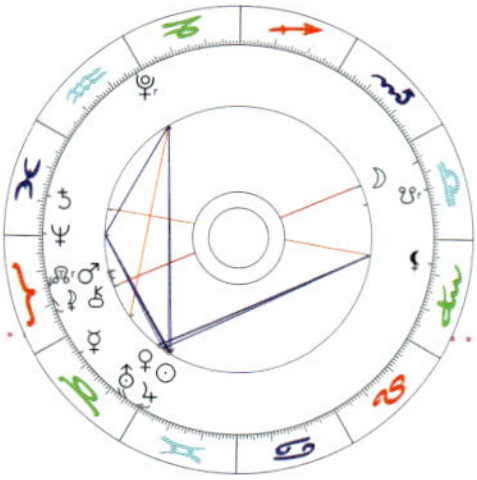

21. WOCHE
MAI

23
DONNERSTAG
○ 15:53

0:00 ☾ ↕ ♏
9:06 ☾ ☍ ♀
9:13 ☾ ☍ ♃
9:28 ☾ △ ♆ v/c
10:24 ☾ → ♐
10:29 ♀ ☌ ♃
12:50 ♀ ⚹ ♆
14:10 ☾ ⚹ ♇
15:53 ☉ ☍ ☾
22:30 ♀ → ♊
23:44 ♃ ⚹ ♆

☉2°46'♊ • ☾0°51'♐ • ☿10°47'♉ • ♀29°28'♉ • ♂17°25'♈ • ♃29°24'♉ • ♄18°18'♓
⚷21°52'♈ • ⛢23°41'♉ • ♆29°30'♓ • ♇R 2°00'♒ • ☊14°44'♈ • ⚸23°29'♍ • ⚳R 18°22'♈

24
FREITAG

0:00 ☾ ↕ ♐
13:33 ☾ △ ☊
17:19 ♂ ☌ ⚳
20:24 ☾ △ ⚳
20:29 ☾ □ ♄
20:36 ☾ △ ♂

☉3°44'♊ • ☾13°45'♐ • ☿12°22'♉ • ♀0°41'♊ • ♂18°10'♈ • ♃29°38'♉ • ♄18°21'♓
⚷21°55'♈ • ⛢23°45'♉ • ♆29°31'♓ • ♇R 2°00'♒ • ☊14°36'♈ • ⚸23°40'♍ • ⚳R 18°21'♈

25
SAMSTAG

0:00 ☾ ↕ ♐
0:22 ⛢ △ ⚸
3:01 ☾ △ ⚷
6:25 ☾ □ ⚸
13:16 ♀ △ ♇
16:47 ☾ □ ♆ v/c
17:36 ☾ → ♑

☉4°41'♊ • ☾26°54'♐ • ☿13°58'♉ • ♀1°55'♊ • ♂18°55'♈ • ♃29°52'♉ • ♄18°24'♓
⚷21°58'♈ • ⛢23°48'♉ • ♆29°33'♓ • ♇R 1°59'♒ • ☊14°28'♈ • ⚸23°52'♍ • ⚳R 18°17'♈

26
SONNTAG

0:00 ☾ ↕ ♑
1:15 ♃ → ♊
19:06 ☾ □ ☊
22:49 ☾ △ ☿

☉5°39'♊ • ☾10°17'♑ • ☿15°37'♉ • ♀3°09'♊ • ♂19°41'♈ • ♃0°06'♊ • ♄18°28'♓
⚷22°01'♈ • ⛢23°51'♉ • ♆29°34'♓ • ♇R 1°59'♒ • ☊14°19'♈ • ⚸24°03'♍ • ⚳R 18°12'♈

Je stürmischer wir uns behaupten und durchsetzen wollen, desto größer ist das Risiko, dass wir scheitern. **Widder-Mars** trifft auf **Chiron** (29.5.) – das rührt an unsere wunden Punkte. Widerspruchsfreies Handeln ist derzeit nicht zu erwarten. Womöglich platzt uns auch der Kragen, was durchaus heilsame Wirkung haben kann.

Wo wir in der falschen Währung gerechnet haben, ist Umdenken angesagt. Mit **Stier-Merkur** in **Konjunktion** zu **Uranus** (31.5.) machen sich vor allem solche Ideen bezahlt, die nicht mit dem Herdentrieb konform gehen. Unsere Wertvorstellungen ändern sich, mitunter auf einen Schlag. Die Gedanken sind nur dann frei, wenn wir nichts zu verlieren haben.

27
MONTAG

0:00 ☽ ↕ ♑
1:54 ☽ □ ⚳
2:33 ☽ ⚹ ♄
5:37 ☽ □ ♂
8:49 ☽ □ ⚷
12:05 ☽ △ ♅
12:41 ☽ △ ⚸
22:02 ☽ ⚹ ♆ v/c
22:44 ☽ → ♒
23:32 ☽ △ ♃

☉ 6°36' ♊ • ☽ 23°52' ♑ • ☿ 17°19' ♉ • ♀ 4°23' ♊ • ♂ 20°26' ♈ • ♃ 0°20' ♊ • ♄ 18°31' ♓
⚷ 22°04' ♈ • ♅ 23°55' ♉ • ♆ 29°35' ♓ • ♇R 1°58' ♒ • ☊ 14°12' ♈ • ⚸ 24°15' ♍ • ⚳R 18°04' ♈

28
DIENSTAG

0:00 ☽ ↕ ♒
2:09 ☽ ☌ ♇
5:22 ☿ ⚹ ♄
8:10 ☽ △ ♀
11:54 ☉ △ ☽
23:11 ☽ ⚹ ☊

☉ 7°34' ♊ • ☽ 7°37' ♒ • ☿ 19°02' ♉ • ♀ 5°37' ♊ • ♂ 21°11' ♈ • ♃ 0°35' ♊ • ♄ 18°34' ♓
⚷ 22°06' ♈ • ♅ 23°58' ♉ • ♆ 29°36' ♓ • ♇R 1°57' ♒ • ☊ 14°06' ♈ • ⚸ 24°26' ♍ • ⚳R 17°55' ♈

29
MITTWOCH

0:00 ☽ ↕ ♒
5:33 ☽ ⚹ ⚳
10:35 ☽ □ ☿
12:46 ☽ ⚹ ♂
13:05 ☽ ⚹ ⚷
16:20 ☽ □ ♅ v/c
19:08 ♂ ☌ ⚷

☉ 8°31' ♊ • ☽ 21°31' ♒ • ☿ 20°48' ♉ • ♀ 6°50' ♊ • ♂ 21°56' ♈ • ♃ 0°49' ♊ • ♄ 18°37' ♓
⚷ 22°09' ♈ • ♅ 24°02' ♉ • ♆ 29°37' ♓ • ♇R 1°57' ♒ • ☊ 14°03' ♈ • ⚸ 24°38' ♍ • ⚳R 17°43' ♈

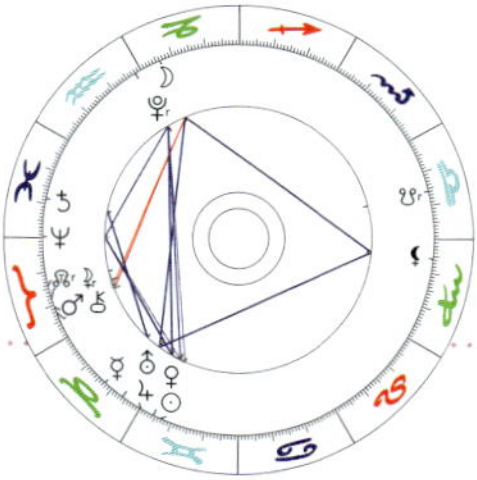

22. WOCHE
MAI
JUNI

0:00 ☽ ↕ ♒
2:33 ☽ → ♓
4:12 ☽ □ ♃
16:43 ☽ □ ♀
19:12 ☉ □ ☽

Fronleichnam

30
DONNERSTAG
◑ 19:12

☉ 9°29′ ♊ • ☽ 5°32′ ♓ • ☿ 22°36′ ♉ • ♀ 8°04′ ♊ • ♂ 22°41′ ♈ • ♃ 1°03′ ♊ • ♄ 18°40′ ♓
⚷ 22°12′ ♈ • ♅ 24°05′ ♉ • ♆ 29°38′ ♓ • ♇R 1°56′ ♒ • ☊ 14°02′ ♈ • ⚸ 24°49′ ♍ • ⚳R 17°28′ ♈

0:00 ☽ ↕ ♓
7:54 ☿ ☌ ♅
10:24 ☽ ☌ ♄
19:36 ☽ ⚹ ♅
20:04 ☿ △ ⚸
21:10 ☽ ☍ ⚸
21:19 ☽ ⚹ ☿

31
FREITAG

☉ 10°27′ ♊ • ☽ 19°40′ ♓ • ☿ 24°27′ ♉ • ♀ 9°18′ ♊ • ♂ 23°27′ ♈ • ♃ 1°17′ ♊ • ♄ 18°43′ ♓
⚷ 22°14′ ♈ • ♅ 24°08′ ♉ • ♆ 29°39′ ♓ • ♇R 1°55′ ♒ • ☊ 14°02′ ♈ • ⚸ 25°01′ ♍ • ⚳R 17°11′ ♈

0:00 ☽ ↕ ♓
4:54 ☽ ☌ ♆ v/c
5:28 ☽ → ♈
7:57 ☽ ⚹ ♃
8:41 ☽ ⚹ ♇

JUNI

1
SAMSTAG

11°24′ ♊ • ☽ 3°52′ ♈ • ☿ 26°20′ ♉ • ♀ 10°32′ ♊ • ♂ 24°12′ ♈ • ♃ 1°31′ ♊ • ♄ 18°46′ ♓
⚷ 22°17′ ♈ • ♅ 24°12′ ♉ • ♆ 29°40′ ♓ • ♇R 1°54′ ♒ • ☊ 14°03′ ♈ • ⚸ 25°12′ ♍ • ⚳R 16°51′ ♈

0:00 ☽ ↕ ♈
0:15 ☽ ⚹ ♀
1:35 ☉ ⚹ ☽
5:07 ☽ ☌ ☊
9:17 ☽ ☌ ⚳
19:03 ☽ ☌ ⚷

2
SONNTAG

☉ 12°22′ ♊ • ☽ 18°09′ ♈ • ☿ 28°15′ ♉ • ♀ 11°45′ ♊ • ♂ 24°57′ ♈ • ♃ 1°45′ ♊ • ♄ 18°49′ ♓
⚷ 22°19′ ♈ • ♅ 24°15′ ♉ • ♆ 29°41′ ♓ • ♇R 1°54′ ♒ • ☊ 14°03′ ♈ • ⚸ 25°24′ ♍ • ⚳R 16°29′ ♈

Es gilt, schlau zu sein, damit die lautstark gepriesene Luft-Epoche nicht zur Luftnummer verkommt. Mit klugen Sprüchen ist es nicht getan. Wir müssen die richtigen Fragen stellen, um unseren Horizont zu weiten und zu neuen Einsichten zu finden. Unsere Bildung darf nicht auf Einbildung beruhen, sonst macht sich Ratlosigkeit breit. Je künstlicher die Intelligenz ist, auf der unsere Erkenntnisse beruhen, desto größer die Machtfragen, die durch ihre Anwendung aufgeworfen werden. Uns mit Algorithmen zu messen, die unserem Verstand überlegen sind, ist keine kluge Idee. Es ist nur eine Frage der Zeit, wie lange unser Bewusstsein noch die Oberhand behalten wird. Was unsere Intelligenz anbetrifft, werden wir zunehmend ersetzbar. Zu begreifen, welche Folgen dies hat, geht womöglich über unseren Verstand. Noch Fragen?

Luftig ist nicht immer lustig

♊ ♃ △ ♒ ♇

Am 3. Juni 2024 bilden Zwillinge-Jupiter und Wassermann-Pluto ein Trigon auf 1°53‘ in den beiden Luftzeichen.
Ihr gemeinsamer Zyklus begann 2020 mit einer dreifachen Konjunktion auf 23° bis 25° Steinbock.

Kaum zu fassen, wie viele Neuigkeiten es gibt. **Merkur wechselt** in **Zwillinge** (3.6.) und bildet eine **Konjunktion** mit **Jupiter** und ein **Trigon** zu **Wassermann-Pluto** (4.6.). Überall herrscht Rede- und Diskussionsbedarf, und das nicht zu knapp. Doch worauf kommt es an? Während die Köpfe heiß laufen, gehen wichtige Informationen womöglich verloren. Nur auf das zu hören, was uns schmeichelt, wäre keine gute Idee. **Zwillinge-Sonne** geht in **Konjunktion** mit **Venus** (4.6.) und beide treten ins **Quadrat** zu **Fische-Saturn** (8./9.6.). Wir versprechen mehr, als wir halten können, doch niemand scheint sich daran zu stoßen. Das muss Konsequenzen haben. Fragt sich nur, welche.

Neumond in Zwillinge Konjunktion Venus, Quadrat Fische-Saturn (6.6.): Was lustig klingt, ist gerade bitterer Ernst.

3 MONTAG

0:00 ☾ ↕ ♈
0:03 ☾ ☌ ♂ v/c
2:13 ♃ △ ♇
5:57 ☿ ⚹ ♆
7:55 ☾ → ♉
9:36 ☿ → ♊
11:05 ☾ □ ♇

☉13°19'♊ • ☾2°26'♉ • ☿0°12'♊ • ♀12°59'♊ • ♂25°42'♈ • ♃1°59'♊ • ♄18°51'♓
⚷22°22'♈ • ♅24°19'♉ • ♆29°42'♓ • ♇R 1°53'♒ • ☊14°02'♈ • ⚸25°35'♍ • ⚳R 16°02'♈

4 DIENSTAG

Internationaler Kindertag

0:00 ☾ ↕ ♉
4:50 ☉ ⚹ ☊
7:29 ♀ ⚹ ☊
8:12 ☿ △ ♇
12:23 ☿ ☌ ♃
15:46 ☾ ⚹ ♄
17:34 ☉ ☌ ♀

14°17'♊ • ☾16°41'♉ • ☿2°11'♊ • ♀14°13'♊ • ♂26°26'♈ • ♃2°13'♊ • ♄18°54'♓
⚷22°24'♈ • ♅24°22'♉ • ♆29°43'♓ • ♇R 1°52'♒ • ☊13°58'♈ • ⚸25°47'♍ • ⚳R 15°33'♈

5 MITTWOCH

0:00 ☾ ↕ ♉
1:04 ☾ ☌ ♅
3:38 ☾ △ ⚸
5:58 ♀ ⚹ ⚳
8:10 ☉ ⚹ ⚳
10:09 ☾ ⚹ ♆ v/c
10:36 ☾ → ♊
13:45 ☾ △ ♇
14:49 ☾ ☌ ♃
18:46 ☾ ☌ ☿

☉15°14'♊ • ☾0°49'♊ • ☿4°12'♊ • ♀15°27'♊ • ♂27°11'♈ • ♃2°27'♊ • ♄18°56'♓
⚷22°27'♈ • ♅24°25'♉ • ♆29°44'♓ • ♇R 1°51'♒ • ☊13°52'♈ • ⚸25°58'♍ • ⚳R 14°59'♈

23. WOCHE
JUNI

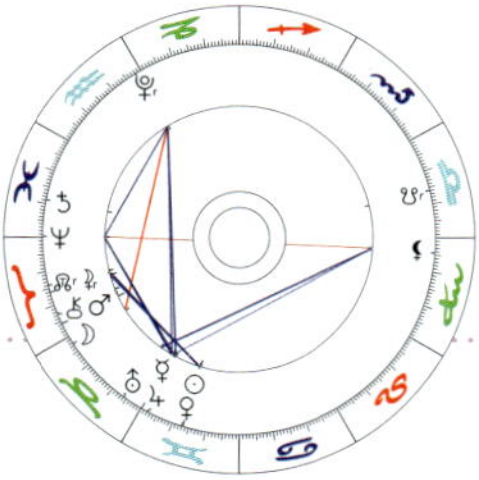

0:00 ☽ ↕ ♊
10:11 ☽ ✶ ☊
11:18 ☽ ✶ ⚳
14:38 ☉ ☌ ☽
15:36 ☽ ☌ ♀
19:19 ☽ □ ♄

6
DONNERSTAG
● 14:38

☉16°11'♊ • ☽14°47'♊ • ☿6°16'♊ • ♀16°40'♊ • ♂27°56'♈ • ♃2°41'♊ • ♄18°59'♓
⚷22°29'♈ • ♅24°28'♉ • ♆29°45'♓ • ♇R 1°50'♒ • ☊13°43'♈ • ⚸26°10'♍ • ⚳R 14°22'♈

0:00 ☽ ↕ ♊
1:28 ☽ ✶ ⚷
8:11 ☽ □ ⚸
12:22 ☽ ✶ ♂
14:16 ☽ □ ♆ v/c
14:41 ☽ → ♋
16:30 ☊ ☌ ⚳

7
FREITAG

17°09'♊ • ☽28°29'♊ • ☿8°21'♊ • ♀17°54'♊ • ♂28°41'♈ • ♃2°55'♊ • ♄19°01'♓
⚷22°32'♈ • ♅24°32'♉ • ♆29°46'♓ • ♇R 1°49'♒ • ☊13°33'♈ • ⚸26°22'♍ • ⚳R 13°40'♈

0:00 ☽ ↕ ♋
10:25 ♀ □ ♄
13:43 ☽ □ ⚳
14:41 ☽ □ ☊

8
SAMSTAG

☉18°06'♊ • ☽11°53'♋ • ☿10°27'♊ • ♀19°08'♊ • ♂29°25'♈ • ♃3°08'♊ • ♄19°03'♓
⚷22°34'♈ • ♅24°35'♉ • ♆29°47'♓ • ♇R 1°48'♒ • ☊13°23'♈ • ⚸26°33'♍ • ⚳R 12°53'♈

Tag der Umwelt

0:00 ☽ ↕ ♋
1:08 ☽ △ ♄
6:35 ♂ → ♉
7:33 ☿ ✶ ⚳
7:39 ☽ □ ⚷
11:26 ☽ ✶ ♅
12:36 ☉ □ ♄
15:25 ☽ ✶ ⚸
18:28 ☿ ✶ ☊
21:05 ☽ △ ♆ v/c
21:29 ☽ → ♌
22:24 ☽ □ ♂

9
SONNTAG

☉19°04'♊ • ☽24°56'♋ • ☿12°35'♊ • ♀20°21'♊ • ♂0°10'♉ • ♃3°22'♊ • ♄19°05'♓
⚷22°36'♈ • ♅24°38'♉ • ♆29°47'♓ • ♇R 1°47'♒ • ☊13°13'♈ • ⚸26°45'♍ • ⚳R 12°02'♈

Einen Gang runterzuschalten und die Dinge ruhiger anzugehen, tut Not. Nach seinem **Wechsel** in **Stier** (9.6.) tritt **Mars** ins **Quadrat** zu **Wassermann-Pluto** (11.6.). Loslassen ist angesagt, damit nicht Verlustängste unser Handeln bestimmen. Was wir mit aller Macht erzwingen wollen, fällt auf uns zurück. Es ist niemandem gedient, wenn der Schaden den Nutzen übersteigt.

Bestimmte Dinge müssen wir genau unter die Lupe nehmen. **Zwillinge-Merkur** tritt ins **Quadrat** zu **Fische-Saturn** (12.6.) und in **Konjunktion** zur **Sonne** (14.6.) und. Im entscheidenden Moment unsere Zunge zu hüten, kann uns viel Ärger ersparen. Mit **Zwillinge-Merkur** und **-Venus** im **Quadrat** zu **Jungfrau-Lilith** (15./16.6.) verstummen wir manchmal auch ungewollt, weil Dinge passieren, die uns die Sprache verschlagen.

10
MONTAG

0:00 ☽ ↕ ♌
0:50 ☽ ☍ ♇
4:09 ☽ ⚹ ♃
18:05 ☽ △ ⚳
22:19 ☽ △ ☊

☉20°01'♊ • ☽7°39'♌ • ☿14°45'♊ • ♀21°35'♊ • ♂0°55'♉ • ♃3°36'♊ • ♄19°07'♓
⚷22°38'♈ • ♅24°42'♉ • ♆29°48'♓ • ♇R 1°46'♒ • ☊13°04'♈ • ⚸26°56'♍ • ⚳R 11°05'♈

11
DIENSTAG

0:00 ☽ ↕ ♌
4:34 ☽ ⚹ ☿
9:12 ♀ ⚹ ⚷
13:58 ☉ ⚹ ☽
15:21 ♂ □ ♇
17:10 ☽ △ ⚷
18:02 ☽ ⚹ ♀
21:16 ☽ □ ♅ v/c

☉20°58'♊ • ☽20°03'♌ • ☿16°55'♊ • ♀22°49'♊ • ♂1°39'♉ • ♃3°50'♊ • ♄19°09'♓
⚷22°41'♈ • ♅24°45'♉ • ♆29°49'♓ • ♇R 1°45'♒ • ☊12°58'♈ • ⚸27°08'♍ • ⚳R 10°02'♈

12
MITTWOCH

0:00 ☽ ↕ ♌
7:38 ☽ → ♍
12:26 ☽ △ ♂
12:47 ☿ □ ♄
15:49 ☽ □ ♃

☉21°56'♊ • ☽2°11'♍ • ☿19°06'♊ • ♀24°03'♊ • ♂2°24'♉ • ♃4°04'♊ • ♄19°11'♓
⚷22°43'♈ • ♅24°48'♉ • ♆29°49'♓ • ♇R 1°44'♒ • ☊12°54'♈ • ⚸27°19'♍ • ⚳R 8°54'♈

24. WOCHE
JUNI

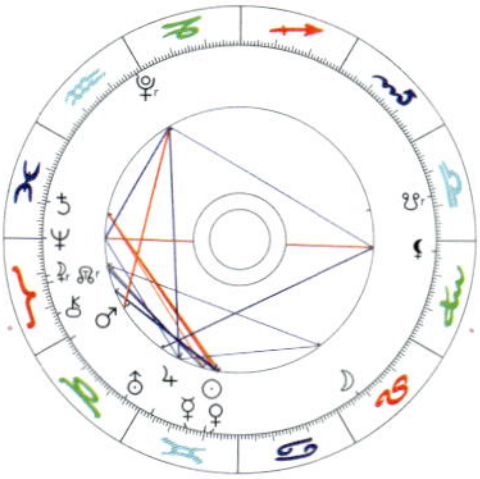

0:00 ☾ ↕ ♍
8:24 ☉ ⚹ ⚷
22:18 ☾ ☍ ♄

13
DONNERSTAG

☉22°53' ♊ • ☾14°08' ♍ • ☿21°18' ♊ • ♀25°16' ♊ • ♂3°08' ♉ • ♃4°17' ♊ • ♄19°12' ♓
⚷22°45' ♈ • ⛢24°51' ♉ • ♆29°50' ♓ • ♇R 1°43' ♒ • ☊12°52' ♈ • ⚸27°31' ♍ • ⯞R 7°41' ♈

0:00 ☾ ↕ ♍
4:02 ☿ ⚹ ⚷
5:51 ☾ □ ☿
7:18 ☉ □ ☾
9:50 ☾ △ ⛢
13:13 ☾ □ ♀
15:35 ☾ ☌ ⚸
18:32 ☉ ☌ ☿
19:53 ☾ ☍ ♆ v/c
20:12 ☾ → ♎
23:39 ☾ △ ♇

14
FREITAG
◐ 7:18

☉23°50' ♊ • ☾25°58' ♍ • ☿23°30' ♊ • ♀26°30' ♊ • ♂3°52' ♉ • ♃4°31' ♊ • ♄19°14' ♓
⚷22°47' ♈ • ⛢24°54' ♉ • ♆29°51' ♓ • ♇R 1°42' ♒ • ☊12°52' ♈ • ⚸27°42' ♍ • ⯞R 6°22' ♈

0:00 ☾ ↕ ♎
5:44 ☾ △ ♃
6:53 ☾ ☍ ⯞
14:53 ♃ ⚹ ⯞
15:44 ♀ □ ⚸
22:18 ☾ ☍ ☊

15
SAMSTAG

☉24°48' ♊ • ☾7°47' ♎ • ☿25°42' ♊ • ♀27°44' ♊ • ♂4°36' ♉ • ♃4°45' ♊ • ♄19°15' ♓
⚷22°49' ♈ • ⛢24°57' ♉ • ♆29°51' ♓ • ♇R 1°41' ♒ • ☊12°52' ♈ • ⚸27°54' ♍ • ⯞R 4°57' ♈

0:00 ☾ ↕ ♎
14:15 ☿ □ ⚸
18:24 ☾ ☍ ⚷

16
SONNTAG

☉25°45' ♊ • ☾19°40' ♎ • ☿27°54' ♊ • ♀28°58' ♊ • ♂5°21' ♉ • ♃4°59' ♊ • ♄19°17' ♓
⚷22°51' ♈ • ⛢25°01' ♉ • ♆29°52' ♓ • ♇R 1°40' ♒ • ☊12°52' ♈ • ⚸28°05' ♍ • ⯞R 3°28' ♈

Die Lage ist verworren, trügerisch der Schein. Kurz vor ihrem **Wechsel** von Zwillinge nach **Krebs** bilden **Venus** und **Merkur** ein **Quadrat** zu **Fische-Neptun** (17.6.), der sich am **Priapus-Pol** befindet (18.6.). Wenn wir unseren Sehnsüchten verfallen, biegen wir uns die Wirklichkeit zurecht. Je weniger wir unseren Verstand einsetzen, desto böser das Erwachen. Manchmal ist Vertrauen gut, manchmal ist Kontrolle besser. Mit **Zwillinge-Sonne** im **Quadrat** zur **Lilith-Priapus-Opposition** (19.6.) gilt es, Abstand zu finden zu allem, was uns zu sehr lockt und vereinnahmt. Dem Gesang der Sirenen zu erliegen, können wir uns nur dann leisten, wenn wir fest am Mast angebunden sind.

Vollmond in Steinbock Quadrat Fische-Neptun (22.6.): Fürsorge darf nicht in Abhängigkeit münden, mag unser Mitgefühl auch noch so groß sein.

17
MONTAG

0:00 ☾ ↕ ♎
1:14 ☉ △ ☾
5:46 ♀ □ ♆
8:05 ☾ △ ☿ v/c
8:20 ♀ → ♋
8:38 ☾ → ♏
8:40 ☾ △ ♀
9:41 ☿ □ ♆
11:07 ☿ → ♋
11:54 ☾ □ ♀
14:42 ☿ ☌ ♀
15:57 ♇ ⚹ ⚳
21:10 ☾ ☍ ♂
23:40 ☿ □ ⚳

☉26°42'♊ • ☾1°42'♏ • ☿0°05'♋ • ♀0°11'♋ • ♂6°05'♉ • ♃5°12'♊ • ♄19°18'♓
⚷22°53'♈ • ♅25°04'♉ • ♆29°52'♓ • ♇R 1°39'♒ • ☊12°50'♈ • ⚸28°16'♍ • ⚳R 1°55'♈

18
DIENSTAG

0:00 ☾ ↕ ♏
2:40 ♀ □ ⚳
16:39 ⚳ → ♓
18:25 ♆ ☌ ⚳
22:18 ☾ △ ♄

☉27°40'♊ • ☾13°58'♏ • ☿2°15'♋ • ♀1°25'♋ • ♂6°49'♉ • ♃5°26'♊ • ♄19°19'♓
⚷22°55'♈ • ♅25°07'♉ • ♆29°53'♓ • ♇R 1°38'♒ • ☊12°47'♈ • ⚸28°28'♍ • ⚳R 0°19'♈

19
MITTWOCH

0:00 ☾ ↕ ♏
9:24 ☾ ☍ ♅
12:31 ⚸ ☍ ⚳
12:44 ☉ □ ⚳
13:15 ☉ □ ⚸
15:37 ☾ △ ⚳
16:04 ☾ ⚹ ⚸
18:19 ☾ △ ♆ v/c
18:31 ☾ → ♐
21:32 ☾ ⚹ ♇

☉28°37'♊ • ☾26°32'♏ • ☿4°24'♋ • ♀2°39'♋ • ♂7°33'♉ • ♃5°39'♊ • ♄19°20'♓
⚷22°57'♈ • ♅25°10'♉ • ♆29°53'♓ • ♇R 1°37'♒ • ☊12°41'♈ • ⚸28°39'♍ • ⚳R 28°42'♓

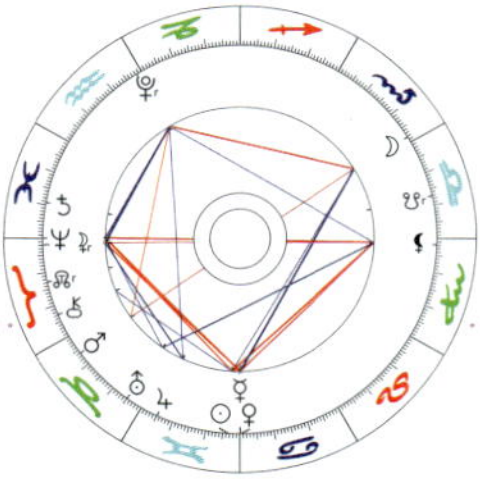

0:00 ☾ ↕ ♐
5:22 ☾ ☍ ♃
17:39 ☾ △ ☊
20:12 ☉ □ ♆
22:51 ☉ → ♋

Sommeranfang

20
DONNERSTAG

☉29°34'♊ • ☾9°25'♐ • ☿6°32'♋ • ♀3°52'♋ • ♂8°17'♉ • ♃5°53'♊ • ♄19°21'♓
⚷22°59'♈ • ♅25°13'♉ • ♆29°54'♓ • ♇R 1°36'♒ • ☊12°32'♈ • ⚸28°51'♍ • ⚳R 27°05'♓

0:00 ☾ ↕ ♐
6:08 ☾ □ ♄
12:41 ☾ △ ⚷
15:19 ♅ ✶ ⚳
16:35 ☾ □ ⚳
18:23 ☿ ✶ ♂
23:36 ☾ □ ⚸

Welthumanistentag

21
FREITAG

☉0°31'♋ • ☾22°38'♐ • ☿8°39'♋ • ♀5°06'♋ • ♂9°01'♉ • ♃6°06'♊ • ♄19°22'♓
⚷23°00'♈ • ♅25°16'♉ • ♆29°54'♓ • ♇R 1°35'♒ • ☊12°21'♈ • ⚸29°02'♍ • ⚳R 25°29'♓

0:00 ☾ ↕ ♐
0:58 ☾ □ ♆ v/c
1:08 ☾ → ♑
3:08 ☉ ☍ ☾
12:20 ☾ ☍ ♀
18:37 ☾ △ ♂
21:24 ☾ ☍ ☿
22:20 ☾ □ ☊

22
SAMSTAG
○ 3:08

☉1°29'♋ • ☾6°10'♑ • ☿10°44'♋ • ♀6°20'♋ • ♂9°44'♉ • ♃6°20'♊ • ♄19°23'♓
⚷23°02'♈ • ♅25°19'♉ • ♆29°54'♓ • ♇R 1°33'♒ • ☊12°10'♈ • ⚸29°14'♍ • ⚳R 23°57'♓

0:00 ☾ ↕ ♑
3:13 ☿ □ ☊
11:01 ☾ ✶ ♄
15:56 ☾ ✶ ⚳
17:21 ☾ □ ⚷
21:20 ☾ △ ♅

23
SONNTAG

☉2°26'♋ • ☾19°58'♑ • ☿12°47'♋ • ♀7°34'♋ • ♂10°28'♉ • ♃6°33'♊ • ♄19°24'♓
⚷23°04'♈ • ♅25°22'♉ • ♆29°55'♓ • ♇R 1°32'♒ • ☊11°58'♈ • ⚸29°25'♍ • ⚳R 22°28'♓

Nun zeigt sich, wo wir zu nachgiebig waren. **Fische-Saturn** wird am **Priapus-Pol rückläufig** (25./29.6.). Ernüchterung macht sich breit. Unsere Autorität ist geschwächt. Die Grenzen sind aufgeweicht, weil wir zu viel haben durchgehen lassen. Eigentlich der richtige Moment, uns keinen weiteren Illusionen hinzugeben. Wenn es uns nur nicht so schwerfallen würde, konsequent zu sein.

Wo Unrecht geschieht, ist Widerstand Pflicht. Der **Lilith-Pol wechselt** in **Waage** (26.6.). Was wir schlecht verhandelt haben, entwickelt Sprengkraft. Nur faire Kompromisse haben fortan Bestand. Dabei den richtigen Ton zu treffen, fällt uns nicht leicht. Mit **Krebs-Merkur** im **Quadrat** zu **Widder-Chiron** (28.6.) kann jedes Thema wehtun. Achtsamkeit hilft, Feigheit macht alles schlimmer.

24 MONTAG

Johannistag

0:00 ☾ ↕ ♑
4:28 ☾ △ ⚸
5:05 ☾ ⚹ ♆ v/c
5:14 ☾ → ♒
7:50 ☾ ☌ ♀
16:52 ☾ △ ♃

☉3°23'♋ • ☾3°58'♒ • ☿14°49'♋ • ♀8°47'♋ • ♂11°12'♉ • ♃6°46'♊ • ♄19°24'♓
⚷23°05'♈ • ♅25°25'♉ • ♆29°55'♓ • ♇R 1°31'♒ • ☊11°48'♈ • ⚸29°36'♍ • ⯓R 21°05'♓

25 DIENSTAG

0:00 ☾ ↕ ♒
0:58 ☾ □ ♂
1:11 ☾ ⚹ ☊
19:01 ♄ ☌ ⯓
20:30 ☾ ⚹ ⚷

☉4°20'♋ • ☾18°06'♒ • ☿16°48'♋ • ♀10°01'♋ • ♂11°55'♉ • ♃7°00'♊ • ♄19°25'♓
⚷23°07'♈ • ♅25°28'♉ • ♆29°55'♓ • ♇R 1°30'♒ • ☊11°40'♈ • ⚸29°48'♍ • ⯓R 19°47'♓

26 MITTWOCH

0:00 ☾ ↕ ♒
0:30 ☾ □ ♅ v/c
3:26 ♆ ☍ ⚸
8:07 ☾ → ♓
10:30 ☿ △ ⯓
13:24 ⚸ → ♎
17:25 ☉ △ ☾
18:07 ♀ □ ☊
20:10 ☿ △ ♄
20:26 ☾ □ ♃

☉5°17'♋ • ☾2°18'♓ • ☿18°46'♋ • ♀11°15'♋ • ♂12°39'♉ • ♃7°13'♊ • ♄19°25'♓
⚷23°09'♈ • ♅25°30'♉ • ♆29°55'♓ • ♇R 1°29'♒ • ☊11°34'♈ • ⚸29°59'♍ • ⯓R 18°34'♓

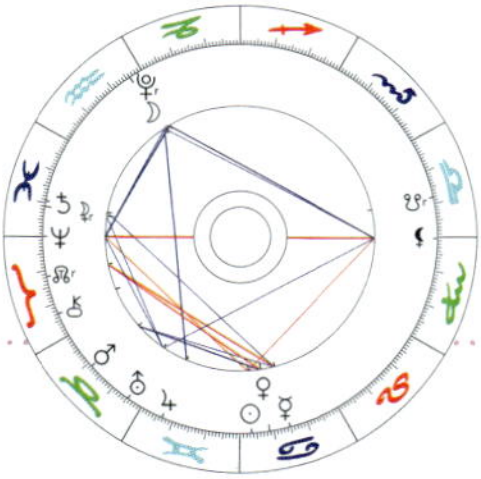

0:00 ☽ ↕ ♓
4:33 ☽ △ ♀
6:26 ☽ ⚹ ♂
13:30 ☽ ☌ ⚳
16:57 ☽ ☌ ♄
20:11 ☽ △ ☿

27
DONNERSTAG

☉6°15'♋ • ☽16°30'♓ • ☿20°41'♋ • ♀12°28'♋ • ♂13°22'♉ • ♃7°26'♊ • ♄19°25'♓
⚷23°10'♈ • ♅25°33'♉ • ♆29°56'♓ • ♇R 1°27'♒ • ☊11°32'♈ • ⚸0°11'♎ • ⚳R 17°27'♓

0:00 ☽ ↕ ♓
3:23 ☽ ⚹ ♅
10:44 ☽ ☌ ♆ v/c
10:52 ☽ → ♈
11:29 ☽ ☍ ⚸
13:18 ☽ ⚹ ♇
19:58 ☿ □ ⚷
23:53 ☉ □ ☽

28
FREITAG
◑ 23:53

☉7°12'♋ • ☽0°40'♈ • ☿22°35'♋ • ♀13°42'♋ • ♂14°06'♉ • ♃7°39'♊ • ♄19°26'♓
⚷23°12'♈ • ♅25°36'♉ • ♆29°56'♓ • ♇R 1°26'♒ • ☊11°31'♈ • ⚸0°22'♎ • ⚳R 16°26'♓

0:00 ☽ ↕ ♈
0:03 ☽ ⚹ ♃
6:25 ☽ ☌ ☊
6:49 ♀ ⚹ ♂
12:16 ☽ □ ♀
18:35 ♀ △ ⚳
21:08 ♄SR
22:22 ♂ ⚹ ⚳

29
SAMSTAG

☉8°09'♋ • ☽14°47'♈ • ☿24°26'♋ • ♀14°56'♋ • ♂14°49'♉ • ♃7°52'♊ • ♄R 19°26'♓
⚷23°13'♈ • ♅25°39'♉ • ♆29°56'♓ • ♇R 1°25'♒ • ☊11°31'♈ • ⚸0°34'♎ • ⚳R 15°30'♓

0:00 ☽ ↕ ♈
2:25 ☽ ☌ ⚷
4:20 ☿ ⚹ ♅
6:56 ☽ □ ☿ v/c
14:00 ☽ → ♉
16:23 ☽ □ ♇

30
SONNTAG

☉9°06'♋ • ☽28°50'♈ • ☿26°15'♋ • ♀16°10'♋ • ♂15°32'♉ • ♃8°05'♊ • ♄R 19°26'♓
⚷23°14'♈ • ♅25°42'♉ • ♆29°56'♓ • ♇R 1°24'♒ • ☊11°30'♈ • ⚸0°45'♎ • ⚳R 14°40'♓

Tägliche Ephemeride 12:00 mittags

Alles fließt, sagt Heraklit. Manches zerfließt auch. Einfach so. Löst sich auf, im großen Nichts. Bis am Ende nichts mehr übrig bleibt und wir uns verwundert die Augen reiben. All unsere Hoffnungen, all unser Glück. Verschwunden im Nirwana oder sonst wo abgetaucht. Erleuchtung sei möglich, so glaubten wir in unserer Naivität. Unser Gottvertrauen, nicht mehr lange, dann ist es endgültig dahin.

Und jetzt? Haben wir Erlösung gefunden? Ist uns verziehen worden? Haben wir uns selbst verziehen? Viren und Seuchen haben uns heimgesucht. Enttäuschte Sehnsüchte und geplatzte Träume überall. Sind wir inzwischen geheilt? Wie trügerisch doch alles ist, nach all der langen Zeit der Ungewissheit. Wir sind ein Staubkorn im Universum, mehr nicht. Vielleicht ist das auch gut so. Sonst würden wir noch mehr Schaden anrichten, wer weiß?

Panta rhei

Neptun bewegt sich seit 4. April 2011
bis 26. Januar 2026 im Zeichen Fische.
Zu Jahresbeginn 2024 steht
Neptun auf 25°05‘ Fische.
Er wird am 2. Juli auf 29°56‘ Fische rückläufig
und am 8. Dezember auf 27°08‘ Fische direktläufig.
Zum Jahresende steht er auf 27°17‘ Fische.

Wir machen uns schnell verdächtig, wenn wir auf wichtige Fragen keine Antwort geben. Uns damit herauszureden, wir wüssten von nichts, würde die Sache nur eskalieren. **Merkur** bildet ein **Trigon** zum **stationär rückläufigen Fische-Neptun** (2.7.), und nach seinem **Wechsel** von Krebs in **Löwe** (2.7.) eine **Opposition** zu **Wassermann-Pluto** (3.7.). An der Wahrheit führt kein Weg vorbei. Sie herauszufinden, ist jedoch eine knifflige Angelegenheit. Solange unsere Sichtweisen auf falschen Vorstellungen beruhen, ist keine Lösung in Sicht. Nur was uns persönlich etwas angeht, ist es wert, ausdiskutiert zu werden.

Neumond in Krebs (6.7.): Was uns berührt, macht Dinge mit uns, die wir uns anders vorgestellt haben. Die Frage ist, ob sie uns guttun.

JULI

1
MONTAG

0:00 ☾ ↕ ♉
6:56 ☉ ⚹ ☾
13:49 ☾ ⚹ ⚳
18:19 ☾ ☌ ♂
20:42 ☾ ⚹ ♀
23:28 ☾ ⚹ ♄

☉ 10°04' ♋ • ☾ 12°48' ♉ • ☿ 28°03' ♋ • ♀ 17°23' ♋ • ♂ 16°16' ♉ • ♃ 8°18' ♊ • ♄R 19°26' ♓
⚷ 23°16' ♈ • ⛢ 25°44' ♉ • ♆ 29°56' ♓ • ♇R 1°22' ♒ • ☊ 11°28' ♈ • ⚸ 0°56' ♎ • ⚳R 13°54' ♓

2
DIENSTAG

0:00 ☾ ↕ ♉
10:29 ☾ ☌ ⛢
12:43 ♆SR
13:53 ☿ △ ♆
14:50 ☿ → ♌
17:43 ☾ ⚹ ♆ v/c
17:50 ☾ → ♊
18:16 ☾ ⚹ ☿
19:55 ☾ △ ⚸
20:10 ☾ △ ♇
20:26 ☉ □ ☊

☉ 11°01' ♋ • ☾ 26°39' ♉ • ☿ 29°48' ♋ • ♀ 18°37' ♋ • ♂ 16°59' ♉ • ♃ 8°31' ♊ • ♄R 19°25' ♓
⚷ 23°17' ♈ • ⛢ 25°47' ♉ • ♆ 29°56' ♓ • ♇R 1°21' ♒ • ☊ 11°23' ♈ • ⚸ 1°08' ♎ • ⚳R 13°13' ♓

3
MITTWOCH

0:00 ☾ ↕ ♊
3:41 ♀ △ ♄
8:57 ☿ ⚹ ⚸
9:04 ☾ ☌ ♃
9:27 ☿ ☍ ♇
12:58 ♀ △ ⚸
13:32 ☾ ⚹ ☊
15:46 ☾ □ ⚳
22:10 ☉ △ ⚳

☉ 11°58' ♋ • ☾ 10°23' ♊ • ☿ 1°31' ♌ • ♀ 19°51' ♋ • ♂ 17°42' ♉ • ♃ 8°44' ♊ • ♄R 19°25' ♓
⚷ 23°18' ♈ • ⛢ 25°50' ♉ • ♆R 29°56' ♓ • ♇R 1°20' ♒ • ☊ 11°16' ♈ • ⚸ 1°19' ♎ • ⚳R 12°37' ♓

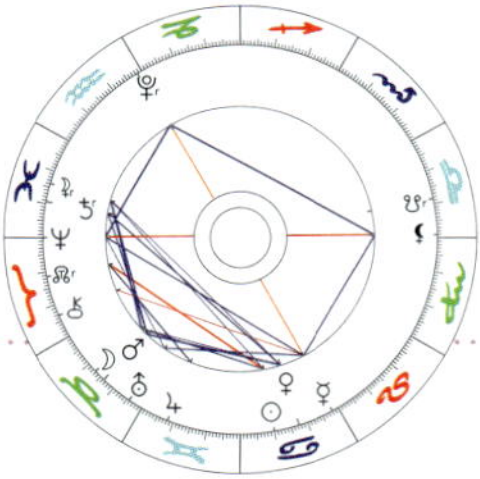

0:00 ☾ ↕ ♊
3:57 ☾ □ ♄
10:54 ☾ ⚹ ⚷
22:44 ☾ □ ♆ v/c
22:51 ☾ → ♋

4
DONNERSTAG

☉12°55'♋ • ☾23°56'♊ • ☿3°12'♌ • ♀21°04'♋ • ♂18°25'♉ • ♃8°57'♊ • ♄R 19°25'♓
⚷23°19'♈ • ♅25°52'♉ • ♆R 29°56'♓ • ♇R 1°18'♒ • ☊11°05'♈ • ⚸1°31'♎ • ⚳R 12°04'♓

0:00 ☾ ↕ ♋
1:46 ☾ □ ⚸
18:28 ☾ □ ☊
19:34 ☾ △ ⚳
21:02 ♂ ⚹ ♄

5
FREITAG

☉13°52'♋ • ☾7°17'♋ • ☿4°50'♌ • ♀22°18'♋ • ♂19°08'♉ • ♃9°10'♊ • ♄R 19°24'♓
⚷23°20'♈ • ♅25°55'♉ • ♆R 29°56'♓ • ♇R 1°17'♒ • ☊10°54'♈ • ⚸1°42'♎ • ⚳R 11°35'♓

0:00 ☾ ↕ ♋
0:57 ☉ ☌ ☾
8:33 ♀ □ ⚷
10:10 ☾ △ ♄
10:56 ☾ ⚹ ♂
17:31 ☾ □ ⚷
18:27 ☾ ☌ ♀
22:23 ☾ ⚹ ♅

6
SAMSTAG
● 0:57

☉14°50'♋ • ☾20°23'♋ • ☿6°27'♌ • ♀23°32'♋ • ♂19°51'♉ • ♃9°23'♊ • ♄R 19°24'♓
⚷23°21'♈ • ♅25°58'♉ • ♆R 29°56'♓ • ♇R 1°16'♒ • ☊10°41'♈ • ⚸1°53'♎ • ⚳R 11°09'♓

0:00 ☾ ↕ ♋
5:47 ☾ △ ♆ v/c
5:56 ☾ → ♌
8:16 ☾ ☍ ♇
9:48 ☾ ⚹ ⚸
22:23 ☾ ☌ ☿

7
SONNTAG

☉15°47'♋ • ☾3°13'♌ • ☿8°01'♌ • ♀24°46'♋ • ♂20°33'♉ • ♃9°35'♊ • ♄R 19°23'♓
⚷23°22'♈ • ♅26°00'♉ • ♆R 29°56'♓ • ♇R 1°14'♒ • ☊10°29'♈ • ⚸2°04'♎ • ⚳R 10°47'♓

Das Programm ist das gleiche. Doch statt im Kopf, spielt es sich nun in unseren Herzen ab. Was Merkur ihr letzte Woche vorgemacht hat, macht **Venus** ihm nun nach. Sie bildet ein **Trigon** zu **Fische-Neptun** (11.7.), und nach ihrem **Wechsel** von Krebs in **Löwe** (11.7.) eine **Opposition** zu **Wassermann-Pluto** (12.7.). Zwanghaftigkeit ist der größte Feind, um in unsere Freude zu kommen. Doch was tun, um uns nicht unseren Verlustängsten ausgeliefert zu fühlen? Es wäre schon viel gewonnen, wenn wir auf unsere Intuition vertrauen könnten. Was uns gefällt, ist nicht immer das, was uns auch zusteht. An diesem Schmerz führt kein Weg vorbei, da können wir uns noch so viel vorzumachen versuchen.

8
MONTAG

0:00 ☾ ↕ ♌
0:18 ☾ ⚹ ♃
1:36 ☾ △ ☊
13:04 ♀ ⚹ ⛢
16:26 ☿ ⚹ ♃
22:46 ☿ △ ☊
23:18 ☾ □ ♂

☉16°44'♋ • ☾15°47'♌ • ☿9°33'♌ • ♀25°59'♋ • ♂21°16'♉ • ♃9°48'♊ • ♄R 19°22'♓
⚷23°23'♈ • ⛢26°03'♉ • ♆R 29°55'♓ • ♇R 1°13'♒ • ☊10°18'♈ • ⚸2°16'♎ • ⯓R 10°28'♓

9
DIENSTAG

0:00 ☾ ↕ ♌
2:49 ☾ △ ⚷
8:04 ☾ □ ⛢ v/c
15:47 ☾ → ♍
21:34 ♃ □ ⯓

☉17°41'♋ • ☾28°05'♌ • ☿11°04'♌ • ♀27°13'♋ • ♂21°59'♉ • ♃10°00'♊ • ♄R 19°21'♓
⚷23°24'♈ • ⛢26°05'♉ • ♆R 29°55'♓ • ♇R 1°12'♒ • ☊10°10'♈ • ⚸2°27'♎ • ⯓R 10°11'♓

10
MITTWOCH

0:00 ☾ ↕ ♍
0:03 ♃ ⚹ ☊
11:36 ☾ ☍ ⯓
12:07 ☾ □ ♃

☉18°39'♋ • ☾10°09'♍ • ☿12°31'♌ • ♀28°27'♋ • ♂22°41'♉ • ♃10°13'♊ • ♄R 19°20'♓
⚷23°25'♈ • ⛢26°07'♉ • ♆R 29°55'♓ • ♇R 1°10'♒ • ☊10°04'♈ • Lilith 2°38'♎ • ⯓R 9°57'♓

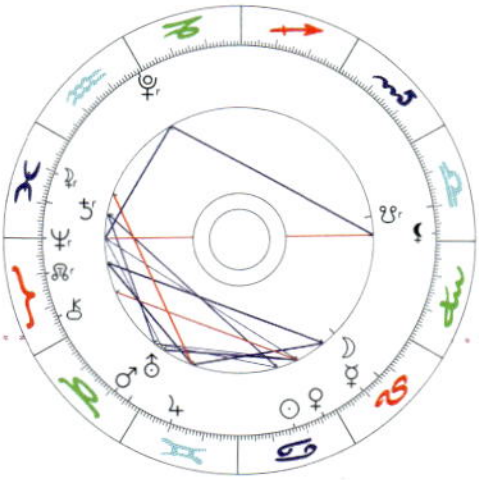

0:00 ☽ ↕ ♍
5:04 ☉ △ ♄
6:27 ☽ ☍ ♄
6:34 ☉ ⚹ ☽
14:51 ☽ △ ♂
16:32 ♀ △ ♆
18:19 ♀ → ♌
20:20 ☽ △ ♅

11
DONNERSTAG

☉19°36'♋ • ☽22°04'♍ • ☿13°57'♌ • ♀29°41'♋ • ♂23°23'♉ • ♃10°25'♊ • ♄R 19°19'♓
⚷23°26'♈ • ♅26°10'♉ • ♆R 29°55'♓ • ♇R 1°09'♒ • ☊10°01'♈ • ⚸2°49'♎ • ⚳R 9°46'♓

0:00 ☽ ↕ ♍
3:55 ☽ ☍ ♆ v/c
4:06 ☽ → ♎
5:14 ☽ ⚹ ♀
6:24 ☽ △ ♇
10:11 ☽ ☌ ⚸
16:12 ♀ ☍ ♇

12
FREITAG

☉20°33'♋ • ☽3°53'♎ • ☿15°21'♌ • ♀0°54'♌ • ♂24°06'♉ • ♃10°38'♊ • ♄R 19°18'♓
⚷23°27'♈ • ♅26°12'♉ • ♆R 29°54'♓ • ♇R 1°07'♒ • ☊10°00'♈ • ⚸3°00'♎ • ⚳R 9°37'♓

0:00 ☽ ↕ ♎
0:27 ☽ ☍ ☊
1:58 ☽ △ ♃
14:18 ☽ ⚹ ☿

13
SAMSTAG

☉21°30'♋ • ☽15°41'♎ • ☿16°42'♌ • ♀2°08'♌ • ♂24°48'♉ • ♃10°50'♊ • ♄R 19°16'♓
⚷23°28'♈ • ♅26°15'♉ • ♆R 29°54'♓ • ♇R 1°06'♒ • ☊10°00'♈ • ⚸3°11'♎ • ⚳R 9°29'♓

0:00 ☽ ↕ ♎
0:49 ☉ □ ☽
3:45 ☽ ☍ ⚷ v/c
12:15 ♀ ⚹ ⚸
16:52 ☽ → ♏
19:01 ☽ □ ♇

14
SONNTAG
◐ 0:49

☉22°27'♋ • ☽27°34'♎ • ☿18°01'♌ • ♀3°22'♌ • ♂25°30'♉ • ♃11°02'♊ • ♄R 19°15'♓
⚷23°28'♈ • ♅26°17'♉ • ♆R 29°54'♓ • ♇R 1°05'♒ • ☊10°00'♈ • ⚸3°22'♎ • ⚳R 9°24'♓

Niemand sollte auf die Idee kommen, uns unsere Besitzstände streitig zu machen. Es sei denn, wir wollten sie ohnehin loswerden, weil wir uns mit ihnen eingeengt fühlen. **Stier-Mars** bildet eine **Konjunktion** mit **Uranus** (15.7.) und **wechselt** anschließend in **Zwillinge** (20.7.). Wie viel Minimalismus verkraften wir? Das hängt auch davon ab, was wir zu verlieren haben und wie flexibel wir sind. Unsere Cleverness ist gefragt, sonst fühlen wir uns schnell betrogen. Solange wir das, was wir haben, noch genießen können, sind wir nicht verloren. Doch auch das ändert sich vielleicht, wer weiß?

Vollmond in Steinbock Konjunktion Pluto (21.7.): Von der Vergangenheit in die Zukunft ist es manchmal nur ein Schritt. Doch dazwischen kann ein riesiger Abgrund lauern.

15
MONTAG

0:00 ☽ ↕ ♏
0:54 ☽ □ ♀
11:28 ☽ △ ⚳
13:44 ☉ □ ⚷
16:05 ♂ ☌ ♅

☉23°25' ♋ • ☽9°37' ♏ • ☿19°17' ♌ • ♀4°36' ♌ • ♂26°12' ♉ • ♃11°14' ♊ • ♄R 19°14' ♓
⚷23°29' ♈ • ♅26°19' ♉ • ♆R 29°53' ♓ • ♇R 1°03' ♒ • ☊9°59' ♈ • ⚸3°33' ♎ • ⚳R 9°21' ♓

16
DIENSTAG

0:00 ☽ ↕ ♏
6:45 ☽ △ ♄
8:59 ☽ □ ☿
17:04 ☉ △ ☽
20:31 ☽ ☍ ♅
22:06 ☽ ☍ ♂

☉24°22' ♋ • ☽21°56' ♏ • ☿20°31' ♌ • ♀5°49' ♌ • ♂26°54' ♉ • ♃11°26' ♊ • ♄R 19°12' ♓
⚷23°29' ♈ • ♅26°21' ♉ • ♆R 29°53' ♓ • ♇R 1°02' ♒ • ☊9°56' ♈ • ⚸3°44' ♎ • ⚳R 9°19' ♓

17
MITTWOCH

0:00 ☽ ↕ ♏
3:10 ☽ △ ♆ v/c
3:25 ☽ → ♐
5:20 ☽ ⚹ ♇
10:47 ☽ ⚹ ⚸
17:08 ☽ △ ♀
20:52 ☽ □ ⚳
21:45 ☽ △ ☊

☉25°19' ♋ • ☽4°34' ♐ • ☿21°43' ♌ • ♀7°03' ♌ • ♂27°36' ♉ • ♃11°38' ♊ • ♄R 19°10' ♓
⚷23°30' ♈ • ♅26°23' ♉ • ♆R 29°52' ♓ • ♇R 1°00' ♒ • ☊9°51' ♈ • ⚸3°55' ♎ • ⚳9°19' ♓

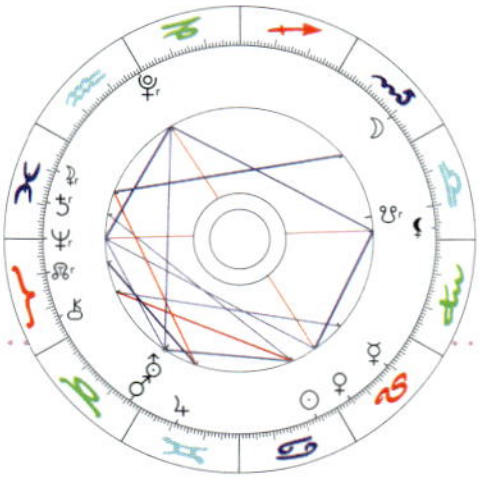

18 DONNERSTAG

0:00 ☾ ↕ ♐
1:20 ☾ ☍ ♃
14:49 ☾ □ ♄
16:00 ☉ ⚹ ♅
22:23 ☾ △ ☿
22:41 ☾ △ ⚷

☉26°16'♋ • ☾17°35'♐ • ☿22°52'♌ • ♀8°17'♌ • ♂28°18'♉ • ♃11°50'♊ • ♄R 19°09'♓
⚷23°30'♈ • ♅26°26'♉ • ♆R 29°52'♓ • ♇R 0°59'♒ • ☊9°43'♈ • ⚸4°06'♎ • ⚳9°21'♓

19 FREITAG

0:00 ☾ ↕ ♐
1:57 ☿ △ ⚷
9:58 ☾ □ ♆ v/c
10:13 ☾ → ♑
12:56 ♀ △ ☊
17:50 ☾ □ ⚸

☉27°14'♋ • ☾1°00'♑ • ☿23°58'♌ • ♀9°30'♌ • ♂29°00'♉ • ♃12°02'♊ • ♄R 19°07'♓
⚷23°31'♈ • ♅26°28'♉ • ♆R 29°51'♓ • ♇R 0°58'♒ • ☊9°34'♈ • ⚸4°17'♎ • ⚳9°23'♓

20 SAMSTAG

0:00 ☾ ↕ ♑
2:43 ☾ ⚹ ⚳
2:45 ☾ □ ☊
17:17 ♂ ⚹ ♆
19:15 ☾ ⚹ ♄
22:43 ♂ → ♊

☉28°11'♋ • ☾14°49'♑ • ☿25°02'♌ • ♀10°44'♌ • ♂29°41'♉ • ♃12°14'♊ • ♄R 19°05'♓
⚷23°31'♈ • ♅26°30'♉ • ♆R 29°51'♓ • ♇R 0°56'♒ • ☊9°23'♈ • ⚸4°28'♎ • ⚳9°28'♓

21 SONNTAG
○ 12:17

0:00 ☾ ↕ ♑
2:48 ☾ □ ⚷
7:52 ☾ △ ♅
12:17 ☉ ☍ ☾
13:26 ☾ ⚹ ♆ v/c
13:43 ☾ → ♒
14:29 ☾ △ ♂
15:14 ☾ ☌ ♇
21:37 ☾ △ ⚸
22:43 ♀ ⚹ ♃

☉29°08'♋ • ☾28°59'♑ • ☿26°03'♌ • ♀11°58'♌ • ♂0°23'♊ • ♃12°26'♊ • ♄R 19°03'♓
⚷23°31'♈ • ♅26°32'♉ • ♆R 29°50'♓ • ♇R 0°55'♒ • ☊9°12'♈ • ⚸4°39'♎ • ⚳9°33'♓

Was auch immer unsere Pläne durchkreuzt, wir sollten es willkommen heißen. Mit **Löwe-Merkur** im **Quadrat** zu **Stier-Uranus** (22.7.) ist es von Vorteil, aus dem Tritt zu geraten und auf neue Ideen zu kommen. Dies würde uns darin unterstützen, unserem Handeln den nötigen Nachdruck zu verleihen. Mit **Zwillinge-Mars** im **Trigon** zu **Wassermann-Pluto** (22.7.) kommen wir mit den üblichen Patentrezepten nicht weiter – mit pfiffigen Strategien dagegen schon.

Dass ein neues Zeitalter beginnt, lässt sich mit **Löwe-Sonne** in Opposition zu **Wassermann-Pluto** (23.7.) kaum noch leugnen. Doch was das für uns persönlich bedeutet, das müssen wir erst noch herausfinden. Erbsen zu zählen, ist eine mühsame Angelegenheit. Fragt sich nur, ob uns mit dem **Wechsel** von **Merkur** in **Jungfrau** (26.7.) noch etwas anderes einfällt.

22
MONTAG

0:00 ☾ ↕ ♒
0:21 ☿ □ ⛢
4:53 ☾ ⚹ ☊
5:25 ☉ △ ♆
5:48 ♂ △ ♇
9:44 ☉ → ♌
10:43 ☾ △ ♃
11:39 ☾ ☍ ♀

☉0°05'♌ • ☾13°23'♒ • ☿27°01'♌ • ♀13°12'♌ • ♂1°04'♊ • ♃12°37'♊ • ♄℞19°01'♓
⚷23°32'♈ • ⛢26°34'♉ • ♆℞29°50'♓ • ♇℞0°53'♒ • ☊9°03'♈ • ⚸4°50'♎ • ⚳9°40'♓

23
DIENSTAG

0:00 ☾ ↕ ♒
4:44 ☾ ⚹ ⚷
7:38 ☉ ☍ ♇
9:46 ☾ □ ⛢
11:58 ☾ ☍ ☿ v/c
15:23 ☾ → ♓
18:35 ☾ □ ♂

☉1°03'♌ • ☾27°57'♒ • ☿27°55'♌ • ♀14°25'♌ • ♂1°46'♊ • ♃12°49'♊ • ♄℞18°58'♓
⚷23°32'♈ • ⛢26°36'♉ • ♆℞29°49'♓ • ♇℞0°52'♒ • ☊8°55'♈ • ⚸5°01'♎ • ⚳9°48'♓

24
MITTWOCH

0:00 ☾ ↕ ♓
7:41 ☾ ☌ ⚳
12:47 ☾ □ ♃
22:31 ☾ ☌ ♄

☉2°00'♌ • ☾12°32'♓ • ☿28°47'♌ • ♀15°39'♌ • ♂2°27'♊ • ♃13°00'♊ • ♄℞18°56'♓
⚷23°32'♈ • ⛢26°38'♉ • ♆℞29°48'♓ • ♇℞0°51'♒ • ☊8°51'♈ • ⚸5°12'♎ • ⚳9°56'♓

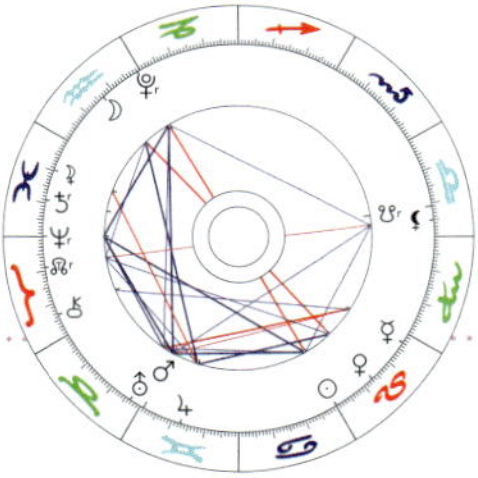

0:00 ☾ ↕ ♓
11:19 ☾ ⚹ ♅
16:31 ☾ ☌ ♆ v/c
16:52 ☾ → ♈
18:13 ☾ ⚹ ♇
22:29 ☉ △ ☾
22:36 ☾ ⚹ ♂

25 DONNERSTAG

☉2°57'♌ • ☾27°04'♓ • ☿29°36'♌ • ♀16°53'♌ • ♂3°08'♊ • ♃13°11'♊ • ♄R 18°54'♓
⚷23°32'♈ • ♅26°39'♉ • ♆R 29°47'♓ • ♇R 0°49'♒ • ☊8°48'♈ • ⚸5°22'♎ • ⚳10°06'♓

0:00 ☾ ↕ ♈
0:42 ☿ → ♍
1:59 ☾ ☍ ⚸
4:32 ☉ ⚹ ♂
7:32 ☾ ☌ ☊
15:16 ☾ ⚹ ♃

26 FREITAG

☉3°55'♌ • ☾11°28'♈ • ☿0°21'♍ • ♀18°06'♌ • ♂3°50'♊ • ♃13°23'♊ • ♄R 18°51'♓
⚷23°32'♈ • ♅26°41'♉ • ♆R 29°47'♓ • ♇R 0°48'♒ • ☊8°48'♈ • ⚸5°33'♎ • ⚳10°17'♓

0:00 ☾ ↕ ♈
0:14 ☾ △ ♀
8:22 ☾ ☌ ⚷ v/c
19:22 ☾ → ♉
20:41 ☾ □ ♇
21:35 ☾ △ ☿

27 SAMSTAG

☉4°52'♌ • ☾25°40'♈ • ☿1°02'♍ • ♀19°20'♌ • ♂4°31'♊ • ♃13°34'♊ • ♄R 18°49'♓
⚷R 23°32'♈ • ♅26°43'♉ • ♆R 29°46'♓ • ♇R 0°46'♒ • ☊8°48'♈ • ⚸5°44'♎ • ⚳10°29'♓

0:00 ☾ ↕ ♉
4:51 ☉ □ ☾
13:47 ☾ ⚹ ⚳
14:36 ☉ ⚹ ⚸

28 SONNTAG

◑ 4:51

☉5°49'♌ • ☾9°41'♉ • ☿1°40'♍ • ♀20°34'♌ • ♂5°11'♊ • ♃13°45'♊ • ♄R 18°46'♓
⚷R 23°32'♈ • ♅26°45'♉ • ♆R 29°45'♓ • ♇R 0°45'♒ • ☊8°48'♈ • ⚸5°54'♎ • ⚳10°42'♓

Es wäre wünschenswert, wir könnten uns auf unser Glück verlassen. Doch ständig wird unser Vertrauen auf die Probe gestellt. Wir werden mit Informationen überschüttet und pausenlos plagen Zweifel unseren nervösen Geist. Unsere Hoffnung erweist sich als Illusion. Wir versprechen viel und lösen nur wenig davon ein. Unsere Gedanken sind rastlos und es mangelt uns an der erforderlichen Konsequenz. Wir treffen keine klaren Entscheidungen und wundern uns dann, warum unsere Grenzen von niemandem respektiert werden.

Das hört sich nicht gut an und es könnte auch ganz anders kommen. Wir stellen die richtigen Fragen und bewegen uns in eine Richtung, die Sinn ergibt. Wir üben uns in Nachsicht und Toleranz, sind weder zu nachgiebig noch allzu streng. Wir nutzen unseren Ehrgeiz und unsere Disziplin zum Wohle aller und lassen uns auch von Rückschlägen nicht entmutigen. Wir geben uns mit weniger zufrieden und haben dadurch mehr vom Leben. Schön wär's, und möglich wäre es auch.

♊ ♃ □ ♓ ♄

Tausend Ideen und kaum Lösungen in Sicht

*Am 19. August und am 24. Dezember 2024
bilden Zwillinge-Jupiter und Fische-Saturn
ein Quadrat im Gradbereich von 14°bis 17°30'
Ihr gemeinsamer Zyklus begann mit der Konjunktion
am 21. Dezember 2020 auf 0°30' Wassermann.
Er endet am 31. Oktober 2040 auf 18° Waage.
Seinen Höhepunkt bilden insgesamt
fünf Opposition zwischen 2029 und 2031.*

Was uns in der Hitze des Sommers Vergnügen und Freude bereitet, ist mit **Löwe-Venus** im **Quadrat** zu **Uranus** (2.8.) nicht das, was wir von uns gewohnt sind. Wir brauchen Erlebnisse, die uns einen Kick bescheren. Das gilt auch für unser Beziehungsleben und ist nicht frei von Risiken. Wer wagt, gewinnt, so lautet das Motto, um unser Liebesleben aufzufrischen. Uns reizt das Unverfügbare, der Bruch mit der Konvention. Doch bevor wir uns in neue Abenteuer stürzen, sollten wir auch das zu schätzen wissen, was wir haben. Es sei denn, wir langweilen uns schon länger und brauchen dringend eine Abwechslung vom Vertrauten.

Neumond in Löwe (4.8.): Wer entscheidet darüber, was uns wichtig ist, wenn nicht wir? Ohne eine Ahnung davon haben, wer wir wirklich sind, geht das nicht.

29
MONTAG

0:00 ☾ ↕ ♉
3:42 ☾ ⚹ ♄
8:45 ☾ □ ♀
17:47 ☾ ☌ ♅
21:55 ♂ △ ⚵
22:59 ☾ ⚹ ♆ v/c
23:27 ☾ → ♊

☉6°47'♌ • ☾23°29'♉ • ☿2°14'♍ • ♀21°47'♌ • ♂5°52'♊ • ♃13°56'♊ • ♄R 18°43'♓
⚷R 23°32'♈ • ♅26°46'♉ • ♆R 29°44'♓ • ♇R 0°43'♒ • ☊8°47'♈ • ⚵6°05'♎ • ⯛10°55'♓

30
DIENSTAG

0:00 ☾ ↕ ♊
0:43 ☾ △ ♇
4:00 ☾ □ ☿
10:31 ☾ △ ⚵
11:01 ☾ ☌ ♂
13:15 ☉ ⚹ ☾
14:56 ☾ ⚹ ☊
19:25 ☾ □ ⯛
21:54 ♀ △ ⚷

☉7°44'♌ • ☾7°05'♊ • ☿2°44'♍ • ♀23°01'♌ • ♂6°33'♊ • ♃14°07'♊ • ♄R 18°40'♓
⚷R 23°32'♈ • ♅26°48'♉ • ♆R 29°44'♓ • ♇R 0°42'♒ • ☊8°44'♈ • ⚵6°15'♎ • ⯛11°10'♓

31
MITTWOCH

0:00 ☾ ↕ ♊
0:45 ☾ ☌ ♃
8:41 ☾ □ ♄
10:48 ☉ △ ☊
17:32 ☾ ⚹ ⚷
19:33 ☾ ⚹ ♀

☉8°41'♌ • ☾20°28'♊ • ☿3°09'♍ • ♀24°15'♌ • ♂7°14'♊ • ♃14°18'♊ • ♄R 18°38'♓
⚷R 23°31'♈ • ♅26°50'♉ • ♆R 29°43'♓ • ♇R 0°41'♒ • ☊8°38'♈ • ⚵6°26'♎ • ⯛11°25'♓

31. WOCHE
JULI
AUGUST

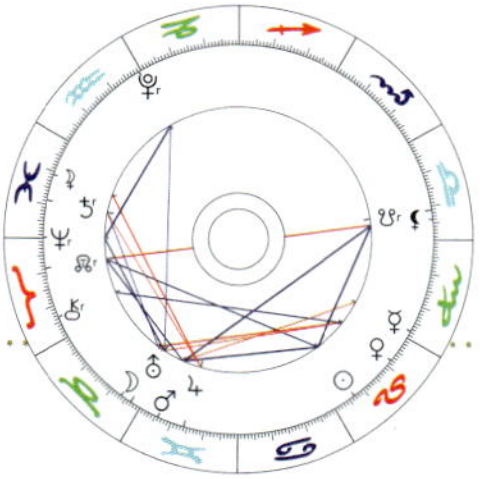

AUGUST

0:00 ☾ ↕ ♊
4:46 ☾ □ ♆ v/c
5:19 ☾ → ♋
11:43 ☾ ✶ ☿
17:30 ☾ □ ⚸
20:49 ☾ □ ☊

1
DONNERSTAG

☉9°39'♌ • ☾3°39'♋ • ☿3°30'♍ • ♀25°29'♌ • ♂7°54'♊ • ♃14°29'♊ • ♄R 18°35'♓
⚷R 23°31'♈ • ♅26°51'♉ • ♆R 29°42'♓ • ♇R 0°39'♒ • ☊8°30'♈ • ⚸6°36'♎ • ⚳11°41'♓

0:00 ☾ ↕ ♋
3:07 ☾ △ ⚳
5:18 ♂ ✶ ☊
15:27 ♀ □ ♅
15:32 ☾ △ ♄

2
FREITAG

10°36'♌ • ☾16°38'♋ • ☿3°46'♍ • ♀26°42'♌ • ♂8°35'♊ • ♃14°39'♊ • ♄R 18°32'♓
⚷R 23°31'♈ • ♅26°53'♉ • ♆R 29°41'♓ • ♇R 0°38'♒ • ☊8°21'♈ • ⚸6°46'♎ • ⚳11°57'♓

0:00 ☾ ↕ ♋
0:54 ☾ □ ⚷
7:17 ☾ ✶ ♅
12:31 ☾ △ ♆ v/c
13:09 ☾ → ♌
14:18 ☾ ☍ ♀

3
SAMSTAG

☉11°34'♌ • ☾29°23'♋ • ☿3°58'♍ • ♀27°56'♌ • ♂9°15'♊ • ♃14°50'♊ • ♄R 18°28'♓
⚷R 23°30'♈ • ♅26°54'♉ • ♆R 29°40'♓ • ♇R 0°36'♒ • ☊8°11'♈ • ⚸6°56'♎ • ⚳12°15'♓

0:00 ☾ ↕ ♌
2:35 ☾ ✶ ⚸
4:33 ☾ △ ☊
7:54 ☾ ✶ ♂
13:13 ☉ ☌ ☾
18:00 ☾ ✶ ♃

4
SONNTAG
● 13:13

☉12°31'♌ • ☾11°56'♌ • ☿4°05'♍ • ♀29°10'♌ • ♂9°55'♊ • ♃15°00'♊ • ♄R 18°25'♓
⚷R 23°30'♈ • ♅26°56'♉ • ♆R 29°39'♓ • ♇R 0°35'♒ • ☊8°01'♈ • ⚸7°07'♎ • ⚳12°32'♓

Es sind mal wieder die Details, bei denen es hakt. **Jungfrau-Merkur** wird **rückläufig** (5.8.). Was sich unserer Kontrolle entzieht, das treibt uns in die Verzweiflung. Dabei hatten wir uns alles so schön zurechtgelegt und durchgeplant. Doch es hilft alles nichts, wir müssen erst auf Fehlersuche gehen, ehe wir weiter vorankommen. Oder wir bleiben pragmatisch und verzichten auf Perfektion. Das könnte sogar funktionieren.

Auch Diplomatie könnte ein Schlüssel zur Lösung sein. **Venus wechselt** in **Jungfrau** (5.8.) und trifft auf den **rückläufigen Merkur** (8.8.). Wechselseitige Rücksichtnahme steht als Tugend hoch im Kurs. Eigene Ansprüche zu formulieren, fällt uns allerdings schwer. Was wir selbst und was andere von uns wollen, wird dadurch zu einem Ratespiel mit ungewissem Ausgang.

5
MONTAG

0:00 ☽ ↕ ♌
4:23 ♀ → ♍
6:57 ☿SR
10:28 ☽ △ ⚷
17:16 ☽ □ ♅ v/c
23:17 ☽ → ♍

☉13°29'♌ • ☽24°16'♌ • ☿4°06'♍ • ♀0°23'♍ • ♂10°35'♊ • ♃15°10'♊ • ♄R 18°22'♓
⚷R 23°30'♈ • ♅26°57'♉ • ♆R 29°38'♓ • ♇R 0°34'♒ • ☊7°52'♈ • ⚸7°17'♎ • ⚳12°51'♓

6
DIENSTAG

0:00 ☽ ↕ ♍
1:24 ☽ ☌ ♀
7:19 ☽ ☌ ☿
22:15 ☽ □ ♂

☉14°26'♌ • ☽6°25'♍ • ☿R 4°02'♍ • ♀1°37'♍ • ♂11°15'♊ • ♃15°21'♊ • ♄R 18°19'♓
⚷R 23°29'♈ • ♅26°58'♉ • ♆R 29°37'♓ • ♇R 0°32'♒ • ☊7°46'♈ • ⚸7°26'♎ • ⚳13°10'♓

7
MITTWOCH

0:00 ☽ ↕ ♍
1:53 ☽ ☍ ⚳
6:08 ☽ □ ♃
11:44 ☽ ☍ ♄
15:36 ☉ ⚹ ♃
22:37 ☊ ☍ ⚸

☉15°24'♌ • ☽18°23'♍ • ☿R 3°53'♍ • ♀2°51'♍ • ♂11°55'♊ • ♃15°31'♊ • ♄R 18°15'♓
⚷R 23°28'♈ • ♅26°59'♉ • ♆R 29°36'♓ • ♇R 0°31'♒ • ☊7°42'♈ • ⚸7°36'♎ • ⚳13°30'♓

32. WOCHE
AUGUST

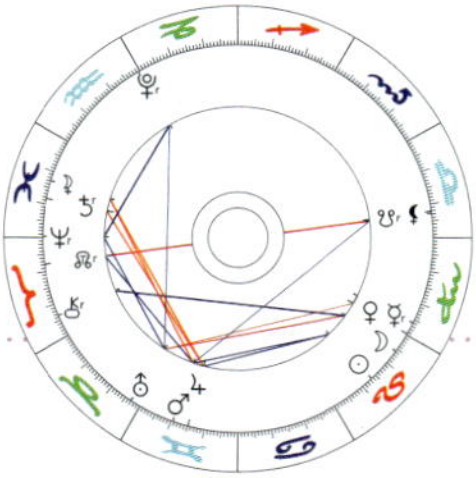

Augsburger Friedensfest

8
DONNERSTAG

0:00 ☾ ↕ ♍
5:12 ☿ ☌ ♀
5:26 ☾ △ ♅
10:40 ☾ ☍ ♆ v/c
11:31 ☾ → ♎
12:31 ☾ △ ♇

☉16°21'♌ • ☾0°14'♎ • ☿R 3°39'♍ • ♀4°04'♍ • ♂12°35'♊ • ♃15°41'♊ • ♄R 18°12'♓
⚷R 23°28'♈ • ♅27°01'♉ • ♆R 29°35'♓ • ♇R 0°30'♒ • ☊7°40'♈ • ⚸7°46'♎ • ⚳13°50'♓

9
FREITAG

0:00 ☾ ↕ ♎
3:06 ☾ ☍ ☊
3:32 ☾ ☌ ⚸
14:39 ☾ △ ♂
19:54 ☾ △ ♃
23:45 ☉ ✱ ☾

☉17°19'♌ • ☾12°01'♎ • ☿R 3°19'♍ • ♀5°18'♍ • ♂13°15'♊ • ♃15°51'♊ • ♄R 18°08'♓
⚷R 23°27'♈ • ♅27°02'♉ • ♆R 29°34'♓ • ♇R 0°28'♒ • ☊7°39'♈ • ⚸7°55'♎ • ⚳14°11'♓

10
SAMSTAG

0:00 ☾ ↕ ♎
11:15 ☾ ☍ ⚷ v/c

☉18°16'♌ • ☾23°48'♎ • ☿R 2°54'♍ • ♀6°32'♍ • ♂13°55'♊ • ♃16°00'♊ • ♄R 18°05'♓
⚷R 23°26'♈ • ♅27°03'♉ • ♆R 29°33'♓ • ♇R 0°27'♒ • ☊7°40'♈ • ⚸8°05'♎ • ⚳14°32'♓

11
SONNTAG

0:00 ☾ ↕ ♎
0:34 ☾ → ♏
1:26 ☾ □ ♇
5:42 ☾ ✱ ☿
16:40 ☾ ✱ ♀

☉19°14'♌ • ☾5°40'♏ • ☿R 2°24'♍ • ♀7°45'♍ • ♂14°34'♊ • ♃16°10'♊ • ♄R 18°01'♓
⚷R 23°26'♈ • ♅27°04'♉ • ♆R 29°31'♓ • ♇R 0°26'♒ • ☊7°42'♈ • ⚸8°14'♎ • ⚳14°54'♓

Uns zu verzetteln, ist keine große Kunst. Zu erkennen, was wichtig ist und zählt, fällt uns dagegen deutlich schwerer. **Zwillinge-Mars** läuft in **Konjunktion** zu **Jupiter** (14.8.) und ins **Quadrat** zu **Fische-Saturn** (16.8.). Solange wir möglichst nichts verpassen möchten, verlieren wir das, worauf es ankommt, schnell aus dem Blick.

Es ist zum Verrücktwerden, schon wieder werden unsere Pläne durchkreuzt. **Merkur wechselt rückläufig** in **Löwe** (15.8.) und tritt ins **Quadrat** zu **Stier-Uranus** (18.8.). Uns wäre schon viel geholfen, wenn wir wüssten, was wir persönlich nehmen sollten und was nicht. Den Durchblick zu bewahren, wäre in strategischer Hinsicht ein großer Vorteil. Wo sind die Ideen, die zünden? Alles andere kann warten.

12
MONTAG
◐ 17:19

0:00 ☾ ↕ ♏
7:01 ☾ △ ⚳
12:29 ☾ △ ♄
15:48 ♂ □ ⚳
17:19 ☉ □ ☾

☉ 20°11' ♌ • ☾ 17°42' ♏ • ☿R 1°49' ♍ • ♀ 8°59' ♍ • ♂ 15°13' ♊ • ♃ 16°20' ♊ • ♄R 17°57' ♓
⚷R 23°25' ♈ • ♅ 27°05' ♉ • ♆R 29°30' ♓ • ♇R 0°24' ♒ • ☊ 7°42' ♈ • ⚸ 8°23' ♎ • ⚳ 15°16' ♓

13
DIENSTAG

0:00 ☾ ↕ ♏
6:24 ☾ ☍ ♅
11:01 ☾ △ ♆ v/c
12:00 ☾ → ♐
12:45 ☾ ⚹ ♀
14:09 ☾ □ ☿

☉ 21°09' ♌ • ☾ 30°00' ♏ • ☿R 1°10' ♍ • ♀ 10°13' ♍ • ♂ 15°53' ♊ • ♃ 16°29' ♊ • ♄R 17°53' ♓
⚷R 23°24' ♈ • ♅ 27°06' ♉ • ♆R 29°29' ♓ • ♇R 0°23' ♒ • ☊ 7°42' ♈ • ⚸ 8°32' ♎ • ⚳ 15°39' ♓

14
MITTWOCH

0:00 ☾ ↕ ♐
2:42 ☾ △ ☊
4:31 ☾ ⚹ ⚸
9:33 ☾ □ ♀
17:21 ♂ ☌ ♃
18:33 ☾ □ ⚳
19:35 ☾ ☍ ♃
19:40 ☾ ☍ ♂
21:38 ☾ □ ♄

☉ 22°07' ♌ • ☾ 12°37' ♐ • ☿R 0°27' ♍ • ♀ 11°26' ♍ • ♂ 16°32' ♊ • ♃ 16°38' ♊ • ♄R 17°50' ♓
⚷R 23°23' ♈ • ♅ 27°07' ♉ • ♆R 29°28' ♓ • ♇R 0°22' ♒ • ☊ 7°40' ♈ • ⚸ 8°41' ♎ • ⚳ 16°02' ♓

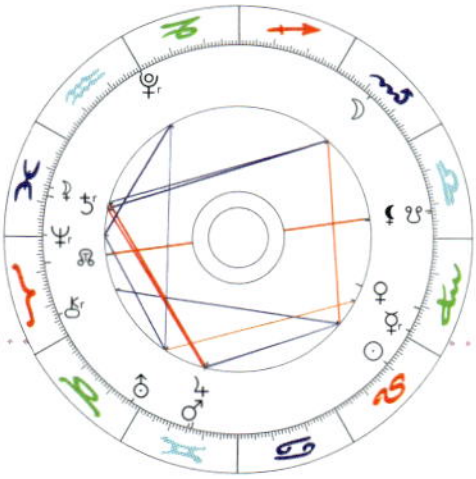

33. WOCHE
AUGUST

Mariä Himmelfahrt

15
DONNERSTAG

0:00 ☾ ↕ ♐
2:15 ☿ → ♌
6:57 ☉ △ ☾
7:52 ☾ △ ⚷
18:50 ☾ □ ♆
18:52 ☾ △ ☿ v/c
19:12 ☉ △ ⚷
19:51 ☾ → ♑

☉ 23°04' ♌ • ☾ 25°39' ♐ • ☿R 29°41' ♌ • ♀ 12°40' ♍ • ♂ 17°11' ♊ • ♃ 16°48' ♊ • ♄R 17°46' ♓
⚷R 23°22' ♈ • ♅ 27°08' ♉ • ♆R 29°27' ♓ • ♇R 0°20' ♒ • ☊ 7°36' ♈ • ⚸ 8°50' ♎ • ⚳ 16°25' ♓

16
FREITAG

0:00 ☾ ↕ ♑
7:30 ♂ □ ♄
9:12 ☾ □ ☊
11:46 ☾ □ ⚸
21:08 ☾ △ ♀

☉ 24°02' ♌ • ☾ 9°07' ♑ • ☿R 28°52' ♌ • ♀ 13°54' ♍ • ♂ 17°50' ♊ • ♃ 16°57' ♊ • ♄R 17°42' ♓
⚷R 23°21' ♈ • ♅ 27°09' ♉ • ♆R 29°25' ♓ • ♇R 0°19' ♒ • ☊ 7°31' ♈ • ⚸ 8°59' ♎ • ⚳ 16°49' ♓

17
SAMSTAG

0:00 ☾ ↕ ♑
0:13 ♃ □ ⚳
1:46 ☾ ⚹ ⚳
2:49 ☾ ⚹ ♄
12:30 ☾ □ ⚷
18:59 ☾ △ ♅
22:43 ☾ ⚹ ♆ v/c
23:44 ☾ → ♒

☉ 25°00' ♌ • ☾ 23°02' ♑ • ☿R 28°01' ♌ • ♀ 15°07' ♍ • ♂ 18°28' ♊ • ♃ 17°06' ♊ • ♄R 17°38' ♓
⚷R 23°20' ♈ • ♅ 27°10' ♉ • ♆R 29°24' ♓ • ♇R 0°18' ♒ • ☊ 7°24' ♈ • ⚸ 9°07' ♎ • ⚳ 17°13' ♓

18
SONNTAG

0:00 ☾ ↕ ♒
0:13 ☾ ☌ ♇
8:31 ♄ ☌ ⚳
11:46 ☿ □ ♅
11:53 ☾ ⚹ ☊
15:09 ☾ △ ⚸

☉ 25°57' ♌ • ☾ 7°22' ♒ • ☿R 27°10' ♌ • ♀ 16°21' ♍ • ♂ 19°07' ♊ • ♃ 17°15' ♊ • ♄R 17°34' ♓
⚷R 23°19' ♈ • ♅ 27°10' ♉ • ♆R 29°23' ♓ • ♇R 0°17' ♒ • ☊ 7°18' ♈ • ⚸ 9°16' ♎ • ⚳ 17°38' ♓

Uns auf den Arm zu nehmen, macht vieles leichter. **Löwe-Sonne** bildet eine **Konjunktion** mit **Merkur** und ein **Quadrat** zu **Stier-Uranus** (19.8.). Wenn uns jetzt kein Licht aufgeht, wann dann? Vertrauen ist gut, Kontrolle ist besser? Mit **Zwillinge-Jupiter** im **Quadrat** zu **Fische-Saturn** (19.8.) säen wir lieber Zweifel, als uns in Vertrauen zu üben. Das bekommt weder uns noch unseren Liebsten. **Jungfrau-Venus** läuft ins **Quadrat** zu **Zwillinge-Jupiter** und in **Opposition** zu **Fische-Saturn** (19.8.). Mit **Jungfrau-Venus** im **Quadrat** zu **Zwillinge-Mars** (23.8.) haben Kalkulationstabellen in der Liebe nichts zu suchen. Oder etwa doch?

Vollmond in Wassermann Quadrat Stier-Uranus (19.8.):
Wäre es nicht toll, von uns selbst am meisten überrascht zu werden?

19
MONTAG
○20:26

0:00 ☾ ↕ ♒
3:58 ☉ ☌ ☿
4:21 ☾ △ ♃
7:53 ♀ □ ♃
8:08 ☾ △ ♂
10:29 ♀ ☍ ♄
14:01 ☾ ⚹ ⚷
18:32 ☾ ☍ ☿
18:45 ☉ □ ♅
20:19 ☾ □ ♅
20:26 ☉ ☍ ☾ v/c
23:46 ♃ □ ♄

☉ 26°55' ♌ • ☾ 22°03' ♒ • ☿R 26°19' ♌ • ♀ 17°34' ♍ • ♂ 19°46' ♊ • ♃ 17°23' ♊ • ♄R 17°29' ♓
⚷R 23°17' ♈ • ♅ 27°11' ♉ • ♆R 29°21' ♓ • ♇R 0°15' ♒ • ☊ 7°12' ♈ • ⚸ 9°24' ♎ • ⚳ 18°03' ♓

20
DIENSTAG

0:00 ☾ ↕ ♒
0:51 ☾ → ♓
2:02 ♀ ☍ ⚳

☉ 27°53' ♌ • ☾ 6°56' ♓ • ☿R 25°28' ♌ • ♀ 18°48' ♍ • ♂ 20°24' ♊ • ♃ 17°32' ♊ • ♄R 17°25' ♓
⚷R 23°16' ♈ • ♅ 27°12' ♉ • ♆R 29°20' ♓ • ♇R 0°14' ♒ • ☊ 7°08' ♈ • ⚸ 9°32' ♎ • ⚳ 18°28' ♓

21
MITTWOCH

0:00 ☾ ↕ ♓
4:45 ☾ ☌ ♄
5:10 ☾ □ ♃
7:02 ☾ ☌ ⚳
8:44 ☾ ☍ ♀
10:34 ☾ □ ♂
20:32 ☾ ⚹ ♅
23:54 ☾ ☌ ♆ v/c

☉ 28°50' ♌ • ☾ 21°54' ♓ • ☿R 24°41' ♌ • ♀ 20°01' ♍ • ♂ 21°02' ♊ • ♃ 17°40' ♊ • ♄R 17°21' ♓
⚷R 23°15' ♈ • ♅ 27°12' ♉ • ♆R 29°19' ♓ • ♇R 0°13' ♒ • ☊ 7°05' ♈ • ⚸ 9°40' ♎ • ⚳ 18°53' ♓

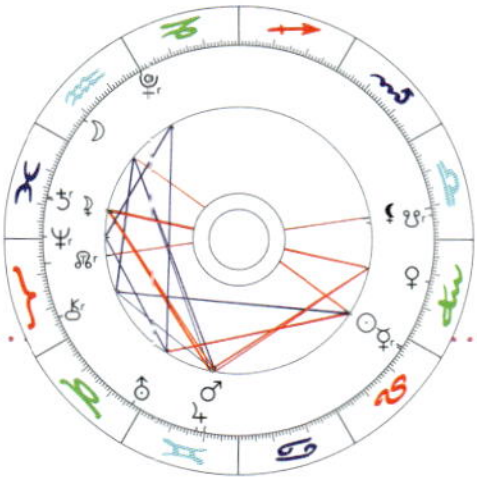

34. WOCHE
AUGUST

22
DONNERSTAG

0:00 ☾ ↕ ♓
1:01 ☾ → ♈
1:21 ☾ ⚹ ♀
12:26 ☾ ☌ ☊
16:53 ☾ ☍ ⚸
16:55 ☉ → ♍

☉29°48'♌ • ☾6°48'♈ • ☿R 23°56'♌ • ♀21°15'♍ • ♂21°41'♊ • ♃17°49'♊ • ♄R 17°17'♓
⚷R 23°13'♈ • ♅27°13'♉ • ♆R 29°17'♓ • ♇R 0°12'♒ • ☊7°04'♈ • ⚸9°47'♎ • ⚳19°19'♓

23
FREITAG

0:00 ☾ ↕ ♈
5:20 ♀ □ ♂
6:05 ☾ ⚹ ♃
13:21 ☾ ⚹ ♂
14:20 ☿ △ ⚷
14:44 ☾ △ ☿
14:45 ☾ ☌ ⚷ v/c

☉0°46'♍ • ☾21°32'♈ • ☿R 23°16'♌ • ♀22°29'♍ • ♂22°19'♊ • ♃17°57'♊ • ♄R 17°13'♓
⚷R 23°12'♈ • ♅27°13'♉ • ♆R 29°16'♓ • ♇R 0°10'♒ • ☊7°05'♈ • ⚸9°55'♎ • ⚳19°45'♓

24
SAMSTAG

0:00 ☾ ↕ ♈
2:00 ☾ → ♉
2:16 ☾ □ ♀
4:22 ☉ △ ☾
6:31 ☿ ⚹ ♂
20:34 ♂ ⚹ ⚷

☉1°44'♍ • ☾5°59'♉ • ☿R 22°40'♌ • ♀23°42'♍ • ♂22°57'♊ • ♃18°05'♊ • ♄R 17°08'♓
⚷R 23°11'♈ • ♅27°14'♉ • ♆R 29°14'♓ • ♇R 0°09'♒ • ☊7°06'♈ • ⚸10°02'♎ • ⚳20°12'♓

25
SONNTAG

0:00 ☾ ↕ ♉
6:46 ☾ ⚹ ♄
12:54 ☾ ⚹ ⚳
15:25 ☾ □ ☿
21:03 ☾ △ ♀

☉2°42'♍ • ☾20°08'♉ • ☿R 22°11'♌ • ♀24°56'♍ • ♂23°34'♊ • ♃18°13'♊ • ♄R 17°04'♓
⚷R 23°09'♈ • ♅27°14'♉ • ♆R 29°13'♓ • ♇R 0°08'♒ • ☊7°07'♈ • ⚸10°09'♎ • ⚳20°39'♓

Mit unserem Körper stimmt etwas nicht. Oder mit unserem Verhältnis zu ihm. Er müsste dringend mal durchgeschüttelt werden. Endlich aufwachen. Sich lebendig anfühlen. Energiegeladen. Wie unter Strom stehend. 1000 Volt. Mindestens. Lustvoll und vibrierend. Alle Sinne wach und geschärft. Was für ein neues Daseinsgefühl das wäre. Anders ernähren müssten wir ihn, unseren Körper. Ihn nicht ständig betäuben. Ihn so nehmen, wie er ist. Ihn umarmen. Ihn mögen. Das würde vieles ändern. Auch in geistiger Hinsicht. Wir würden uns freier fühlen. Wären mehr präsent. Voll da. In jedem Moment. Ja, er ist vergänglich, unser Körper. Er altert. Ist häufiger müde und erschöpft. Manchmal auch krank. Gerade dann braucht er sie am meisten, unsere Geistesgegenwart. Unsere Akzeptanz. Wir und unser Körper. Das ist die längste Beziehung, die wir haben werden. Irgendwie verrückt. Und gleichzeitig so selbstverständlich und normal. Und am Ende wird er von uns verlassen. Einfach so. Oder wir von ihm. Doch davor ist jede Menge Leben. Kosten wir es aus. Mit ihm. In vollen Zügen.

Der befreite Körper

Uranus bewegt sich seit
6. März 2019 bis 26. April 2026 im Zeichen Stier.
Zu Jahresbeginn 2024 steht Uranus
auf 19°23‘ rückläufig in Stier.
Er wird am 27. Januar auf 19°05‘ Stier direktläufig
und am 1. September auf 27°15‘ Stier rückläufig.
Zum Jahresende steht er auf 23°20‘ rückläufig in Stier.

Was uns nicht in den Kram passt, dem wohnt Sprengkraft inne. **Löwe-Merkur** wird **direktläufig** (28.8.) und **Stier-Uranus** wird **rückläufig** (1.9.). Unsere Wertvorstellungen sind schon vor geraumer Zeit ins Schwanken geraten. Jetzt könnte der berühmte Tropfen fallen, der das Fass zum Überlaufen bringt. Was derzeit in unserem Kopf vorgeht, ist nicht normal – und das ist gut so, auch wenn wir es nicht immer auf Anhieb verstehen.
Unser Kalkül könnte aufgehen, muss aber nicht. Mit **Jungfrau-Venus** in **Opposition** zu **Fische-Neptun** (28.8.) haben die Götter ihre Hände mit im Spiel. Das zeigt sich in allem, was wir lieben. **Venus wechselt** in **Waage** und bildet ein **Trigon** zu **Wassermann-Pluto** (29.8.). Geteilte Freude ist doppelte Freude. Falls nicht, haben wir uns verkalkuliert.

26
MONTAG
◑ 11:26

0:00 ☾ ↕ ♉
0:15 ☾ ☌ ⛢
3:40 ☾ ⚹ ♆ v/c
5:04 ☾ → ♊
5:17 ☾ △ ♇
11:26 ☉ □ ☾
17:35 ☾ ⚹ ☊
23:14 ☾ △ ⚸

☉ 3°40' ♍ • ☾ 3°58' ♊ • ☿R 21°49' ♌ • ♀ 26°09' ♍ • ♂ 24°12' ♊ • ♃ 18°21' ♊ • ♄R 17°00' ♓
⚷R 23°08' ♈ • ⛢ 27°14' ♉ • ♆R 29°12' ♓ • ♇R 0°07' ♒ • ☊ 7°08' ♈ • ⚸ 10°16' ♎ • ⚳ 21°06' ♓

27
DIENSTAG

0:00 ☾ ↕ ♊
9:23 ♀ △ ⛢
11:02 ☾ □ ♄
13:50 ☾ ☌ ♃
19:17 ☾ ⚹ ☿
19:39 ☾ □ ⚳
22:10 ☾ ⚹ ⚷

☉ 4°37' ♍ • ☾ 17°28' ♊ • ☿R 21°33' ♌ • ♀ 27°23' ♍ • ♂ 24°50' ♊ • ♃ 18°28' ♊ • ♄R 16°55' ♓
⚷R 23°06' ♈ • ⛢ 27°15' ♉ • ♆R 29°10' ♓ • ♇R 0°06' ♒ • ☊ 7°07' ♈ • ⚸ 10°23' ♎ • ⚳ 21°33' ♓

28
MITTWOCH

0:00 ☾ ↕ ♊
2:00 ☾ ☌ ♂
7:50 ☾ □ ♀
9:13 ☾ □ ♆ v/c
10:47 ☾ → ♋
21:50 ☉ ⚹ ☾
22:24 ♀ ☍ ♆
23:15 ☿ SD
23:49 ☾ □ ☊

☉ 5°35' ♍ • ☾ 0°40' ♋ • ☿R 21°25' ♌ • ♀ 28°36' ♍ • ♂ 25°27' ♊ • ♃ 18°36' ♊ • ♄R 16°51' ♓
⚷R 23°05' ♈ • ⛢ 27°15' ♉ • ♆R 29°09' ♓ • ♇R 0°05' ♒ • ☊ 7°05' ♈ • ⚸ 10°29' ♎ • ⚳ 22°01' ♓

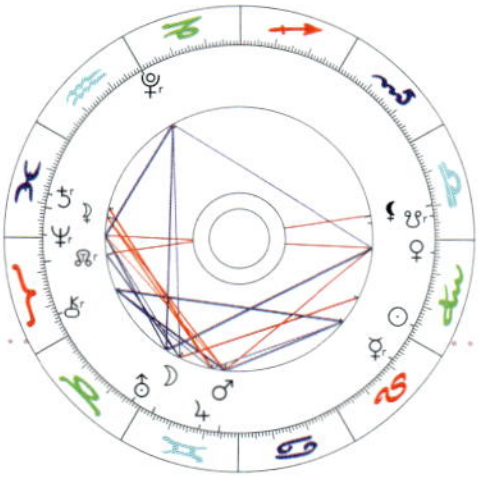

0:00 ☾ ↕ ♋
6:20 ☾ □ ⚸
15:23 ♀ → ♎
16:32 ♀ △ ⯓
17:57 ☾ △ ♄

29
DONNERSTAG

☉6°33' ♍ • ☾13°35' ♋ • ☿21°26' ♌ • ♀29°50' ♍ • ♂26°04' ♊ • ♃18°43' ♊ • ♄R 16°46' ♓
⚷R 23°03' ♈ • ⛢27°15' ♉ • ♆R 29°07' ♓ • ⯓R 0°04' ♒ • ☊7°02' ♈ • ⚸10°35' ♎ • ⚳22°29' ♓

0:00 ☾ ↕ ♋
5:26 ☾ △ ⚳
5:50 ☾ □ ⚷
13:54 ☾ ✶ ⛢
17:24 ☾ △ ♆ v/c
19:09 ☾ → ♌
19:14 ☾ ☍ ⯓
22:10 ☾ ✶ ♀

30
FREITAG

☉7°31' ♍ • ☾26°16' ♋ • ☿21°34' ♌ • ♀1°03' ♎ • ♂26°42' ♊ • ♃18°50' ♊ • ♄R 16°42' ♓
⚷R 23°01' ♈ • ⛢27°15' ♉ • ♆R 29°06' ♓ • ⯓R 0°03' ♒ • ☊6°57' ♈ • ⚸10°41' ♎ • ⚳22°57' ♓

0:00 ☾ ↕ ♌
8:25 ☾ △ ☊
16:00 ☾ ✶ ⚸

31
SAMSTAG

☉8°29' ♍ • ☾8°44' ♌ • ☿21°51' ♌ • ♀2°17' ♎ • ♂27°19' ♊ • ♃18°57' ♊ • ♄R 16°37' ♓
⚷R 22°59' ♈ • ⛢27°15' ♉ • ♆R 29°04' ♓ • ⯓R 0°02' ♒ • ☊6°52' ♈ • ⚸10°46' ♎ • ⚳23°25' ♓

0:00 ☾ ↕ ♌
8:10 ☾ ✶ ♃
14:36 ☾ ☌ ☿
15:51 ☾ △ ⚷
17:18 ⛢SR

SEPTEMBER
Antikriegstag

1
SONNTAG

☉9°28' ♍ • ☾21°00' ♌ • ☿22°16' ♌ • ♀3°30' ♎ • ♂27°56' ♊ • ♃19°04' ♊ • ♄R 16°33' ♓
⚷R 22°58' ♈ • ⛢27°15' ♉ • ♆R 29°03' ♓ • ⯓R 0°01' ♒ • ☊6°48' ♈ • ⚸10°51' ♎ • ⚳23°54' ♓

Es sind immer noch Altlasten zu bereinigen. **Pluto wechselt rückläufig** von Wassermann nach **Steinbock** zurück (2.9.). Wir dürfen nichts schuldig bleiben. Dennoch ist die Versuchung groß, anderen eins auszuwischen **Zwillinge-Mars** bildet ein **Quadrat** zu **Fische-Neptun** (3.9.), ehe er in **Krebs wechselt** (4.9.). Vernunft und Vertrauen sind gefragt.

Der rettende Einfall, spätestens jetzt müsste er uns kommen. **Löwe-Merkur** tritt zum dritten Mal in Folge ins **Quadrat** zu **Stier-Uranus** (7.9.). Es ist schon verrückt, wie schwer manche Dinge zu begreifen sind. Womöglich liegt es an uns, wer weiß? Mit **Waage-Venus** am absteigenden **Mondknoten** (4.9.) und am **Lilith-Pol** (7.9.) sollten wir Gerechtigkeit walten lassen

Neumond in Jungfrau Opposition Fische-Saturn (3.9.): Ordnung muss sein.

2
MONTAG

0:00 ☾ ↕ ♌
0:21 ☾ □ ♅
2:09 ♇ → ♑
2:25 ☾ ⚹ ♂ v/c
5:48 ☾ → ♍
15:47 ☿ △ ⚷

☉10°26' ♍ • ☾3°07' ♍ • ☿22°50' ♌ • ♀4°44' ♎ • ♂28°32' ♊ • ♃19°11' ♊ • ♄R 16°28' ♓
⚷R 22°56' ♈ • ♅R 27°15' ♉ • ♆R 29°01' ♓ • ♇R 30°00' ♑ • ☋6°44' ♈ • ⚸10°56' ♎ • ⯘24°22' ♓

3
DIENSTAG
● 3:55

0:00 ☾ ↕ ♍
3:55 ☉ ☌ ☾
6:10 ♂ □ ♆
14:37 ☾ ☍ ♄
20:34 ☾ □ ♃

☉11°24' ♍ • ☾15°05' ♍ • ☿23°31' ♌ • ♀5°57' ♎ • ♂29°09' ♊ • ♃19°18' ♊ • ♄R 16°24' ♓
⚷R 22°54' ♈ • ♅R 27°15' ♉ • ♆R 29°00' ♓ • ♇R 29°59' ♑ • ☋6°41' ♈ • ⚸11°01' ♎ • ⯘24°51' ♓

4
MITTWOCH

0:00 ☾ ↕ ♍
1:59 ♀ ☍ ☋
8:36 ☾ ☍ ⯘
12:37 ☾ △ ♅
16:05 ☾ ☍ ♆
18:00 ☾ □ ♂
18:06 ☾ △ ♇ v/c
18:11 ☾ → ♎
21:46 ♂ → ♋

☉12°22' ♍ • ☾26°57' ♍ • ☿24°20' ♌ • ♀7°10' ♎ • ♂29°45' ♊ • ♃19°24' ♊ • ♄R 16°19' ♓
⚷R 22°52' ♈ • ♅R 27°15' ♉ • ♆R 28°58' ♓ • ♇R 29°58' ♑ • ☋6°39' ♈ • ⚸11°05' ♎ • ⯘25°21' ♓

36. WOCHE
SEPTEMBER

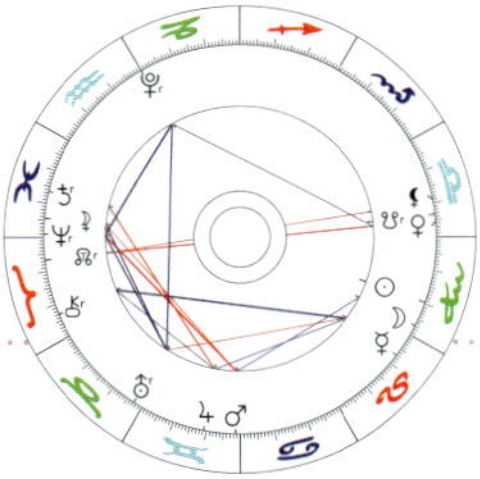

0:00 ☾ ↕ ♎
7:43 ☾ ☍ ☊
11:12 ☾ ☌ ♀
16:55 ☾ ☌ ⚸

5
DONNERSTAG

☉13°20' ♍ • ☾8°45' ♎ • ☿25°17' ♌ • ♀8°24' ♎ • ♂0°21' ♋ • ♃19°30' ♊ • ♄R 16°14' ♓
⚷R 22°50' ♈ • ♅R 27°15' ♉ • ♆R 28°56' ♓ • ♇R 29°57' ♑ • ☊6°39' ♈ • ⚸11°09' ♎ • ⚳25°50' ♓

0:00 ☾ ↕ ♎
10:08 ☾ △ ♃
16:39 ☾ ☍ ⚷

6
FREITAG

☉14°18' ♍ • ☾20°31' ♎ • ☿26°21' ♌ • ♀9°37' ♎ • ♂0°58' ♋ • ♃19°37' ♊ • ♄R 16°10' ♓
⚷R 22°48' ♈ • ♅R 27°15' ♉ • ♆R 28°55' ♓ • ♇R 29°56' ♑ • ☊6°40' ♈ • ⚸11°12' ♎ • ⚳26°20' ♓

0:00 ☾ ↕ ♎
1:11 ☾ ⚹ ☿
6:21 ☿ □ ♅
7:08 ☾ □ ♇ v/c
7:18 ☾ → ♏
10:23 ☾ △ ♂
20:24 ♀ ☌ ⚸

7
SAMSTAG

☉15°17' ♍ • ☾2°19' ♏ • ☿27°32' ♌ • ♀10°51' ♎ • ♂1°34' ♋ • ♃19°43' ♊ • ♄R 16°05' ♓
⚷R 22°46' ♈ • ♅R 27°15' ♉ • ♆R 28°53' ♓ • ♇R 29°55' ♑ • ☊6°41' ♈ • ⚸11°15' ♎ • ⚳26°50' ♓

0:00 ☾ ↕ ♏
6:35 ☉ ☍ ♄
7:50 ♅ ⚹ ⚳
15:37 ☾ △ ♄
16:29 ☉ ⚹ ☾

8
SONNTAG

☉16°15' ♍ • ☾14°12' ♏ • ☿28°49' ♌ • ♀12°04' ♎ • ♂2°09' ♋ • ♃19°48' ♊ • ♄R 16°01' ♓
⚷R 22°44' ♈ • ♅R 27°14' ♉ • ♆R 28°52' ♓ • ♇R 29°54' ♑ • ☊6°42' ♈ • ⚸11°18' ♎ • ⚳27°20' ♓

Allmählich bekommen wir die Dinge wieder besser in den Griff. **Merkur wechselt** in **Jungfrau** (9.9.), da muss es ordentlich zugehen, sonst funktioniert unsere Verdauung schlecht. Pragmatismus ist gefragt. Es bekommt uns nicht, wenn unsere Interessen zu breit gestreut sind. Mit **Jungfrau-Sonne** im **Quadrat** zu **Zwillinge-Jupiter** (12.9.) ist alles auszusortieren, was uns vom Wesentlichen ablenkt. Gelingt uns dies, sind wir tatsächlich klüger, als wir denken.

Von Sehnsucht überwältigt, im schöpferischen Rausch schwelgend, den Göttern verbunden und der Erleuchtung nahe. Träumen wir nur oder ist das real? Mit **Fische-Neptun am Priapus-Pol** (11.9.) lässt sich das nicht klar unterscheiden. Wozu auch?

9
MONTAG

0:00 ☾ ↕ ♏
8:50 ☿ → ♍
13:58 ☾ ☍ ⛢
15:17 ☾ △ ⚳
17:07 ☾ △ ♆
19:11 ☾ ⚹ ♀ v/c
19:25 ☾ → ♐
20:50 ☾ □ ☿

☉ 17°13' ♍ • ☾ 26°14' ♏ • ☿ 0°11' ♍ • ♀ 13°17' ♎ • ♂ 2°45' ♋ • ♃ 19°54' ♊ • ♄R 15°56' ♓
⚷R 22°42' ♈ • ⛢R 27°14' ♉ • ♆R 28°50' ♓ • ♇R 29°53' ♑ • ☊ 6°44' ♈ • ⚸ 11°20' ♎ • ⚳ 27°50' ♓

10
DIENSTAG

0:00 ☾ ↕ ♐
8:36 ☾ △ ☊
17:33 ☾ ⚹ ⚸

☉ 18°11' ♍ • ☾ 8°30' ♐ • ☿ 1°39' ♍ • ♀ 14°31' ♎ • ♂ 3°20' ♋ • ♃ 20°00' ♊ • ♄R 15°51' ♓
⚷R 22°40' ♈ • ⛢R 27°13' ♉ • ♆R 28°48' ♓ • ♇R 29°52' ♑ • ☊ 6°45' ♈ • ⚸ 11°22' ♎ • ⚳ 28°20' ♓

11
MITTWOCH
◐ 8:05

0:00 ☾ ↕ ♐
0:48 ☾ ⚹ ♀
2:02 ☾ □ ♄
8:05 ☉ □ ☾
9:15 ♆ ☌ ⚳
10:07 ☾ ☍ ♃
14:55 ☾ △ ⚷

☉ 19°10' ♍ • ☾ 21°05' ♐ • ☿ 3°11' ♍ • ♀ 15°44' ♎ • ♂ 3°56' ♋ • ♃ 20°05' ♊ • ♄R 15°47' ♓
⚷R 22°38' ♈ • ⛢R 27°13' ♉ • ♆R 28°47' ♓ • ♇R 29°51' ♑ • ☊ 6°45' ♈ • ⚸ 11°24' ♎ • ⚳ 28°50' ♓

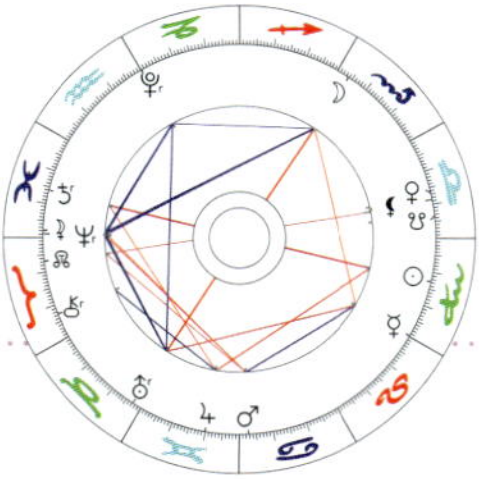

37. WOCHE
SEPTEMBER

12
DONNERSTAG

0:00 ☽ ↕ ♐
2:20 ☽ □ ♆ v/c
3:04 ☽ □ ⚳
4:37 ☽ → ♑
5:42 ☿ ✶ ♂
12:53 ☉ □ ♃
12:56 ☽ ☍ ♂
13:36 ☽ △ ☿
16:57 ☽ □ ☊

☉20°08' ♍ • ☽4°01' ♑ • ☿4°47' ♍ • ♀16°57' ♎ • ♂4°31' ♋ • ♃20°10' ♊ • ♄R 15°42' ♓
⚷R 22°36' ♈ • ♅R 27°12' ♉ • ♆R 28°45' ♓ • ♇R 29°51' ♑ • ☊6°45' ♈ • ⚸11°25' ♎ • ⚳29°21' ♓

13
FREITAG

0:00 ☽ ↕ ♑
1:23 ☽ □ ⚸
8:53 ☽ ✶ ♄
10:34 ♇ ✶ ⚳
13:30 ☽ □ ♀
18:26 ⚳ → ♈
19:00 ☉ △ ☽
21:01 ☽ □ ⚷

☉21°07' ♍ • ☽17°24' ♑ • ☿6°27' ♍ • ♀18°11' ♎ • ♂5°06' ♋ • ♃20°15' ♊ • ♄R 15°38' ♓
⚷R 22°33' ♈ • ♅R 27°12' ♉ • ♆R 28°43' ♓ • ♇R 29°50' ♑ • ☊6°43' ♈ • ⚸11°26' ♎ • ⚳29°52' ♓

14
SAMSTAG

0:00 ☽ ↕ ♑
5:04 ☽ △ ♅
7:40 ☽ ✶ ♆
9:35 ☽ ☌ ♇ v/c
9:53 ☽ → ♒
10:28 ☽ ✶ ⚳
21:14 ☽ ✶ ☊

☉22°05' ♍ • ☽1°14' ♒ • ☿8°10' ♍ • ♀19°24' ♎ • ♂5°41' ♋ • ♃20°20' ♊ • ♄R 15°33' ♓
⚷R 22°31' ♈ • ♅R 27°11' ♉ • ♆R 28°42' ♓ • ♇R 29°49' ♑ • ☊6°42' ♈ • ⚸11°27' ♎ • ⚳0°23' ♈

15
SONNTAG

0:00 ☽ ↕ ♒
5:13 ☽ △ ⚸
7:34 ♀ △ ♃
20:05 ☽ △ ♃
21:09 ☽ △ ♀
23:24 ☽ ✶ ⚷

☉23°03' ♍ • ☽15°32' ♒ • ☿9°55' ♍ • ♀20°37' ♎ • ♂6°15' ♋ • ♃20°25' ♊ • ♄R 15°29' ♓ •
⚷R 22°29' ♈ • ♅R 27°11' ♉ • ♆R 28°40' ♓ • ♇R 29°48' ♑ • ☊6°40' ♈ • ⚸11°27' ♎ • ⚳0°54' ♈

Manches Glück ist nur zu zweit zu haben. Mit **Waage-Venus** in **Opposition** zu **Widder-Chiron** (16.9.) schmerzt uns das Alleinsein noch mehr als sonst. Warum versuchen wir dennoch immer wieder, als Einzelkämpfer zu bestehen? Mit **Jungfrau-Merkur** in **Opposition** zu **Fische-Saturn** (18.9.) und im **Quadrat** zu **Zwillinge-Jupiter** (21.9.) stoßen wir schnell an Grenzen, sobald wir den Mund zu voll nehmen. Manche Gläser, die uns halbvoll erscheinen, sind plötzlich schon halbleer.

Solange es uns an Vertrauen fehlt, kommen wir mit **Jungfrau-Sonne** im **Trigon** zu **Stier-Uranus** (19.9.) und in **Opposition** zu **Fische-Neptun** (21.9.) nicht aus unserem Hamsterrad heraus.

Vollmond in Fische Konjunktion Neptun (18.9.): Woran wir uns seelisch berauschen, bedarf einer sorgfältigen Auslese.

16
MONTAG

0:00 ☾ ↕ ♒
4:25 ♂ □ ☊
7:04 ☾ □ ♅ v/c
11:39 ☾ → ♓
23:03 ☾ △ ♂
23:29 ♀ ☍ ⚷

☉24°02'♍ • ☾0°13'♓ • ☿11°42'♍ • ♀21°50'♎ • ♂6°50'♋ • ♃20°29'♊ • ♄R 15°24'♓
⚷R 22°27'♈ • ♅R 27°10'♉ • ♆R 28°39'♓ • ♇R 29°48'♑ • ☊6°39'♈ • ⚸11°26'♎ • ⚳1°25'♈

17
DIENSTAG

0:00 ☾ ↕ ♓
8:55 ☾ ☍ ☿
12:10 ☾ ☌ ♄
20:30 ☾ □ ♃

☉25°00'♍ • ☾15°13'♓ • ☿13°31'♍ • ♀23°04'♎ • ♂7°24'♋ • ♃20°33'♊ • ♄R 15°20'♓
⚷R 22°24'♈ • ♅R 27°09'♉ • ♆R 28°37'♓ • ♇R 29°47'♑ • ☊6°37'♈ • ⚸11°26'♎ • ⚳1°56'♈

18
MITTWOCH
○ 4:34

partielle Mondfinsternis

0:00 ☾ ↕ ♓
4:34 ☉ ☍ ☾
6:53 ☾ ✶ ♅
9:10 ☾ ☌ ♆
10:50 ☿ ☍ ♄
11:02 ☾ ✶ ♇ v/c
11:24 ☾ → ♈
15:23 ☾ ☌ ⚳
21:50 ☾ ☌ ☊

☉25°59'♍ • ☾0°23'♈ • ☿15°21'♍ • ♀24°17'♎ • ♂7°58'♋ • ♃20°37'♊ • ♄R 15°15'♓
⚷R 22°22'♈ • ♅R 27°08'♉ • ♆R 28°35'♓ • ♇R 29°46'♑ • ☊6°37'♈ • ⚸11°25'♎ • ⚳2°27'♈

38. WOCHE
SEPTEMBER

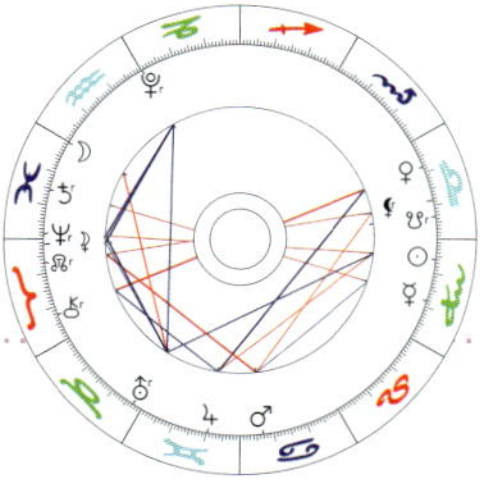

0:00 ☽ ↕ ♈
0:27 ☽ □ ♂
5:24 ☽ ☍ ⚸
16:04 ☉ △ ♅
20:11 ☽ ✶ ♃
22:43 ☽ ☌ ⚷

19
DONNERSTAG

☉26°57' ♍ • ☽15°34' ♈ • ☿17°11' ♍ • ♀25°30' ♎ • ♂8°32' ♋ • ♃20°41' ♊ • ♄R 15°11' ♓
⚷R 22°19' ♈ • ♅R 27°08' ♉ • ♆R 28°34' ♓ • ♇R 29°46' ♑ • ☊6°37' ♈ • ⚸11°23' ♎ • ⚳2°59' ♈

0:00 ☽ ↕ ♈
5:13 ☽ ☍ ♀
10:38 ☽ □ ♇ v/c
11:02 ☽ → ♉

Weltkindertag

20
FREITAG

☉27°56' ♍ • ☽0°36' ♉ • ☿19°02' ♍ • ♀26°43' ♎ • ♂9°06' ♋ • ♃20°45' ♊ • ♄R 15°06' ♓
⚷R 22°17' ♈ • ♅R 27°07' ♉ • ♆R 28°32' ♓ • ♇R 29°45' ♑ • ☊6°37' ♈ • ⚸11°21' ♎ • ⚳3°30' ♈

0:00 ☽ ↕ ♉
2:16 ☉ ☍ ♆
2:18 ☽ ✶ ♂
10:49 ☿ □ ♃
11:27 ☽ ✶ ♄
22:30 ☽ △ ☿

Weltfriedenstag

21
SAMSTAG

☉28°55' ♍ • ☽15°22' ♉ • ☿20°54' ♍ • ♀27°56' ♎ • ♂9°39' ♋ • ♃20°49' ♊ • ♄R 15°02' ♓
⚷R 22°15' ♈ • ♅R 27°06' ♉ • ♆R 28°30' ♓ • ♇R 29°44' ♑ • ☊6°38' ♈ • ⚸11°19' ♎ • ⚳4°02' ♈

0:00 ☽ ↕ ♉
7:29 ☽ ☌ ♅
8:12 ☉ △ ♇
9:50 ☽ ✶ ♆
11:57 ☽ △ ♇
12:14 ☉ △ ☽ v/c
12:24 ☽ → ♊
14:43 ☉ → ♎
20:28 ☽ ✶ ⚳
23:15 ♀ □ ♇
23:43 ☽ ✶ ☊

Herbstanfang

22
SONNTAG

☉29°53' ♍ • ☽29°46' ♉ • ☿22°45' ♍ • ♀29°09' ♎ • ♂10°13' ♋ • ♃20°52' ♊ • ♄R 14°57' ♓
⚷R 22°12' ♈ • ♅R 27°05' ♉ • ♆R 28°29' ♓ • ♇R 29°44' ♑ • ☊6°39' ♈ • ⚸11°16' ♎ • ⚳4°33' ♈

Das schöpferische Chaos, es überwältigt und vereinnahmt uns. Was für ein lustvoller Zustand. Grenzenlose Ekstase pur. Rausch ohne Ende. Schaffen und Schöpfen. Alles strömt und fließt. Von oben nach unten. Von unten nach oben. In uns hinein. Durch uns hindurch. Aus uns heraus. Voller Hingabe. Voller Sehnsucht nach Erlösung. Alles wie ein großer Traum.

Doch Vorsicht! Alarmstufe Rot! Unser innerer Kritiker und Kontrolleur schlägt gnadenlos zu. Was nicht unserer inneren Ordnung entspricht, kommt auf Messers Schneide, wird genauestens selektiert und ausgemustert. Unser Gespür für das Nützliche ist gefordert. Keine seelenlosen Verrichtungen. Kein Schubladendenken. Keine Scheinheiligkeit, die so tut als ob. Wem dienen unsere Ekstase und unsere Schöpferkraft? Unserem Wohlergehen. Wem sonst?

Priapus-Pol Opposition Lilith-Pol:
6. März 2024 auf 17°12' Fische/Jungfrau
19. Juni 2024 auf 28°40' Fische/Jungfrau
3. Oktober 2024 auf 10°25' Widder/Waage

Kontrolle und Ekstase

Alle 3½ Monate liegen sich der erdnächste (Priapus) und der erdfernste (Lilith) Punkt der Mondbahn um die Erde exakt gegenüber. In diesen spannungsreichen Phasen sind unsere Selbstfürsorgekräfte besonders gefordert.

Verlustängste sind einmal mehr unser größter Feind. Nach ihrem **Quadrat** zu **Pluto** (22.9.) **wechselt Venus** von Waage nach **Skorpion** (23.9.). Alles, was wir lieben, hat auch eine dunkle Seite. Sie zu leugnen, macht alles nur schlimmer. Warum ist es so schwer zu begreifen, dass Zuneigung sich nicht erzwingen lässt?

Es gilt, vorbereitet zu sein, denn die großen Lebensfragen klopfen bei uns an. **Merkur** bildet ein **Trigon** zu **Uranus** (24.9.), eine **Opposition** zu **Fische-Neptun** (25.9.) und ein **Trigon** zu **Steinbock-Pluto** (26.9.), eher er anschließend in **Waage wechselt** (26.9.). Manche Dinge begreifen wir erst durch den Austausch mit anderen. Also lasst uns miteinander reden, über Gott, die Welt, die Liebe und was uns sonst noch wichtig ist.

23
MONTAG

0:00 ☾ ↕ ♊
4:36 ♀ → ♏
7:37 ☾ △ ⚸
13:58 ☾ □ ♄

☉0°52'♎ • ☾13°45'♊ • ☿24°37'♍ • ♀0°23'♏ • ♂10°46'♋ • ♃20°55'♊ • ♄R 14°53'♓
⚷R 22°10'♈ • ♅R 27°04'♉ • ♆R 28°27'♓ • ♇R 29°43'♑ • ☊6°39'♈ • ⚸11°13'♎ • ⚳5°05'♈

24
DIENSTAG
◑ 20:50

0:00 ☾ ↕ ♊
0:38 ☾ ☌ ♃
2:45 ☾ ⚹ ⚷
5:43 ♂ □ ⚸
10:13 ☾ □ ☿
13:59 ☾ □ ♆ v/c
16:50 ☾ → ♋
19:27 ☿ △ ♅
20:30 ☾ △ ♀
20:50 ☉ □ ☾

☉1°51'♎ • ☾27°19'♊ • ☿26°28'♍ • ♀1°36'♏ • ♂11°19'♋ • ♃20°58'♊ • ♄R 14°49'♓
⚷R 22°07'♈ • ♅R 27°03'♉ • ♆R 28°25'♓ • ♇R 29°43'♑ • ☊6°39'♈ • ⚸11°09'♎ • ⚳5°37'♈

25
MITTWOCH

0:00 ☾ ↕ ♋
3:41 ☾ □ ⚳
4:57 ☾ □ ☊
13:06 ☿ ☍ ♆
13:07 ☾ □ ⚸
14:40 ☾ ☌ ♂
19:51 ☾ △ ♄

☉2°50'♎ • ☾10°29'♋ • ☿28°18'♍ • ♀2°49'♏ • ♂11°52'♋ • ♃21°01'♊ • ♄R 14°45'♓
⚷R 22°05'♈ • ♅R 27°01'♉ • ♆R 28°24'♓ • ♇R 29°42'♑ • ☊6°39'♈ • ⚸11°06'♎ • ⚳6°09'♈

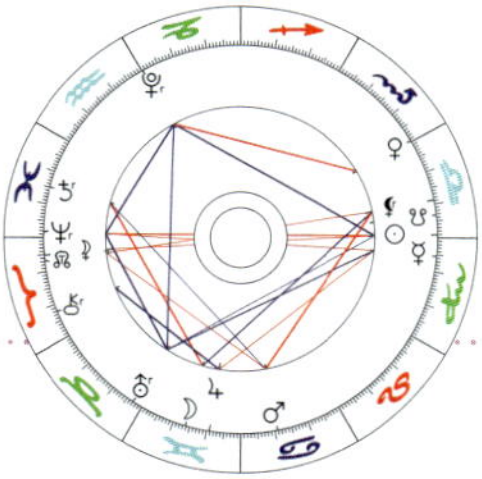

39. WOCHE
SEPTEMBER

0:00 ☾ ↕ ♋
6:14 ☿ △ ♇
9:36 ☾ □ ⚷
10:09 ☿ → ♎
10:28 ☊ ☌ ⚳
19:02 ☾ ⚹ ♅
21:38 ☾ △ ♆

26
DONNERSTAG

☉3°48‘♎ • ☾23°18‘♋ • ☿0°08‘♎ • ♀4°02‘♏ • ♂12°24‘♋ • ♃21°04‘♊ • ♄R 14°40‘♓
⚷R 22°02‘♈ • ♅R 27°00‘♉ • ♆R 28°22‘♓ • ♇R 29°42‘♑ • ☊6°39‘♈ • ⚸11°02‘♎ • ⚳6°41‘♈

0:00 ☾ ↕ ♋
0:12 ☾ ☍ ♇ v/c
0:47 ☾ → ♌
3:18 ☾ ⚹ ☿
9:51 ☉ ⚹ ☾
10:47 ☾ □ ♀
13:37 ☾ △ ☊
14:52 ☾ △ ⚳
21:56 ☾ ⚹ ⚸

27
FREITAG

☉4°47‘♎ • ☾5°49‘♌ • ☿1°58‘♎ • ♀5°15‘♏ • ♂12°57‘♋ • ♃21°06‘♊ • ♄R 14°36‘♓
⚷R 21°59‘♈ • ♅R 26°59‘♉ • ♆R 28°20‘♓ • ♇R 29°42‘♑ • ☊6°39‘♈ • ⚸10°57‘♎ • ⚳7°13‘♈

0:00 ☾ ↕ ♌
18:04 ☾ ⚹ ♃
19:37 ☾ △ ⚷

28
SAMSTAG

☉5°46‘♎ • ☾18°05‘♌ • ☿3°47‘♎ • ♀6°28‘♏ • ♂13°29‘♋ • ♃21°08‘♊ • ♄R 14°32‘♓
⚷R 21°57‘♈ • ♅R 26°58‘♉ • ♆R 28°19‘♓ • ♇R 29°41‘♑ • ☊6°39‘♈ • ⚸10°52‘♎ • ⚳7°46‘♈

0:00 ☾ ↕ ♌
5:36 ☾ □ ♅ v/c
9:25 ☉ ☍ ☊
11:41 ☾ → ♍

29
SONNTAG

☉6°45‘♎ • ☾0°09‘♍ • ☿5°35‘♎ • ♀7°41‘♏ • ♂14°01‘♋ • ♃21°11‘♊ • ♄R 14°28‘♓
⚷R 21°54‘♈ • ♅R 26°56‘♉ • ♆R 28°17‘♓ • ♇R 29°41‘♑ • ☊6°39‘♈ • ⚸10°47‘♎ • ⚳8°18‘♈

Solange unsere Bereitschaft, Kompromisse einzugehen, auf alten Mustern beruht, ist kein Fortschritt in Sicht. Mit **Waage-Sonne** in **Konjunktion** zu **Merkur** am **absteigenden Mondknoten** (29./30.9.) sind unsere netten Worte nicht mehr als Geschwätz von gestern.

Unsere Gefühle geraten in Wallung, was unsere Leidenschaft beflügelt. **Krebs-Mars** und **Skorpion-Venus** stehen im **Trigon** zu **Fische-Saturn** (30.9./4.10.). Es ist unser Bauchgefühl, das darüber entscheidet, wann wir unserem Verlangen Einhalt gebieten müssen. Sobald wir über unsere Grenzen gehen, handeln wir uns Ärger ein.

Neumond in Waage Konjunktion Merkur und Lilith Opposition Priapus (2.10.): Gesunder Egoismus ist die Basis für Gerechtigkeit. Der Rest ist Schweigen.

30
MONTAG

0:00 ☾ ↕ ♍
2:19 ☿ ☍ ☊
4:49 ☾ ⚹ ♀
6:06 ♂ △ ♄
16:38 ☾ ☍ ♄
17:11 ☾ ⚹ ♂
23:09 ☉ ☌ ☿

☉7°44'♎ • ☾12°06'♍ • ☿7°22'♎ • ♀8°54'♏ • ♂14°33'♋ • ♃21°12'♊ • ♄R 14°24'♓
⚷R 21°52'♈ • ♅R 26°55'♉ • ♆R 28°15'♓ • ♇R 29°40'♑ • ☊6°39'♈ • ⚸10°42'♎ • ⚳8°50'♈

OKTOBER

1
DIENSTAG

0:00 ☾ ↕ ♍
6:30 ☾ □ ♃
16:44 ☿ ☍ ⚳
18:00 ☾ △ ♅
20:42 ☾ ☍ ♆
23:39 ☾ △ ♇ v/c

☉8°43'♎ • ☾23°56'♍ • ☿9°08'♎ • ♀10°07'♏ • ♂15°04'♋ • ♃21°14'♊ • ♄R 14°20'♓
⚷R 21°49'♈ • ♅R 26°54'♉ • ♆R 28°14'♓ • ♇R 29°40'♑ • ☊6°39'♈ • ⚸10°36'♎ • ⚳9°23'♈

2
MITTWOCH
● 20:49
ringförmige Sonnenfinsternis

0:00 ☾ ↕ ♍
0:19 ☾ → ♎
7:00 ☿ ☌ ⚸
13:52 ☾ ☍ ☊
20:49 ☉ ☌ ☾
20:57 ☾ ☍ ⚳
21:39 ☾ ☌ ⚸
23:59 ☉ ☍ ⚳

☉9°42'♎ • ☾5°44'♎ • ☿10°54'♎ • ♀11°20'♏ • ♂15°35'♋ • ♃21°16'♊ • ♄R 14°16'♓
⚷R 21°46'♈ • ♅R 26°52'♉ • ♆R 28°12'♓ • ♇R 29°40'♑ • ☊6°39'♈ • ⚸10°31'♎ • ⚳9°55'♈

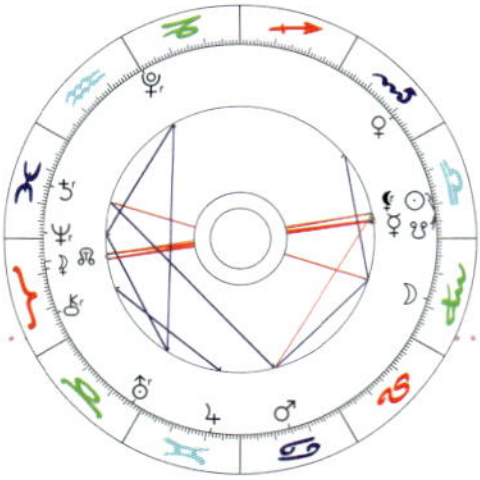

40. WOCHE
SEPTEMBER
OKTOBER

3 DONNERSTAG

Tag der Deutschen Einheit

0:00 ☾ ↕ ♎
0:21 ☾ ☌ ☿
6:03 ☉ ☌ ⚸
9:00 ☾ □ ♂
10:13 ⚸ ☍ ⯞
19:40 ☾ △ ♃
20:32 ☾ ☍ ⚷

☉10°41' ♎ • ☾17°31' ♎ • ☿12°39' ♎ • ♀12°33' ♏ • ♂16°06' ♋ • ♃21°17' ♊ • ♄R 14°12' ♓
⚷R 21°44' ♈ • ♅R 26°51' ♉ • ♆R 28°10' ♓ • ♇R 29°40' ♑ • ☊6°39' ♈ • ⚸10°25' ♎ • ⯞10°28' ♈

4 FREITAG

0:00 ☾ ↕ ♎
12:40 ☾ □ ♇ v/c
13:22 ☾ → ♏
19:04 ♀ △ ♄

☉11°40' ♎ • ☾29°19' ♎ • ☿14°23' ♎ • ♀13°46' ♏ • ♂16°37' ♋ • ♃21°18' ♊ • ♄R 14°08' ♓
⚷R 21°41' ♈ • ♅R 26°49' ♉ • ♆R 28°09' ♓ • ♇R 29°39' ♑ • ☊6°39' ♈ • ⚸10°19' ♎ • ⯞11°01' ♈

5 SAMSTAG

0:00 ☾ ↕ ♏
17:46 ☾ △ ♄
20:28 ☾ ☌ ♀

☉12°39' ♎ • ☾11°12' ♏ • ☿16°06' ♎ • ♀14°59' ♏ • ♂17°08' ♋ • ♃21°19' ♊ • ♄R 14°04' ♓
⚷R 21°38' ♈ • ♅R 26°48' ♉ • ♆R 28°07' ♓ • ♇R 29°39' ♑ • ☊6°38' ♈ • ⚸10°13' ♎ • ⯞11°33' ♈

6 SONNTAG

Erntedankfest

0:00 ☾ ↕ ♏
0:27 ☾ △ ♂
8:37 ☿ □ ♂
19:09 ☾ ☍ ♅
21:46 ☾ △ ♆

☉13°39' ♎ • ☾23°10' ♏ • ☿17°48' ♎ • ♀16°11' ♏ • ♂17°38' ♋ • ♃21°19' ♊ • ♄R 14°01' ♓
⚷R 21°35' ♈ • ♅R 26°46' ♉ • ♆R 28°06' ♓ • ♇R 29°39' ♑ • ☊6°37' ♈ • ⚸10°07' ♎ • ⯞12°06' ♈

Mit anderen in Dialog zu treten, wirbelt unzählige Einfälle auf. **Waage-Merkur** bildet ein **Trigon** zu **Zwillinge-Jupiter** und eine **Opposition** zu **Widder-Chiron** (8.10.). Unsere Gedanken mögen noch so klug sein, an unserer Achillesferse führt dennoch kein Weg vorbei.

Manche Dinge gehen über unseren Verstand und setzen uns dadurch mächtig unter Druck. **Zwillinge-Jupiter** wird **rückläufig** (9.10.) und **Steinbock-Pluto** wird **direktläufig** (12.10.) im **Quadrat** zu **Waage-Merkur** (13.10.), der anschließend in **Skorpion wechselt** (13.10.). Wir werden uns nicht herausreden können, unabhängig davon, was wir uns alles einfallen lassen. Farbe zu bekennen, ist schmerzhaft. Doch nur so können wir zu neuen Einsichten finden. Was wir jetzt verschweigen, schmerzt uns und andere umso mehr.

7
MONTAG

0:00 ☽ ↕ ♏
0:52 ☽ ⚹ ♇ v/c
1:34 ☽ → ♐
14:34 ☽ △ ☊
21:12 ☽ ⚹ ⚸

☉ 14°38' ♎ • ☽ 5°18' ♐ • ☿ 19°30' ♎ • ♀ 17°24' ♏ • ♂ 18°08' ♋ • ♃ 21°20' ♊ • ♄R 13°57' ♓
⚷R 21°33' ♈ • ♅R 26°44' ♉ • ♆R 28°04' ♓ • ♇R 29°39' ♑ • ☊ 6°36' ♈ • ⚸ 10°01' ♎ • ⚳ 12°39' ♈

8
DIENSTAG

0:00 ☽ ↕ ♐
3:02 ☽ △ ⚳
4:50 ☽ □ ♄
7:48 ☉ ⚹ ☽
12:21 ♀ △ ♂
14:23 ☿ △ ♃
16:36 ☿ ☍ ⚷
19:09 ☽ ☍ ♃
19:27 ☽ △ ⚷
19:54 ☽ ⚹ ☿

☉ 15°37' ♎ • ☽ 17°37' ♐ • ☿ 21°10' ♎ • ♀ 18°37' ♏ • ♂ 18°38' ♋ • ♃ 21°20' ♊ • ♄R 13°54' ♓
⚷R 21°30' ♈ • ♅R 26°43' ♉ • ♆R 28°03' ♓ • ♇R 29°39' ♑ • ☊ 6°35' ♈ • ⚸ 9°56' ♎ • ⚳ 13°11' ♈

9
MITTWOCH

0:00 ☽ ↕ ♐
7:54 ☽ □ ♆ v/c
9:06 ♃SR
11:38 ☽ → ♑
23:56 ☽ □ ☊

☉ 16°36' ♎ • ☽ 0°12' ♑ • ☿ 22°50' ♎ • ♀ 19°50' ♏ • ♂ 19°07' ♋ • ♃R 21°20' ♊ • ♄R 13°50' ♓
⚷R 21°27' ♈ • ♅R 26°41' ♉ • ♆R 28°01' ♓ • ♇R 29°39' ♑ • ☊ 6°34' ♈ • ⚸ 9°50' ♎ • ⚳ 13°44' ♈

41. WOCHE
OKTOBER

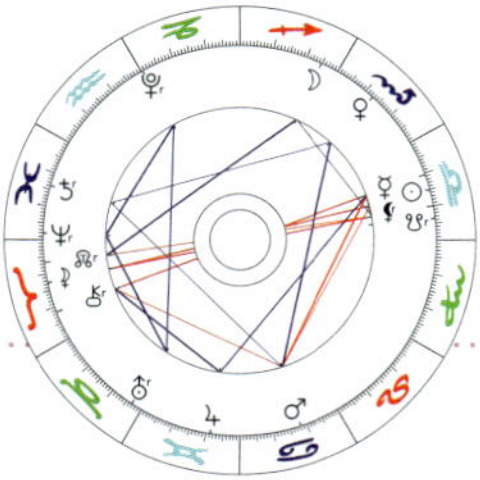

0:00 ☽ ↕ ♑
5:53 ☽ □ ⚸
13:16 ☽ ✶ ♄
14:17 ☽ □ ⚳
20:55 ☉ □ ☽

10
DONNERSTAG
◐ 20:55

☉ 17°36′ ♎ • ☽ 13°05′ ♑ • ☿ 24°29′ ♎ • ♀ 21°03′ ♏ • ♂ 19°37′ ♋ • ♃R 21°20′ ♊ • ♄R 13°47′ ♓
⚷R 21°25′ ♈ • ♅* 26°39′ ♉ • ♆R 27°59′ ♓ • ♇R 29°39′ ♑ • ☊ 6°34′ ♈ • ⚸ 9°44′ ♎ • ⚳ 14°17′ ♈

0:00 ☽ ↕ ♑
0:22 ☽ ☍ ♂
3:07 ☽ □ ⚷
3:58 ☽ ✶ ♀
11:35 ☽ □ ☿
12:31 ☽ △ ♅
14:54 ☽ ✶ ♆
17:53 ☽ ☌ ♇ v/c
18:31 ☽ → ♒

11
FREITAG

☉ 18°35′ ♎ • ☽ 26°20′ ♑ • ☿ 26°08′ ♎ • ♀ 22°15′ ♏ • ♂ 20°06′ ♋ • ♃R 21°20′ ♊ • ♄R 13°43′ ♓
⚷R 21°22′ ♈ • ♅R 26°38′ ♉ • ♆R 27°58′ ♓ • ♇R 29°39′ ♑ • ☊ 6°34′ ♈ • ⚸ 9°39′ ♎ • ⚳ 14°49′ ♈

0:00 ☽ ↕ ♒
2:32 ♇ SD
6:03 ☽ ✶ ☊
9:37 ♃ ✶ ⚷
11:16 ☽ △ ⚸
21:38 ☽ ✶ ⚳

12
SAMSTAG

☉ 19°34′ ♎ • ☽ 9°59′ ♒ • ☿ 27°45′ ♎ • ♀ 23°28′ ♏ • ♂ 20°34′ ♋ • ♃R 21°19′ ♊ • ♄R 13°40′ ♓
⚷R 21°19′ ♈ • ♅R 26°36′ ♉ • ♆R 27°56′ ♓ • ♇ 29°39′ ♑ • ☊ 6°34′ ♈ • ⚸ 9°34′ ♎ • ⚳ 15°22′ ♈

0:00 ☽ ↕ ♒
5:39 ☉ △ ☽
7:19 ☽ ✶ ⚷
7:22 ☽ △ ♃
13:08 ☽ □ ♀
16:03 ☿ □ ♇
16:11 ☽ □ ♅ v/c
21:23 ☿ → ♏
21:55 ☽ → ♓
21:59 ☽ △ ☿
22:36 ♂ □ ⚷

13
SONNTAG

☉ 20°34′ ♎ • ☽ 24°04′ ♒ • ☿ 29°22′ ♎ • ♀ 24°41′ ♏ • ♂ 21°03′ ♋ • ♃R 21°19′ ♊ • ♄R 13°37′ ♓
⚷R 21°16′ ♈ • ♅R 26°34′ ♉ • ♆R 27°55′ ♓ • ♇ 29°39′ ♑ • ☊ 6°35′ ♈ • ⚸ 9°29′ ♎ • ⚳ 15°55′ ♈

Wir alle tragen eine spezifische Vaterwunde in uns. Mit **Waage-Sonne** in **Opposition** zu **Widder-Chiron**, im **Trigon** zu **Zwillinge-Jupiter** und im **Quadrat** zu **Krebs-Mars** (14.10.) kommt Licht ins Dunkel der Vergangenheit, die schnell wieder zur Gegenwart werden kann.

Falsche Vorstellungen sind der Tod jeder Liebe, doch es besteht Hoffnung, dass sie wieder auferstehen wird. **Skorpion-Venus** steht in **Opposition** zu **Stier-Uranus** (15.10.), im **Trigon** zu **Fische-Neptun** (16.10.) und im **Sextil** zu **Steinbock-Pluto** (17.10.), ehe sie in **Schütze wechselt** (17.10.). Krisen haben auch ihre guten Seiten, sofern sie Sinn ergeben.

Vollmond in Widder Quadrat Krebs-Mars (17.10.): Mit Wut im Bauch fallen Kompromisse schwer.

14
MONTAG

0:00 ☾ ↕ ♓
4:28 ☉ ☍ ⚷
5:52 ☉ △ ♃
10:15 ☉ □ ♂
20:09 ☾ ☌ ♄

☉21°33'♎ • ☾8°33'♓ • ☿0°59'♏ • ♀25°54'♏ • ♂21°31'♋ • ♃R 21°18'♊ • ♄R 13°34'♓
⚷R 21°14'♈ • ♅R 26°32'♉ • ♆R 27°53'♓ • ♇29°39'♑ • ☊6°36'♈ • ⚸9°24'♎ • ⚳16°27'♈

15
DIENSTAG

0:00 ☾ ↕ ♓
0:22 ♀ ☍ ♅
8:38 ☾ □ ♃
9:41 ☾ △ ♂
16:59 ☾ ⚹ ♅
18:28 ☾ △ ♀
19:09 ☾ ☌ ♆
22:00 ☾ ⚹ ♇ v/c
22:34 ☾ → ♈

☉22°33'♎ • ☾23°23'♓ • ☿2°34'♏ • ♀27°06'♏ • ♂21°59'♋ • ♃R 21°16'♊ • ♄R 13°31'♓
⚷R 21°11'♈ • ♅R 26°30'♉ • ♆R 27°52'♓ • ♇29°39'♑ • ☊6°37'♈ • ⚸9°20'♎ • ⚳17°00'♈

16
MITTWOCH

0:00 ☾ ↕ ♈
2:49 ♀ △ ♆
9:05 ☾ ☌ ☊
13:15 ☾ ☍ ⚸

☉23°32'♎ • ☾8°28'♈ • ☿4°09'♏ • ♀28°19'♏ • ♂22°26'♋ • ♃R 21°15'♊ • ♄R 13°28'♓
⚷R 21°08'♈ • ♅R 26°28'♉ • ♆R 27°50'♓ • ♇29°39'♑ • ☊6°38'♈ • ⚸9°16'♎ • ⚳17°33'♈

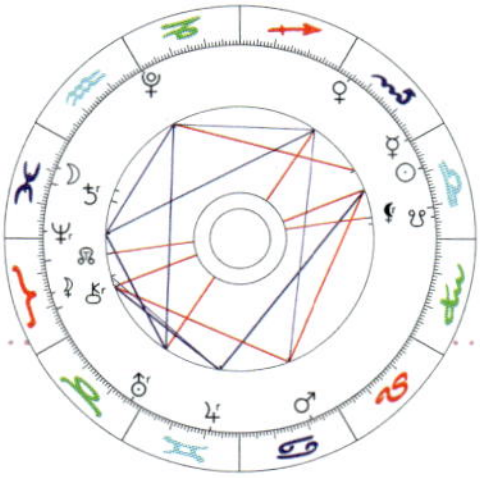

42. WOCHE
OKTOBER

17
DONNERSTAG
○ 13:26

0:00 ☾ ↕ ♈
2:52 ☾ ☌ ⚳
7:56 ☾ ☌ ⚷
8:09 ☾ ⚹ ♃
10:44 ☾ □ ♂
13:26 ☉ ☍ ☾
14:30 ♀ ⚹ ♇
21:26 ☾ □ ♇ v/c
21:28 ♀ → ♐
22:00 ☾ → ♉

☉24°31'♎ • ☾23°40'♈ • ☿5°43'♏ • ♀29°31'♏ • ♂22°53'♋ • ♃R 21°14'♊ • ♄R 13°25'♓
⚷R 21°05'♈ • ♅R 26°26'♉ • ♆R 27°49'♓ • ♇29°39'♑ • ☊6°37'♈ • ⚸9°12'♎ • ⚳18°05'♈

18
FREITAG

0:00 ☾ ↕ ♉
9:15 ☾ ☍ ☿
19:12 ☾ ⚹ ♄

☉25°31'♎ • ☾8°50'♉ • ☿7°17'♏ • ♀0°44'♐ • ♂23°20'♋ • ♃R 21°12'♊ • ♄R 13°22'♓
⚷R 21°03'♈ • ♅R 26°24'♉ • ♆R 27°48'♓ • ♇29°39'♑ • ☊6°36'♈ • ⚸9°09'♎ • ⚳18°38'♈

19
SAMSTAG

0:00 ☾ ↕ ♉
11:59 ☾ ⚹ ♂
16:10 ☾ ☌ ♅
18:28 ☾ ⚹ ♆
21:33 ☾ △ ♇ v/c
22:07 ☾ → ♊

ringförmige Sonnenfinsternis

☉26°31'♎ • ☾23°47'♉ • ☿8°50'♏ • ♀1°56'♐ • ♂23°47'♋ • ♃R 21°10'♊ • ♄R 13°19'♓
⚷R 21°00'♈ • ♅R 26°22'♉ • ♆R 27°46'♓ • ♇29°39'♑ • ☊6°33'♈ • ⚸9°06'♎ • ⚳19°10'♈

20
SONNTAG

0:00 ☾ ↕ ♊
2:30 ☾ ☍ ♀
8:51 ☾ ⚹ ☊
13:04 ☾ △ ⚸
20:07 ☾ □ ♄

☉27°30'♎ • ☾8°25'♊ • ☿10°22'♏ • ♀3°09'♐ • ♂24°13'♋ • ♃R 21°08'♊ • ♄R 13°17'♓
⚷R 20°57'♈ • ♅R 26°20'♉ • ♆R 27°45'♓ • ♇29°40'♑ • ☊6°30'♈ • ⚸9°03'♎ • ⚳19°43'♈

Sobald wir unseren Finger auf die Wunde legen, wird uns unsere mangelnde Konsequenz vor Augen geführt. Natürlich können wir weiterhin versuchen, uns mit **Skorpion-Merkur** im **Trigon** zu **Fische-Saturn** (22.10.) durchzumogeln. Doch das tut weder uns noch anderen gut. Es ist unsere Aufrichtigkeit, mit der wir jetzt Akzente setzen können.

Was uns momentan am meisten überwältigt, sind unsere Handicaps und Unvollkommenheiten. Mit **Widder-Chiron** am **Priapus-Pol** (22.10.) kann das durchaus eine heilsame Erfahrung sein. Wirkliche Machtfragen lassen sich selten durch Kompromisse lösen. Mit **Waage-Sonne** im **Quadrat** zu **Steinbock-Pluto** (22.10.) findet nur das ein Ende, was wir konsequent zum Abschluss bringen. Das kann wehtun, ist aber notwendiger denn je. Die Vergangenheit hat uns schon viel zu lange und viel zu fest im Griff.

21 MONTAG

0:00 ☽ ↕ ♊
7:48 ☽ ⚹ ⚳
9:06 ☽ ⚹ ⚷
9:25 ☽ ☌ ♃
20:50 ☽ □ ♆
23:00 ☉ △ ☽ v/c

☉ 28°30' ♎ • ☽ 22°36' ♊ • ☿ 11°54' ♏ • ♀ 4°21' ♐ • ♂ 24°39' ♋ • ♃R 21°06' ♊ • ♄R 13°14' ♓
⚷R 20°54' ♈ • ♅R 26°18' ♉ • ♆R 27°43' ♓ • ♇ 29°40' ♑ • ☊ 6°28' ♈ • ⚸ 9°01' ♎ • ⚳ 20°15' ♈

22 DIENSTAG

0:00 ☽ ↕ ♊
0:49 ☽ → ♋
8:35 ☿ △ ♄
12:09 ☽ □ ☊
15:03 ⚷ ☌ ⚳
16:15 ☉ □ ♇
16:44 ☽ □ ⚸
22:48 ♃ ⚹ ⚳

☉ 29°30' ♎ • ☽ 6°20' ♋ • ☿ 13°25' ♏ • ♀ 5°34' ♐ • ♂ 25°05' ♋ • ♃R 21°03' ♊ • ♄R 13°12' ♓
⚷R 20°52' ♈ • ♅R 26°16' ♉ • ♆R 27°42' ♓ • ♇ 29°40' ♑ • ☊ 6°25' ♈ • ⚸ 9°00' ♎ • ⚳ 20°47' ♈

23 MITTWOCH

0:00 ☽ ↕ ♋
0:15 ☉ → ♏
0:17 ☽ △ ♄
2:21 ☽ △ ☿
4:37 ♀ △ ☊
14:15 ☽ □ ⚷
15:20 ☽ □ ⚳
23:20 ☽ ☌ ♂

☉ 0°29' ♏ • ☽ 19°36' ♋ • ☿ 14°55' ♏ • ♀ 6°46' ♐ • ♂ 25°30' ♋ • ♃R 21°00' ♊ • ♄R 13°09' ♓
⚷R 20°49' ♈ • ♅R 26°14' ♉ • ♆R 27°41' ♓ • ♇ 29°40' ♑ • ☊ 6°24' ♈ • ⚸ 8°58' ♎ • ⚳ 21°20' ♈

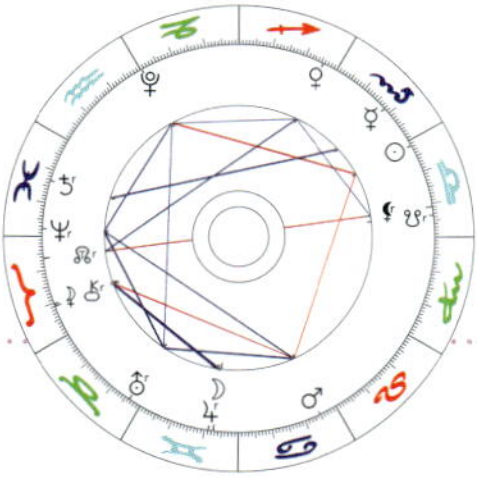

24 DONNERSTAG ◑ 10:03

0:00 ☾ ↕ ♋
0:16 ☾ ⚹ ♅
3:00 ☾ △ ♆
6:47 ☾ ☍ ♇ v/c
7:24 ☾ → ♌
10:03 ☉ □ ☾
19:32 ☾ △ ☊
23:43 ☾ △ ♀

☉1°29' ♏ • ☾2°26' ♌ • ☿16°25' ♏ • ♀7°59' ♐ • ♂25°55' ♋ • ♃R 20°57' ♊ • ♄R 13°07' ♓
⚷R 20°46' ♈ • ♅R 26°11' ♉ • ♆R 27°39' ♓ • ♇29°41' ♑ • ☊6°23' ♈ • ⚸8°57' ♎ • ⚳21°52' ♈

25 FREITAG

0:00 ☾ ↕ ♌
0:28 ☾ ⚹ ⚸
2:13 ♂ ⚹ ♅
7:21 ♀ ⚹ ⚸
18:41 ☾ □ ☿
23:21 ☾ △ ⚷
23:42 ☾ ⚹ ♃

☉2°29' ♏ • ☾14°54' ♌ • ☿17°55' ♏ • ♀9°11' ♐ • ♂26°20' ♋ • ♃R 20°54' ♊ • ♄R 13°05' ♓
⚷R 20°44' ♈ • ♅R 26°09' ♉ • ♆R 27°38' ♓ • ♇29°41' ♑ • ☊6°24' ♈ • ⚸8°57' ♎ • ⚳22°24' ♈

26 SAMSTAG

0:00 ☾ ↕ ♌
3:22 ☾ △ ⚳
10:03 ☾ □ ♅ v/c
17:47 ☾ → ♍

☉3°29' ♏ • ☾27°06' ♌ • ☿19°24' ♏ • ♀10°23' ♐ • ♂26°44' ♋ • ♃R 20°51' ♊ • ♄R 13°03' ♓
⚷R 20°41' ♈ • ♅R 26°07' ♉ • ♆R 27°37' ♓ • ♇29°41' ♑ • ☊6°25' ♈ • ⚸8°57' ♎ • ⚳22°56' ♈

27 SONNTAG

Ende der Sommerzeit (- 1 Stunde)

0:00 ☾ ↕ ♍
1:54 ☉ ⚹ ☾
16:39 ☾ □ ♀
18:56 ☾ ☍ ♄

☉4°31' ♏ • ☾9°34' ♍ • ☿20°56' ♏ • ♀11°38' ♐ • ♂27°09' ♋ • ♃R 20°47' ♊ • ♄R 13°01' ♓
⚷R 20°38' ♈ • ♅R 26°05' ♉ • ♆R 27°35' ♓ • ♇29°42' ♑ • ☊6°27' ♈ • ⚸8°57' ♎ • ⚳23°29' ♈

Verlässliche Verbündete zu haben, ist manchmal auch eine Überlebensfrage. Jenseits von familiären und partnerschaftlichen Bindungen sind es Gleichgesinnte und unsere Freunde die an unserem Schicksal Anteil nehmen und uns in der Not zur Seite stehen. Mit Pluto in Wassermann wird sich in den kommenden Jahren immer deutlicher zeigen, auf wen wir uns – über Blutsverwandtschaften hinaus – verlassen können. Wie loyal und belastbar sind unsere Netzwerke, unsere Zugehörigkeiten und unsere Freundschaftsbeziehungen? Durch wen oder was fühlen wir uns verraten? Wo und wodurch fühlen wir uns von der Teilhabe am sozialen und gesellschaftlichen Miteinander ausgeschlossen? Der Geist, der verbindet, er kann auch trennen und spalten.

Pluto in Wassermann birgt die Gefahr, dass diejenigen, die sich nicht „freundschaftlich" vereinnahmen lassen, sofort zum Feindbild erkoren werden. Spaltungen werden dadurch vertieft. Wer zum vermeintlich falschen Lager gehört, wird als Bedrohung empfunden und mit allen Mitteln bekämpft. Wem gilt unsere Toleranz? Nur den Gleichgesinnten oder auch den Andersdenkenden? Pluto wird es zeigen.

Blutsgeschwister

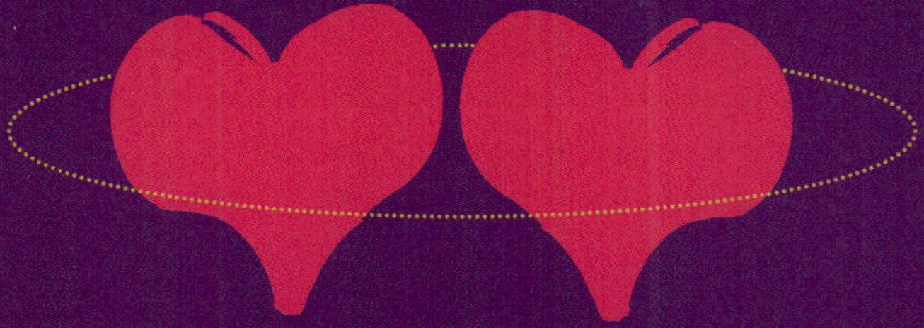

Pluto ist 2024 vom 21. Januar bis 2. September und ab 19. November für weitere 20 Jahre in Wassermann unterwegs.
Zu Jahresbeginn 2024 steht er auf 29°21‘ Steinbock.
Er wird am 2. Mai auf 2°06‘ Wassermann rückläufig, am 12. Oktober auf 29°39‘ Steinbock direktläufig.
Zum Jahresende 2024 steht er auf 1°02‘ Wassermann.

Wo ein Wille ist, tut sich immer ein Ausweg auf. Mit **Krebs-Mars** im **Trigon** zu **Fische-Neptun** (28.10.) ist auf unsere Instinkte auch dann Verlass, wenn wir zeitweise die Orientierung verlieren. Mögen wir unsere Hoffnungen auch noch so liebhaben, sie kann mit **Schütze-Venus** im **Quadrat** zu **Fische-Saturn** (28.10.) auch an Grenzen stoßen, die uns große Enttäuschung bereiten.

Manche Wahrheiten können sich auch in ihr Gegenteil verkehren. Das ist irritierend und relativiert so manches, was wir bislang für unumstößlich hielten. Mit **Skorpion-Merkur** in **Opposition** zu **Stier-Uranus** (30.10. werden aus einstürzenden Gedankengebäuden die besten Ideen geboren.

Neumond in Skorpion Trigon Fische-Saturn (1.11.): Wovor wir uns insgeheim fürchten, muss nicht den Tatsachen entsprechen.

28
MONTAG

0:00 ☾ ↕ ♍
10:37 ☾ □ ♃
13:31 ♂ △ ♆
14:15 ☾ ⚹ ☿
14:35 ♀ □ ♄
21:23 ☾ △ ♅

☉5°31' ♏ • ☾21°25' ♍ • ☿22°23' ♏ • ♀12°51' ♐ • ♂27°33' ♋ • ♃R 20°44' ♊ • ♄R 12°59' ♓
⚷R 20°36' ♈ • ♅R 26°02' ♉ • ♆R 27°34' ♓ • ♇29°42' ♑ • ☊6°29' ♈ • ⚸8°58' ♎ • ⚳24°01' ♈

29
DIENSTAG

0:00 ☾ ↕ ♍
0:31 ☾ ☍ ♆
0:55 ☾ ⚹ ♂
4:54 ☾ △ ♇ v/c
5:29 ☾ → ♎
18:44 ☾ ☍ ☊
23:51 ☾ ☌ ⚸

☉6°31' ♏ • ☾3°12' ♎ • ☿23°50' ♏ • ♀14°03' ♐ • ♂27°56' ♋ • ♃R 20°40' ♊ • ♄R 12°57' ♓
⚷R 20°33' ♈ • ♅R 26°00' ♉ • ♆R 27°33' ♓ • ♇29°43' ♑ • ☊6°30' ♈ • ⚸8°59' ♎ • ⚳24°33' ♈

30
MITTWOCH

0:00 ☾ ↕ ♎
12:38 ☾ ⚹ ♀
23:13 ☾ ☍ ⚷
23:14 ☿ ☍ ♅
23:22 ☾ △ ♃

☉7°31' ♏ • ☾14°58' ♎ • ☿25°16' ♏ • ♀15°15' ♐ • ♂28°19' ♋ • ♃R 20°36' ♊ • ♄R 12°55' ♓
⚷R 20°30' ♈ • ♅R 25°58' ♉ • ♆R 27°32' ♓ • ♇29°43' ♑ • ☊6°29' ♈ • ⚸9°01' ♎ • ⚳25°05' ♈

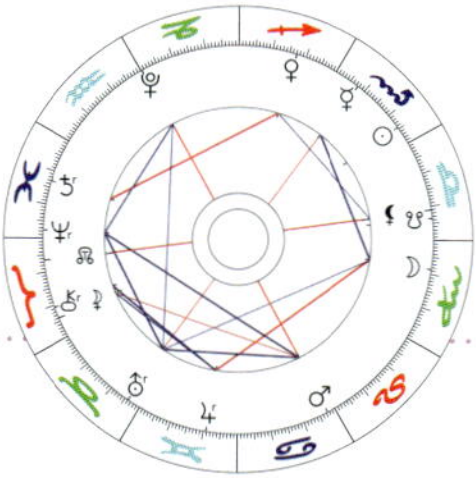

44. WOCHE
OKTOBER NOVEMBER

0:00 ☽ ↕ ♎
9:29 ☽ ☍ ⚳
15:57 ☽ □ ♂
17:57 ☽ □ ♇ v/c
18:29 ☽ → ♏

Reformationstag
Halloween

31 DONNERSTAG

☉8°31'♏ • ☽26°48'♎ • ☿26°42'♏ • ♀16°27'♐ • ♂28°41'♋ • ♃R 20°31'♊ • ♄R 12°54'♓
⚷R 20°28'♈ • ♅R 25°55'♉ • ♆R 27°31'♓ • ♇29°44'♑ • ☊6°27'♈ • ⚸9°03'♎ • ⚳25°36'♈

0:00 ☽ ↕ ♏
1:33 ☿ △ ♆
13:47 ☉ ☌ ☽
20:20 ☽ △ ♄

NOVEMBER
Allerheiligen

1 FREITAG
● 13:47

☉9°31'♏ • ☽8°42'♏ • ☿28°07'♏ • ♀17°39'♐ • ♂29°03'♋ • ♃R 20°27'♊ • ♄R 12°52'♓
⚷R 20°25'♈ • ♅R 25°53'♉ • ♆R 27°30'♓ • ♇29°45'♑ • ☊6°24'♈ • ⚸9°06'♎ • ⚳26°08'♈

0:00 ☽ ↕ ♏
9:05 ♃ ⚹ ⚷
9:21 ☿ △ ♂
16:03 ☿ ⚹ ♇
20:17 ☿ → ♐
22:06 ☽ ☍ ♅

Allerseelen

2 SAMSTAG

☉10°31'♏ • ☽20°44'♏ • ☿29°31'♏ • ♀18°51'♐ • ♂29°24'♋ • ♃R 20°22'♊ • ♄R 12°51'♓
⚷R 20°23'♈ • ♅R 25°51'♉ • ♆R 27°28'♓ • ♇29°45'♑ • ☊6°19'♈ • ⚸9°09'♎ • ⚳26°39'♈

0:00 ☽ ↕ ♏
1:20 ☽ △ ♆
5:39 ☽ △ ♂
5:51 ☽ ⚹ ♇ v/c
6:19 ☽ → ♐
7:36 ☽ ☌ ☿
12:37 ♂ ☍ ♇ | 17:22 ♀ △ ⚷
16:25 ♀ ☍ ♃ | 18:25 ☽ △ ☊

3 SONNTAG

☉11°31'♏ • ☽2°54'♐ • ☿0°54'♐ • ♀20°03'♐ • ♂29°45'♋ • ♃R 20°18'♊ • ♄R 12°49'♓
⚷R 20°20'♈ • ♅R 25°48'♉ • ♆R 27°27'♓ • ♇29°46'♑ • ☊6°12'♈ • ⚸9°12'♎ • ⚳27°10'♈

Dramen sind angesagt. Sie müssen jedoch Klasse, Stil und Würde aufweisen. Nach seiner **Opposition** zu **Pluto** (3.11.) **wechselt Mars** von Krebs nach **Löwe** (4.11.). Authentizität ist Trumpf, sonst werden wir uns nicht behaupten können. Unser Selbstvertrauen ist wie ein mächtiges Schwert, das gut geführt werden will.

Das Leben könnte so lustig sein. Mit **Schütze-Venus** in **Opposition** zu **Zwillinge-Jupiter** (3.11.) und im **Quadrat** zu **Fische-Neptun** (9.11.) ist Raum für so manche Illusion. Doch auch Wunschkonzerte wären möglich, mit Orchestern, die das ganze Weltall zum Erklingen bringen.

Wonach wir verlangen, das vereinnahmt uns und frisst uns auf. Mit dem Wechsel des **Priapus-Pols** in **Stier** (9.11.) ist alles schmackhaft, sogar das Unappetitliche.

4
MONTAG

0:00 ☽ ↕ ♐
0:22 ☽ ⚹ ⚸
5:10 ♂ → ♌
7:19 ☽ □ ♄
18:36 ☉ △ ♄
21:32 ☽ ☍ ♃
21:44 ☽ △ ♅

☉12°31'♏ • ☽15°14'♐ • ☿2°17'♐ • ♀21°15'♐ • ♂0°06'♌ • ♃R 20°13'♊ • ♄R 12°48'♓
♅R 20°18'♈ • ⚷R 25°46'♉ • ♆R 27°26'♓ • ♇29°46'♑ • ☊6°06'♈ • ⚸9°16'♎ • ⯓27°41'♈

5
DIENSTAG

0:00 ☽ ↕ ♐
0:50 ☽ ☌ ♀
11:23 ☽ □ ♆ v/c
12:55 ☽ △ ⯓
16:17 ☽ → ♑

☉13°31'♏ • ☽27°45'♐ • ☿3°39'♐ • ♀22°27'♐ • ♂0°26'♌ • ♃R 20°07'♊ • ♄R 12°47'♓
♅R 20°15'♈ • ⚷R 25°43'♉ • ♆R 27°25'♓ • ♇29°47'♑ • ☊5°59'♈ • ⚸9°20'♎ • ⯓28°12'♈

6
MITTWOCH

0:00 ☽ ↕ ♑
3:28 ☽ □ ☊
10:00 ☽ □ ⚸
16:16 ☽ ⚹ ♄
20:11 ☉ ⚹ ☽

☉14°32'♏ • ☽10°28'♑ • ☿4°59'♐ • ♀23°39'♐ • ♂0°46'♌ • ♃R 20°02'♊ • ♄R 12°46'♓
♅R 20°13'♈ • ⚷R 25°41'♉ • ♆R 27°24'♓ • ♇29°48'♑ • ☊5°54'♈ • ⚸9°24'♎ • ⯓28°43'♈

45. WOCHE
NOVEMBER

7 DONNERSTAG

0:00 ☾ ↕ ♑
3:31 ☿ △ ☊
6:01 ☾ □ ⚷
16:01 ☾ △ ♅
19:12 ☾ ⚹ ♆
22:58 ☾ □ ⚳
23:37 ☾ ☌ ♇ v/c
23:57 ☾ → ♒

☉ 15°32' ♏ • ☾ 23°26' ♑ • ☿ 6°19' ♐ • ♀ 24°51' ♐ • ♂ 1°05' ♌ • ♃R 19°57' ♊ • ♄R 12°45' ♓
⚷R 20°10' ♈ • ♅R 25°38' ♉ • ♆R 27°23' ♓ • ♇ 29°49' ♑ • ☊ 5°50' ♈ • ⚸ 9°29' ♎ • ⚳ 29°13' ♈

8 FREITAG

0:00 ☾ ↕ ♒
2:15 ☾ ☍ ♂
10:24 ☾ ⚹ ☊
13:52 ☾ ⚹ ☿
16:39 ♇ □ ⚳
17:14 ☾ △ ⚸

☉ 16°32' ♏ • ☾ 6°41' ♒ • ☿ 7°37' ♐ • ♀ 26°03' ♐ • ♂ 1°24' ♌ • ♃R 19°51' ♊ • ♄R 12°44' ♓
⚷R 20°08' ♈ • ♅R 25°36' ♉ • ♆R 27°22' ♓ • ♇ 29°49' ♑ • ☊ 5°47' ♈ • ⚸ 9°35' ♎ • ⚳ 29°44' ♈

9 SAMSTAG
◐ 6:55

0:00 ☾ ↕ ♒
1:01 ⚳ → ♉
6:55 ☉ □ ☾
11:12 ☾ △ ♃
11:47 ☾ ⚹ ⚷
14:15 ♀ □ ♆
21:17 ☾ □ ♅

☉ 17°32' ♏ • ☾ 20°13' ♒ • ☿ 8°54' ♐ • ♀ 27°15' ♐ • ♂ 1°42' ♌ • ♃R 19°45' ♊ • ♄R 12°44' ♓
⚷R 20°05' ♈ • ♅R 25°34' ♉ • ♆R 27°21' ♓ • ♇ 29°50' ♑ • ☊ 5°47' ♈ • ⚸ 9°40' ♎ • ⚳ 0°14' ♉

10 SONNTAG

0:00 ☾ ↕ ♒
1:23 ☾ ⚹ ♀ v/c
4:01 ☿ ⚹ ⚸
5:00 ☾ → ♓
6:02 ☾ ⚹ ⚳
23:20 ☾ □ ☿

☉ 18°33' ♏ • ☾ 4°05' ♓ • ☿ 10°09' ♐ • ♀ 28°26' ♐ • ♂ 2°00' ♌ • ♃R 19°39' ♊ • ♄R 12°43' ♓
⚷R 20°03' ♈ • ♅R 25°31' ♉ • ♆R 27°20' ♓ • ♇ 29°51' ♑ • ☊ 5°48' ♈ • ⚸ 9°47' ♎ • ⚳ 0°44' ♉

Damit Liebe nicht zum Geschäft wird, sind neben klaren Entscheidungen auch Loyalität und Pflichtbewusstsein gefordert. **Venus wechselt** in **Steinbock** (11.11.). Was wir schätzen, dürfen wir niemals im Stich lassen.

In der Not die Zuversicht zu bewahren, ist eine ernste Angelegenheit. **Schütze-Merkur** bildet ein **Quadrat** zu **Fische-Saturn** (12.11.), der **direktläufig** wird (15.11.). Wenn die Hoffnung zuletzt stirbt, ist niemand mehr übrig, der sie zu Grabe tragen kann. Doch so weit muss es erst gar nicht kommen. Regeln und Gesetze leben von Ausnahmen, und davon gibt es derzeit viele.

Vollmond in Stier Konjunktion Uranus (15.11.): Loslassen setzt Einlassen voraus. Was nützt uns unsere Freiheit, wenn wir nichts zu verlieren haben?

11 MONTAG

Martinstag

0:00 ☾ ↕ ♓
2:39 ☾ ☌ ♄
14:07 ☾ □ ♃
14:17 ☉ △ ☾
19:26 ♀ → ♑
23:56 ☾ ⚹ ⛢

☉ 19°33' ♏ • ☾ 18°17' ♓ • ☿ 11°23' ♐ • ♀ 29°38' ♐ • ♂ 2°17' ♌ • ♃R 19°33' ♊ • ♄R 12°42' ♓
⚷R 20°01' ♈ • ⛢R 25°29' ♉ • ♆R 27°20' ♓ • ♇ 29°52' ♑ • ☊ 5°49' ♈ • ⚸ 9°53' ♎ • ⚳ 1°13' ♉

12 DIENSTAG

0:00 ☾ ↕ ♓
3:00 ☾ ☌ ♆
7:13 ☾ ⚹ ♇ v/c
7:25 ☾ → ♈
8:29 ☾ □ ♀
11:37 ☾ △ ♂
14:22 ☿ □ ♄
16:58 ☾ ☌ ☊
23:51 ☾ ☍ ⚸

☉ 20°33' ♏ • ☾ 2°47' ♈ • ☿ 12°35' ♐ • ♀ 0°49' ♑ • ♂ 2°34' ♌ • ♃R 19°27' ♊ • ♄R 12°42' ♓
⚷R 19°58' ♈ • ⛢R 25°26' ♉ • ♆R 27°19' ♓ • ♇ 29°53' ♑ • ☊ 5°50' ♈ • ⚸ 10°00' ♎ • ⚳ 1°42' ♉

13 MITTWOCH

0:00 ☾ ↕ ♈
5:19 ☾ △ ☿
14:51 ☾ ⚹ ♃
15:49 ☾ ☌ ⚷
18:01 ♀ △ ⚳

☉ 21°34' ♏ • ☾ 17°34' ♈ • ☿ 13°45' ♐ • ♀ 2°01' ♑ • ♂ 2°50' ♌ • ♃R 19°21' ♊ • ♄R 12°42' ♓
⚷R 19°56' ♈ • ⛢R 25°24' ♉ • ♆R 27°18' ♓ • ♇ 29°54' ♑ • ☊ 5°49' ♈ • ⚸ 10°07' ♎ • ⚳ 2°12' ♉

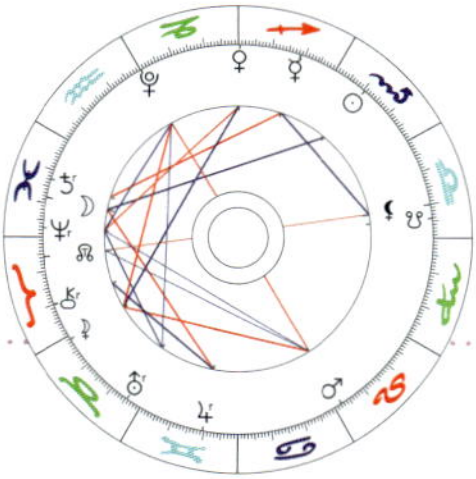

46. WOCHE
NOVEMBER

0:00 ☽ ↕ ♈
7:50 ☽ □ ♇ v/c
7:59 ☽ → ♉
12:16 ☽ ☌ ⚳
12:57 ☽ □ ♂
13:13 ☽ △ ♀

14
DONNERSTAG

☉22°34' ♏ • ☽2°31' ♉ • ☿14°52' ♐ • ♀3°12' ♑ • ♂3°05' ♌ • ♃R 19°14' ♊ • ♄R 12°42' ♓
⚷R 19°54' ♈ • ♅R 25°21' ♉ • ♆R 27°17' ♓ • ♇29°55' ♑ • ☊5°47' ♈ • ⚸10°14' ♎ • ⚳2°40' ♉

0:00 ☽ ↕ ♉
4:18 ☽ ⚹ ♄
15:21 ♄ SD
22:28 ☉ ☍ ☽

15
FREITAG
○ 22:28

☉23°34' ♏ • ☽17°30' ♉ • ☿15°57' ♐ • ♀4°24' ♑ • ♂3°21' ♌ • ♃R 19°08' ♊ • ♄R 12°42' ♓
⚷R 19°52' ♈ • ♅R 25°19' ♉ • ♆R 27°16' ♓ • ♇29°55' ♑ • ☊5°42' ♈ • ⚸10°22' ♎ • ⚳3°09' ♉

0:00 ☽ ↕ ♉
0:32 ☽ ☌ ♅
3:43 ☽ ⚹ ♆
8:03 ☽ △ ♇ v/c
8:09 ☽ → ♊
8:29 ♂ □ ⚳
12:03 ♀ □ ☊
14:00 ☽ ⚹ ♂
17:10 ☽ ⚹ ☊

16
SAMSTAG

☉24°35' ♏ • ☽2°23' ♊ • ☿16°59' ♐ • ♀5°35' ♑ • ♂3°35' ♌ • ♃R 19°01' ♊ • ♄12°42' ♓
⚷R 19°50' ♈ • ♅R 25°16' ♉ • ♆R 27°16' ♓ • ♇29°56' ♑ • ☊5°35' ♈ • ⚸10°30' ♎ • ⚳3°37' ♉

0:00 ☽ ↕ ♊
1:23 ☽ △ ⚸
3:45 ☉ ☍ ♅
4:52 ☽ □ ♄
13:41 ☽ ☍ ☿
15:07 ☽ ☌ ♃
16:37 ☽ ⚹ ⚷

Volkstrauertag

17
SONNTAG

☉25°35' ♏ • ☽17°01' ♊ • ☿17°58' ♐ • ♀6°46' ♑ • ♂3°49' ♌ • ♃R 18°54' ♊ • ♄12°42' ♓
⚷R 19°48' ♈ • ♅R 25°14' ♉ • ♆R 27°15' ♓ • ♇29°57' ♑ • ☊5°27' ♈ • ⚸10°38' ♎ • ⚳4°05' ♉

Mit Zuversicht nach vorne zu blicken, ergibt nur dann Sinn, wenn die Richtung stimmt. **Schütze-Merkur** steht in **Opposition** zu **Zwillinge-Jupiter** (18.11.). Unsere Zweifel müssen in Gewissheit münden, sonst bleiben wir am Ende verzweifelt zurück.

Leidenschaft kann süchtig machen. Tut sie es nicht, dann ist sie nicht echt. Mit **Skorpion-Sonne** im **Trigon** zu **Fische-Neptun** (19.11.) sind unsere Träume fesselnder als unsere Wirklichkeit. Das kann uns sowohl in Abgründe stürzen als auch dem Himmel nahebringen.

Wahre Freiheit muss frei von Zwängen sein. **Pluto wechselt** endgültig in **Wassermann** (19.11.). Das neue Zeitalter verlangt von uns, weder fixe Erwartungen zu hegen noch Bedingungen zu stellen. Misslingt uns dies, wird es weiter auf sich warten lassen.

18
MONTAG

0:00 ☾ ↕ ♊
5:09 ☾ □ ♇ v/c
9:50 ☾ → ♋
9:55 ☿ ☍ ♃
17:48 ☾ ⚹ ⚳
18:52 ☾ □ ☊

☉26°36'♏ • ☾1°16'♋ • ☿18°52'♐ • ♀7°57'♑ • ♂4°03'♌ • ♃R 18°47'♊ • ♄12°42'♓
⚷R 19°45'♈ • ♅R 25°11'♉ • ♆R 27°14'♓ • ♇29°59'♑ • ☊5°19'♈ • ⚵10°47'♎ • ⚳4°33'♉

19
DIENSTAG

0:00 ☾ ↕ ♋
0:35 ☾ ☍ ♀
3:07 ☉ △ ♆
4:36 ☾ □ ⚵
7:47 ☾ △ ♄
12:29 ☿ △ ⚷
20:12 ☾ □ ⚷
21:29 ♇ → ♒

☉27°36'♏ • ☾15°06'♋ • ☿19°42'♐ • ♀9°09'♑ • ♂4°15'♌ • ♃R 18°40'♊ • ♄12°42'♓
⚷R 19°43'♈ • ♅R 25°09'♉ • ♆R 27°14'♓ • ♇30°00'♑ • ☊5°11'♈ • ⚵10°56'♎ • ⚳5°00'♉

20
MITTWOCH

Buß- und Bettag

0:00 ☾ ↕ ♋
5:56 ☾ ⚹ ♅
9:45 ☾ △ ♆
12:20 ☉ △ ☾ v/c
14:51 ☾ → ♌
14:52 ☾ ☍ ♇
23:15 ☾ ☌ ♂

☉28°37'♏ • ☾28°27'♋ • ☿20°28'♐ • ♀10°20'♑ • ♂4°28'♌ • ♃R 18°33'♊ • ♄12°43'♓
⚷R 19°41'♈ • ♅R 25°06'♉ • ♆R 27°13'♓ • ♇0°01'♒ • ☊5°05'♈ • ⚵11°05'♎ • ⚳5°27'♉

47. WOCHE
NOVEMBER

0:00 ☾ ↕ ♌
0:10 ☾ △ ☊
1:23 ☾ □ ⚳
5:31 ♀ □ ⚸
11:46 ☾ ⚹ ⚸
20:56 ☉ → ♐
21:49 ☉ ⚹ ♇

21
DONNERSTAG

☉29°37' ♏ • ☾11°21' ♌ • ☿21°08' ♐ • ♀11°30' ♑ • ♂4°39' ♌ • ♃R 18°25' ♊ • ♄12°43' ♓
⚷R 19°39' ♈ • ♅R 25°04' ♉ • ♆R 27°13' ♓ • ♇0°02' ♒ • ☊5°01' ♈ • ⚸11°14' ♎ • ⚳5°53' ♉

0:00 ☾ ↕ ♌
1:21 ☾ ⚹ ♃
3:49 ☾ △ ⚷
7:36 ☾ △ ☿
12:55 ♀ ⚹ ♄
14:15 ☾ □ ♅ v/c

22
FREITAG

☉0°38' ♐ • ☾23°52' ♌ • ☿21°42' ♐ • ♀12°41' ♑ • ♂4°50' ♌ • ♃R 18°18' ♊ • ♄12°44' ♓
⚷R 19°38' ♈ • ♅R 25°01' ♉ • ♆R 27°12' ♓ • ♇0°03' ♒ • ☊4°59' ♈ • ⚸11°23' ♎ • ⚳6°20' ♉

0:00 ☾ ↕ ♌
0:01 ☾ → ♍
2:28 ☉ □ ☾
7:35 ♂ △ ☊
13:27 ☾ △ ⚳

23
SAMSTAG
◑ 2:28

☉1°39' ♐ • ☾6°03' ♍ • ☿22°08' ♐ • ♀13°52' ♑ • ♂5°00' ♌ • ♃R 18°10' ♊ • ♄12°45' ♓
⚷R 19°36' ♈ • ♅R 24°59' ♉ • ♆R 27°11' ♓ • ♇0°04' ♒ • ☊4°59' ♈ • ⚸11°33' ♎ • ⚳6°45' ♉

0:00 ☾ ↕ ♍
1:24 ☾ ☍ ♄
5:21 ☾ △ ♀
12:03 ☾ □ ♃
21:10 ☾ □ ☿

Totensonntag

24
SONNTAG

☉2°39' ♐ • ☾18°01' ♍ • ☿22°28' ♐ • ♀15°03' ♑ • ♂5°10' ♌ • ♃R 18°03' ♊ • ♄12°46' ♓
⚷R 19°34' ♈ • ♅R 24°56' ♉ • ♆R 27°11' ♓ • ♇0°05' ♒ • ☊4°59' ♈ • ⚸11°43' ♎ • ⚳7°11' ♉

An Gelegenheiten, unsere Ziele zu überdenken, mangelt es uns nicht. **Schütze-Merkur** wird **rückläufig** (26.11.). Was auch immer derzeit schiefläuft, es gibt Gründe dafür. Womöglich haben wir uns für klüger gehalten, als wir sind. Doch selbst das könnte sich als Irrtum erweisen.

Wofür wir Feuer fangen, das brennt schnell lichterloh. Mit **Schütze-Sonne** im **Trigon** zu **Löwe-Mars** (27.11.) neigen wir zu Heldentaten, die uns verzehren können. Die Richtung muss stimmen, damit unsere Handlungen Sinn ergeben und unser Einsatz sich lohnt. Mit **Steinbock-Venus** im **Quadrat** zu **Widder-Chiron** (28.11.) schmerzt uns einmal mehr die Wunde des Ungeliebtseins.

Neumond in Schütze Quadrat Fische-Saturn (1.12.): Die Lichter, die wir in uns selbst entzünden, können schnell wieder erlöschen.

25
MONTAG

0:00 ☽ ↕ ♍
1:58 ☽ △ ♅
6:35 ☽ ☍ ♆ v/c
12:20 ☽ → ♎
12:33 ☽ △ ♇
20:32 ☉ ✶ ☽
22:32 ☽ ☍ ☊
23:18 ☽ ✶ ♂

☉3°40'♐ • ☽29°50'♍ • ☿22°38'♐ • ♀16°14'♑ • ♂5°19'♌ • ♃R 17°55'♊ • ♄12°47'♓
⚷R 19°32'♈ • ♅R 24°54'♉ • ♆R 27°11'♓ • ♇0°06'♒ • ☊5°00'♈ • ⚸11°53'♎ • ⚳7°35'♉

26
DIENSTAG

0:00 ☽ ↕ ♎
3:43 ☿SR
12:56 ☽ ☌ ⚸
19:33 ☉ △ ☊

☉4°41'♐ • ☽11°37'♎ • ☿R 22°40'♐ • ♀17°24'♑ • ♂5°27'♌ • ♃R 17°47'♊ • ♄12°48'♓
⚷R 19°30'♈ • ♅R 24°51'♉ • ♆R 27°10'♓ • ♇0°08'♒ • ☊5°00'♈ • ⚸12°04'♎ • ⚳8°00'♉

27
MITTWOCH

0:00 ☽ ↕ ♎
0:27 ☽ △ ♃
1:06 ☽ □ ♀
4:02 ☽ ☍ ⚷
9:06 ☉ △ ♂
10:14 ☽ ✶ ☿ v/c

☉5°41'♐ • ☽23°24'♎ • ☿R 22°31'♐ • ♀18°35'♑ • ♂5°35'♌ • ♃R 17°40'♊ • ♄12°49'♓
⚷R 19°29'♈ • ♅R 24°49'♉ • ♆R 27°10'♓ • ♇0°09'♒ • ☊4°58'♈ • ⚸12°14'♎ • ⚳8°24'♉

48. WOCHE
NOVEMBER
DEZEMBER

0:00 ☾ ↕ ♎
1:20 ☾ → ♏
1:40 ☾ □ ♀
5:58 ♀ □ ⚷
12:49 ☾ □ ♂
19:13 ☾ ☍ ⚳

28
DONNERSTAG

☉ 6°42' ♐ • ☾ 5°18' ♏ • ☿R 22°12' ♐ • ♀ 19°45' ♑ • ♂ 5°42' ♌ • ♃R 17°32' ♊ • ♄ 12°50' ♓
⚷R 19°27' ♈ • ♅R 24°46' ♉ • ♆R 27°09' ♓ • ⯓ 0°10' ♒ • ☊ 4°54' ♈ • ⚸ 12°25' ♎ • ⚳ 8°47' ♉

0:00 ☾ ↕ ♏
3:06 ☾ △ ♄
19:51 ☾ ⚹ ♀

29
FREITAG

☉ 7°43' ♐ • ☾ 17°20' ♏ • ☿R 21°42' ♐ • ♀ 20°55' ♑ • ♂ 5°48' ♌ • ♃R 17°24' ♊ • ♄ 12°52' ♓
⚷R 19°25' ♈ • ♅R 24°44' ♉ • ♆R 27°09' ♓ • ⯓ 0°12' ♒ • ☊ 4°47' ♈ • ⚸ 12°36' ♎ • ⚳ 9°10' ♉

0:00 ☾ ↕ ♏
2:32 ☾ ☍ ♅
7:19 ☾ △ ♆ v/c
12:53 ☾ → ♐
13:18 ☾ ⚹ ⯓
21:41 ☾ △ ☊

30
SAMSTAG

☉ 8°44' ♐ • ☾ 29°33' ♏ • ☿R 21°01' ♐ • ♀ 22°05' ♑ • ♂ 5°54' ♌ • ♃R 17°16' ♊ • ♄ 12°53' ♓
⚷R 19°24' ♈ • ♅R 24°42' ♉ • ♆R 27°09' ♓ • ⯓ 0°13' ♒ • ☊ 4°37' ♈ • ⚸ 12°47' ♎ • ⚳ 9°32' ♉

0:00 ☾ ↕ ♐
0:23 ☾ △ ♂
7:21 ☉ ☌ ☾
13:49 ☾ □ ♄
13:57 ☾ ⚹ ⚸
21:45 ☾ ☍ ♃

DEZEMBER
1. Advent

1
SONNTAG
● 7:21

☉ 9°45' ♐ • ☾ 11°58' ♐ • ☿R 20°10' ♐ • ♀ 23°16' ♑ • ♂ 5°58' ♌ • ♃R 17°08' ♊ • ♄ 12°55' ♓
⚷R 19°22' ♈ • ♅R 24°39' ♉ • ♆R 27°09' ♓ • ⯓ 0°14' ♒ • ☊ 4°25' ♈ • ⚸ 12°58' ♎ • ⚳ 9°54' ♉

Willkommen in der himmlischen Ausnüchterungszelle. Dem Ort, an dem all diejenigen landen, die sich für erleuchtet hielten oder sich aus anderen Gründen den Realitäten ihres Daseins entzogen haben. Hier treffen sich die vom Leben Enttäuschten, die, deren Träume sich als Seifenblasen entpuppten, und all jene, die sich schon immer hoffnungslos überfordert und verloren wähnten. Willkommen im Club der Versager, der Simulanten und Vortäuscher, der Aufschneider und Betrüger, der in Scheinwelten Entflohenen und im Rückzug Gefangenen. Was hier aufeinandertrifft, hat keine Substanz. Und wer hat Schuld daran? Natürlich die anderen.

Doch was tun, wenn das Leben nicht hält, was es versprochen hat? Wenn die Götter sich als unzuverlässig erweisen? Wenn der Konjunktiv am Imperativ scheitert? Wenn Wünsche nicht wahr werden? Wenn beten nicht hilft? Wenn aller Glanz und Zauber verflogen ist? Na, denn Prost. Nüchtern betrachtet ist das Dasein auf Erden kaum auszuhalten.

Ausgeträumt

Saturn bewegt sich durch
Fische seit 7. März 2023 bis 25. Mai 2025
sowie 1. September 2025 bis 14. Februar 2026.
Zu Jahresbeginn 2024 steht Saturn auf 3°14′ Fische.
Er wird am
29. Juni 2024 auf 19°26‘ Fische rückläufig und am
15. November 2024 auf 12°42‘ Fische direktläufig.
Zum Jahresende 2024 steht er auf 14°27‘ Fische.

Die Lage ist unübersichtlich und verworren. Fortschritte und Rückschläge wechseln in rascher Folge. Der rückläufige **Schütze-Merkur** läuft in **Opposition** zu **Zwillinge-Jupiter** (4.12.), in **Konjunktion** zur **Sonne** (6.12.) und ins **Quadrat** zu **Fische-Saturn** (7.12.). Wenn nur die Angst nicht wäre, etwas Wichtiges zu verpassen. Sie lässt uns trotz großer Kraftanstrengungen auf der Stelle treten. **Löwe-Mars** wird **rückläufig** (7.12.). Es gibt kein Vorankommen mehr, stattdessen stehen Rückzugsgefechte an. Auch diese können uns Heldenmut abverlangen.

Venus wechselt in **Wassermann** und **trifft Pluto** (7.12.). Manches, was wi schätzen und lieben, scheint wohl unwiederbringlich verloren. **Fische-Neptu** wird **direktläufig** (8.12.). Uns werden Opfer abverlangt, die nicht immer freiwillig sind. Das lässt sich nicht einfach wegmeditieren. Oder etwa doch?

2
MONTAG

0:00 ☾ ↕ ♐
2:05 ☾ △ ⚷
2:28 ☾ ☌ ☿
7:16 ☿ △ ⚷
15:43 ♀ △ ♅
16:47 ☾ □ ♆ v/c
22:09 ☾ → ♑

☉ 10°46' ♐ • ☾ 24°36' ♐ • ☿R 19°08' ♐ • ♀ 24°26' ♑ • ♂ 6°02' ♌ • ♃R 17°00' ♊ • ♄ 12°57' ♓
⚷R 19°21' ♈ • ♅R 24°37' ♉ • ♆R 27°08' ♓ • ♇ 0°16' ♒ • ☊ 4°13' ♈ • ⚸ 13°10' ♎ • ⚳ 10°15' ♉

3
DIENSTAG

0:00 ☾ ↕ ♑
5:43 ☾ □ ☊
17:59 ☾ △ ⚳
22:16 ☾ ⚹ ♄
23:07 ☾ □ ⚸

☉ 11°46' ♐ • ☾ 7°26' ♑ • ☿R 17°58' ♐ • ♀ 25°35' ♑ • ♂ 6°05' ♌ • ♃R 16°51' ♊ • ♄ 12°58' ♓
⚷R 19°19' ♈ • ♅R 24°34' ♉ • ♆R 27°08' ♓ • ♇ 0°17' ♒ • ☊ 4°00' ♈ • ⚸ 13°21' ♎ • ⚳ 10°35' ♉

4
MITTWOCH

0:00 ☾ ↕ ♑
9:52 ☾ □ ⚷
11:15 ☿ ☍ ♃
17:18 ☉ □ ♄
19:24 ☾ △ ♅
19:52 ♀ ⚹ ♆

☉ 12°47' ♐ • ☾ 20°28' ♑ • ☿R 16°41' ♐ • ♀ 26°45' ♑ • ♂ 6°08' ♌ • ♃R 16°43' ♊ • ♄ 13°00' ♓
⚷R 19°18' ♈ • ♅R 24°32' ♉ • ♆R 27°08' ♓ • ♇ 0°18' ♒ • ☊ 3°49' ♈ • ⚸ 13°33' ♎ • ⚳ 10°55' ♉

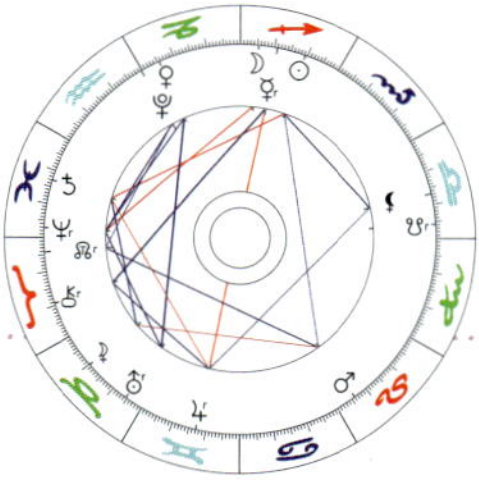

49. WOCHE
DEZEMBER

5 DONNERSTAG

0:00 ☾ ↕ ♑
0:09 ☾ ⚹ ♆
0:34 ☾ ☌ ♀ v/c
5:21 ☾ → ♒
5:56 ☾ ☌ ♇
10:27 ☉ ⚹ ⚸
12:00 ☾ ⚹ ☊
16:28 ☾ ☍ ♂

☉ 13°48' ♐ • ☾ 3°41' ♒ • ☿R 15°20' ♐ • ♀ 27°55' ♑ • ♂ 6°09' ♌ • ♃R 16°35' ♊ • ♄ 13°02' ♓
⚷R 19°16' ♈ • ♅R 24°30' ♉ • ♆R 27°08' ♓ • ♇ 0°20' ♒ • ☊ 3°41' ♈ • ⚸ 13°45' ♎ • ⚳ 11°13' ♉

6 FREITAG

Nikolaus

0:00 ☾ ↕ ♒
1:51 ☾ □ ⚳
3:18 ☉ ☌ ☿
6:20 ☾ △ ⚸
6:56 ☾ ⚹ ☿
7:38 ☉ ⚹ ☾
10:53 ☾ △ ♃
11:57 ☿ ⚹ ⚸
15:51 ☾ ⚹ ⚷

☉ 14°49' ♐ • ☾ 17°05' ♒ • ☿R 13°57' ♐ • ♀ 29°04' ♑ • ♂ 6°10' ♌ • ♃R 16°27' ♊ • ♄ 13°04' ♓
⚷R 19°15' ♈ • ♅R 24°27' ♉ • ♆R 27°08' ♓ • ♇ 0°21' ♒ • ☊ 3°35' ♈ • ⚸ 13°57' ♎ • ⚳ 11°31' ♉

7 SAMSTAG

0:00 ☾ ↕ ♒
0:34 ♂ SR
1:01 ☾ □ ♅ v/c
2:53 ☿ □ ♄
7:13 ♀ → ♒
10:49 ☾ → ♓
15:08 ♀ ☌ ♇
21:58 ☉ ☍ ♃

☉ 15°50' ♐ • ☾ 0°41' ♓ • ☿R 12°35' ♐ • ♀ 0°14' ♒ • ♂SR 6°10' ♌ • ♃R 16°19' ♊ • ♄ 13°07' ♓
⚷R 19°14' ♈ • ♅R 4°25' ♉ • ♆R 27°08' ♓ • ♇ 0°23' ♒ • ☊ 3°32' ♈ • ⚸ 14°09' ♎ • ⚳ 11°48' ♉

8 SONNTAG

2. Advent

◐ 16:26

0:00 ☾ ↕ ♓
0:45 ♆ SD
6:57 ☾ □ ☿
7:47 ☾ ⚹ ⚳
9:43 ☾ ☌ ♄
14:56 ☾ □ ♃
16:26 ☉ □ ☾

☉ 16°51' ♐ • ☾ 14°28' ♓ • ☿R 11°17' ♐ • ♀ 1°23' ♒ • ♂R 6°09' ♌ • ♃R 16°11' ♊ • ♄ 13°09' ♓
⚷R 19°13' ♈ • ♅R 24°23' ♉ • ♆ 27°08' ♓ • ♇ 0°24' ♒ • ☊ 3°31' ♈ • ⚸ 14°22' ♎ • ⚳ 12°04' ♉

Dornröschen lässt grüßen. **Wassermann-Venus** tritt in **Opposition** zum **rückläufigen Löwe-Mars** (12.12.). Erkaltete oder verloren gegangene Herzen zurückzuerobern verlangt uns große Anstrengungen ab. Was uns dazu antreibt, ist womöglich rein biologisch bedingt. Ob die Sache den Kraftaufwand wert ist, darüber müsste unser Verstand befinden, sofern er für uns trotz aller Hormonausschüttungen noch verfügbar ist.

Was jetzt noch unerledigt ist, wird es lange bleiben. **Schütze-Merkur** ist wieder **direktläufig** (15.12.). Wozu uns mit altem Kram befassen, wenn wir uns doch längst für tollere Themen begeistern. Doch wer bestimmt darüber, was zählt und worauf es ankommt?

Vollmond in Zwillinge Quadrat Fische-Neptun (15.12.):
Je mehr Fragen wir uns stellen, desto verworrener wird unsere Lage.

9
MONTAG

0:00 ☾ ↕ ♓
5:00 ☾ ✶ ⛢
9:44 ☾ ☌ ♆ v/c
14:37 ☾ → ♈
15:21 ☾ ✶ ⯓
19:33 ☾ ✶ ♀
20:36 ☾ ☌ ☊

☉17°52' ♐ • ☾28°27' ♓ • ☿R 10°06' ♐ • ♀2°32' ♒ • ♂R 6°08' ♌ • ♃R 16°02' ♊ • ♄13°12' ♓
⚷R 19°12' ♈ • ⛢R 24°21' ♉ • ♆27°08' ♓ • ⯓0°26' ♒ • ☊3°31' ♈ • ⚸14°34' ♎ • ⚳12°19' ♉

10
DIENSTAG

0:00 ☾ ↕ ♈
0:59 ☾ △ ♂
6:19 ☾ △ ☿
8:30 ♀ ✶ ☊
15:37 ☾ ☍ ⚸
17:24 ☾ ✶ ♃
18:49 ☉ △ ⚷
22:54 ☾ ☌ ⚷
23:13 ☉ △ ☾ v/c

♄

☉18°53' ♐ • ☾12°39' ♈ • ☿R 9°02' ♐ • ♀3°41' ♒ • ♂R 6°05' ♌ • ♃R 15°54' ♊ • ♄13°14' ♓
⚷R 19°11' ♈ • ⛢R 24°18' ♉ • ♆27°08' ♓ • ⯓0°27' ♒ • ☊3°31' ♈ • ⚸14°47' ♎ • ⚳12°33' ♉

11
MITTWOCH

0:00 ☾ ↕ ♈
16:55 ☾ → ♉
17:43 ☾ □ ⯓

☉19°54' ♐ • ☾27°02' ♈ • ☿R 8°09' ♐ • ♀4°50' ♒ • ♂R 6°02' ♌ • ♃R 15°46' ♊ • ♄13°17' ♓
⚷R 19°09' ♈ • ⛢R 24°16' ♉ • ♆27°08' ♓ • ⯓0°29' ♒ • ☊3°29' ♈ • ⚸15°00' ♎ • ⚳12°46' ♉

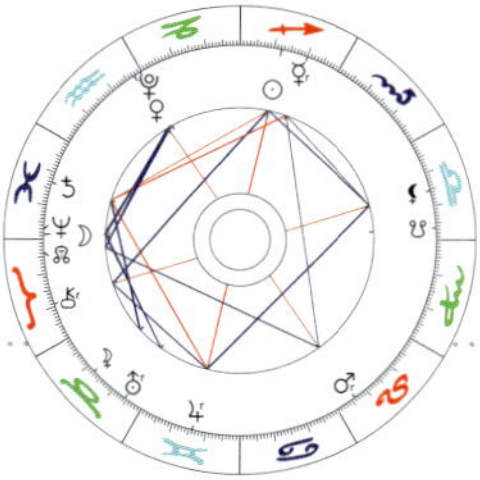

50. WOCHE
DEZEMBER

0:00 ☾ ↕ ♉
2:01 ☾ □ ♀
2:50 ☾ □ ♂
11:46 ♀ ☍ ♂
14:21 ☾ ☌ ⚳
14:55 ☾ ⚹ ♄

12
DONNERSTAG

☉20°55'♐ • ☾11°33'♉ • ☿R 7°26'♐ • ♀5°59'♒ • ♂R 5°58'♌ • ♃R 15°38'♊ • ♄13°19'♓
⚷R 19°09'♈ • ♅R 24°14'♉ • ♆27°08'♓ • ♇0°30'♒ • ☊3°25'♈ • ⚸15°12'♎ • ⚳12°58'♉

0:00 ☾ ↕ ♉
8:45 ☿ ⚹ ♀
8:49 ☾ ☌ ♅
13:39 ☾ ⚹ ♆ v/c
17:03 ♃ △ ⚸
18:22 ☾ → ♊
19:15 ☾ △ ♇
23:40 ☾ ⚹ ☊

13
FREITAG

☉21°56'♐ • ☾26°08'♉ • ☿R 6°54'♐ • ♀7°07'♒ • ♂R 5°53'♌ • ♃R 15°30'♊ • ♄13°22'♓
⚷R 19°08'♈ • ♅R 24°12'♉ • ♆27°08'♓ • ♇0°32'♒ • ☊3°18'♈ • ⚸15°25'♎ • ⚳13°09'♉

0:00 ☾ ↕ ♊
3:58 ☾ ⚹ ♂
5:19 ☾ ☍ ☿
7:39 ☾ △ ♀
16:34 ☾ □ ♄
19:43 ☾ ☌ ♃
20:22 ☾ △ ⚸

14
SAMSTAG

☉22°57'♐ • ☾10°41'♊ • ☿R 6°34'♐ • ♀8°16'♒ • ♂R 5°47'♌ • ♃R 15°22'♊ • ♄13°25'♓
⚷R 19°07'♈ • ♅R 24°10'♉ • ♆27°09'♓ • ♇0°33'♒ • ☊3°08'♈ • ⚸15°39'♎ • ⚳13°18'♉

0:00 ☾ ↕ ♊
2:01 ☾ ⚹ ⚷
10:01 ☉ ☍ ☾
15:32 ☾ □ ♆ v/c
20:21 ☾ → ♋
21:58 ☿ SD

3. Advent

15
SONNTAG
○ 10:01

☉23°58'♐ • ☾25°03'♊ • ☿R 6°25'♐ • ♀9°24'♒ • ♂R 5°41'♌ • ♃R 15°14'♊ • ♄13°28'♓
⚷R 19°06'♈ • ♅R 24°08'♉ • ♆27°09'♓ • ♇0°35'♒ • ☊2°56'♈ • ⚸15°52'♎ • ⚳13°25'♉

Wer sind wir und wer möchten wir sein? Das Spiel mit unterschiedlichen Identitäten stellt mit **Schütze-Sonne** im **Quadrat** zu **Fische-Neptun** (18.12.) eine verlockende Angelegenheit dar. Doch je mehr wir uns und anderen etwas vormachen, desto größer wird die Enttäuschung, die daraus resultiert. Unsere Persönlichkeit muss nicht schillern, um Eindruck zu machen. Oder etwa doch?

Flirten ist harmlos, solange es Unterhaltungswert hat und der Zerstreuung dient. Mit **Wassermann-Venus** im **Trigon** zu **Zwillinge-Jupiter** (20.12.) sind neue Kontakte schnell geknüpft. Wie lange wir an ihnen Interesse haben, steht auf einem anderen Blatt. Das Glück ist flüchtig. Je mehr wir ihm hinterherjagen, desto rarer macht es sich.

16
MONTAG

0:00 ☾ ↕ ♋
1:08 ☾ □ ☊
8:17 ♄ ⚹ ⚳
19:34 ☾ △ ♄
19:36 ☾ ⚹ ⚳

☉24°59'♐ • ☾9°10'♋ • ☿6°25'♐ • ♀10°32'♒ • ♂R 5°34'♌ • ♃R 15°06'♊ • ♄13°31'♓
⚷R 19°05'♈ • ♅R 24°06'♉ • ♆27°09'♓ • ♇0°37'♒ • ☊2°43'♈ • ⚸16°05'♎ • ⚳13°32'♉

17
DIENSTAG

0:00 ☾ ↕ ♋
0:11 ☾ □ ⚸
5:14 ☾ □ ⚷
14:02 ☾ ⚹ ♅
19:33 ☾ △ ♆ v/c

☉26°00'♐ • ☾22°55'♋ • ☿6°36'♐ • ♀11°40'♒ • ♂R 5°25'♌ • ♃R 14°58'♊ • ♄13°35'♓
⚷R 19°04'♈ • ♅R 24°04'♉ • ♆27°09'♓ • ♇0°38'♒ • ☊2°31'♈ • ⚸16°18'♎ • ⚳13°36'♉

18
MITTWOCH

0:00 ☾ ↕ ♋
0:39 ☾ → ♌
1:50 ☾ ☍ ♇
4:58 ☾ △ ☊
10:13 ☾ ☌ ♂
13:14 ☾ △ ☿
15:28 ☉ □ ♆

☉27°01'♐ • ☾6°16'♌ • ☿6°55'♐ • ♀12°47'♒ • ♂R 5°16'♌ • ♃R 14°50'♊ • ♄13°38'♓
⚷R 19°04'♈ • ♅R 24°02'♉ • ♆27°10'♓ • ♇0°40'♒ • ☊2°21'♈ • ⚸16°32'♎ • ⚳13°39'♉

51. WOCHE
DEZEMBER

19
DONNERSTAG

0:00 ☾ ↕ ♌
1:10 ☾ ☍ ♀
1:39 ☾ □ ⚳
3:17 ♄ ⚹ ⚳
3:40 ☾ ⚹ ♃
6:43 ♀ □ ⚳
7:19 ☾ ⚹ ⚸
11:44 ☾ △ ⚷
21:04 ☾ □ ♅

☉28°02'♐ • ☾19°12'♌ • ☿7°22'♐ • ♀13°55'♒ • ♂R 5°06'♌ • ♃R 14°42'♊ • ♄13°41'♓
⚷R 19°03'♈ • ♅R 24°00'♉ • ♆27°10'♓ • ♇0°42'♒ • ☊2°13'♈ • ⚸16°45'♎ • ⚳R 13°40'♉

20
FREITAG

0:00 ☾ ↕ ♌
3:10 ♀ △ ♃
6:19 ☉ △ ☾ v/c
8:37 ☾ → ♍

☉29°03'♐ • ☾1°45'♍ • ☿7°57'♐ • ♀15°02'♒ • ♂R 4°56'♌ • ♃R 14°35'♊ • ♄13°45'♓
⚷R 19°03'♈ • ♅R 23°58'♉ • ♆27°11'♓ • ♇0°43'♒ • ☊2°09'♈ • ⚸16°58'♎ • ⚳R 13°39'♉

Winteranfang

21
SAMSTAG

0:00 ☾ ↕ ♍
0:46 ☾ □ ☿
10:20 ☉ → ♑
11:14 ☾ △ ⚳
11:38 ☾ ☍ ♄
12:55 ☾ □ ♃

☉0°04'♑ • ☾13°59'♍ • ☿8°37'♐ • ♀16°09'♒ • ♂R 4°44'♌ • ♃R 14°27'♊ • ♄13°48'♓
⚷R 19°02'♈ • ♅R 23°56'♉ • ♆27°11'♓ • ♇0°45'♒ • ☊2°06'♈ • ⚸17°12'♎ • ⚳R 13°36'♉

4. Advent

22
SONNTAG
◐ 23:18

0:00 ☾ ↕ ♍
7:49 ☾ △ ♅
14:27 ☾ ☍ ♆ v/c
16:15 ♀ △ ⚸
20:07 ☾ → ♎
21:44 ☾ △ ♇
23:18 ☉ □ ☾

☉1°05'♑ • ☾25°59'♍ • ☿9°24'♐ • ♀17°16'♒ • ♂R 4°32'♌ • ♃R 14°20'♊ • ♄13°52'♓
⚷R 19°02'♈ • ♅R 23°54'♉ • ♆27°12'♓ • ♇0°47'♒ • ☊2°06'♈ • ⚸17°26'♎ • ⚳R 13°30'♉

Eben noch himmelhochjauchzend, dann wieder zu Tode betrübt. **Zwillinge-Jupiter** steht im **Quadrat** zu **Fische-Saturn** (24.12.). Froh zu sein bedarf es wenig. In der Beschränkung zeigt sich der Weise. Ob kluge Sprüche uns weiterhelfen? Es wäre sicherlich schlauer, wir wären von selbst draufgekommen. **Schütze-Merkur** tritt in **Opposition** zu **Zwillinge-Jupiter** (26.12.) und ins **Quadrat** zu **Fische-Saturn** (27.12.). Das Leben hält nicht immer, was es uns verspricht. Die Frage ist, wen außer uns selbst können wir dafür haftbar machen.

Woran wir Gefallen finden, das ändert sich. Bisweilen auf einen Schlag. **Wassermann-Venus** bildet ein **Quadrat** zu **Stier-Uranus** (28.12.). Es ist das Unverfügbare, das uns jetzt besonders reizt. Was leicht zu haben ist, ist wenig attraktiv. Das gilt auch für uns.

23
MONTAG

0:00 ☾ ↕ ♎
0:22 ☾ ☍ ☊
4:59 ☾ ⚹ ♂
11:39 ☉ □ ☊
17:22 ☾ ⚹ ☿

☉2°06' ♑ • ☾7°49' ♎ • ☿10°15' ♐ • ♀18°23' ♒ • ♂R 4°18' ♌ • ♃R 14°12' ♊ • ♄13°56' ♓
⚷R 19°01' ♈ • ♅R 23°52' ♉ • ♆27°12' ♓ • ♇0°49' ♒ • ☊2°06' ♈ • ⚸17°39' ♎ • ⚳R 13°22' ♉

24
DIENSTAG

Heiligabend

0:00 ☾ ↕ ♎
0:51 ☾ △ ♃
1:46 ♀ ⚹ ⚷
8:25 ☾ ☌ ⚸
10:47 ☾ ☍ ⚷
11:44 ☾ △ ♀ v/c
22:59 ♃ □ ♄

☉3°08' ♑ • ☾19°37' ♎ • ☿11°11' ♐ • ♀19°29' ♒ • ♂R 4°04' ♌ • ♃R 14°05' ♊ • ♄14°00' ♓
⚷R 19°01' ♈ • ♅R 23°50' ♉ • ♆27°13' ♓ • ♇0°50' ♒ • ☊2°05' ♈ • ⚸17°53' ♎ • ⚳R 13°11' ♉

25
MITTWOCH

1. Weihnachtsfeiertag

0:00 ☾ ↕ ♎
9:06 ☾ → ♏
10:51 ☾ □ ♇
16:44 ☾ □ ♂
17:59 ☉ ⚹ ☾

☉4°09' ♑ • ☾1°26' ♏ • ☿12°11' ♐ • ♀20°36' ♒ • ♂R 3°50' ♌ • ♃R 13°57' ♊ • ♄14°04' ♓
⚷R 19°01' ♈ • ♅R 23°49' ♉ • ♆27°13' ♓ • ♇0°52' ♒ • ☊2°03' ♈ • ⚸18°07' ♎ • ⚳R 12°57' ♉

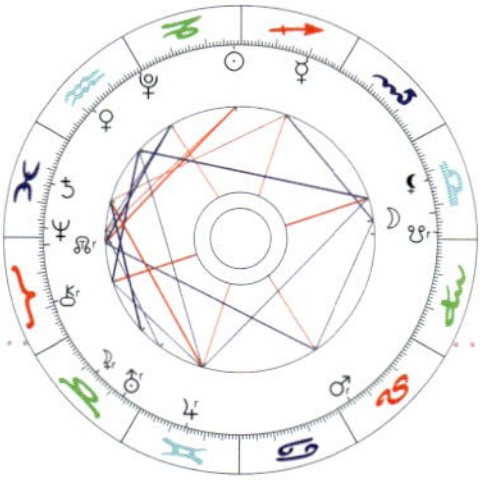

52. WOCHE
DEZEMBER

26
DONNERSTAG

2. Weihnachtsfeiertag

0:00 ☾ ↕ ♏
10:37 ☾ ☍ ⚳
13:30 ☾ △ ♄
23:47 ☿ ☍ ♃

☉ 5°10' ♑ • ☾ 13°23' ♏ • ☿ 13°15' ♐ • ♀ 21°42' ♒ • ♂R 3°34' ♌ • ♃R 13°50' ♊ • ♄ 14°08' ♓
⚷R 19°00' ♈ • ♅R 23°47' ♉ • ♆ 27°14' ♓ • ♇ 0°54' ♒ • ☊ 1°58' ♈ • ⚸ 18°21' ♎ • ⚳R 12°40' ♉

27
FREITAG

0:00 ☾ ↕ ♏
6:08 ☾ □ ♀
8:28 ☿ □ ♄
8:34 ☾ ☍ ♅
15:24 ☾ △ ♆ v/c
20:46 ☾ → ♐
22:36 ☾ ⚹ ♇

☉ 6°11' ♑ • ☾ 25°30' ♏ • ☿ 14°21' ♐ • ♀ 22°47' ♒ • ♂R 3°18' ♌ • ♃R 13°43' ♊ • ♄ 14°12' ♓
⚷R 19°00' ♈ • ♅R 23°45' ♉ • ♆ 27°14' ♓ • ♇ 0°56' ♒ • ☊ 1°50' ♈ • ⚸ 18°34' ♎ • ⚳R 12°19' ♉

28
SAMSTAG

0:00 ☾ ↕ ♐
0:10 ☾ △ ☊
2:50 ☾ △ ♂
8:42 ♀ □ ♅
22:50 ☾ ☍ ♃

☉ 7°12' ♑ • ☾ 7°53' ♐ • ☿ 15°30' ♐ • ♀ 23°53' ♒ • ♂R 3°01' ♌ • ♃R 13°36' ♊ • ♄ 14°16' ♓
⚷R 19°00' ♈ • ♅R 23°44' ♉ • ♆ 27°15' ♓ • ♇ 0°57' ♒ • ☊ 1°40' ♈ • ⚸ 18°48' ♎ • ⚳R 11°54' ♉

29
SONNTAG

0:00 ☾ ↕ ♐
0:15 ☾ □ ♄
4:01 ☾ ☌ ☿
8:23 ⚷ ☍ ⚸
9:07 ☾ △ ⚷
9:08 ☾ ⚹ ⚸
21:03 ☾ ⚹ ♀

☉ 8°13' ♑ • ☾ 20°32' ♐ • ☿ 16°42' ♐ • ♀ 24°58' ♒ • ♂R 2°43' ♌ • ♃R 13°30' ♊ • ♄ 14°20' ♓
⚷R 19°00' ♈ • ♅R 23°42' ♉ • ♆ 27°16' ♓ • ♇ 0°59' ♒ • ☊ 1°27' ♈ • ⚸ 19°02' ♎ • ⚳R 11°24' ♉

Machtfragen spitzen sich zu und fordern unser Handeln heraus. Der rückläufige **Löwe-Mars** bildet eine **Opposition** zu **Wassermann-Pluto** (3.1.). Wir sind dem Untergang geweiht, sofern es nur unser Wille ist, der geschehen soll. Es sind höhere Mächte durch uns am Wirken. Alles andere beruht auf Selbstüberschätzung und falschem Heldentum. Uns Niederlagen einzugestehen, ist auch eine Form von Tapferkeit. Was zählt, sind innere Kraft und Stärke. Der Rest ist alles nur Show.

Liebe und Vergebung sind der Stoff, aus dem wir derzeit unsere Träume weben. **Venus wechselt** in **Fische** (3.1.). Was uns Opfer abverlangt, könnte tatsächlich Liebe sein.

Neumond in Steinbock (30.12.): Verzicht zu üben, ist eine schwierige und ernste Angelegenheit, die dennoch sein muss.

30 MONTAG

● 23:27

0:00 ☾ ↕ ♐
0:34 ☾ □ ♆ v/c
5:37 ☾ → ♑
7:56 ☾ □ ☊
23:27 ☉ ☌ ☾

☉ 9°15' ♑ • ☾ 3°28' ♑ • ☿ 17°55' ♐ • ♀ 26°03' ♒ • ♂R 2°25' ♌ • ♃R 13°23' ♊ • ♄ 14°25' ♓
⚷ 19°00' ♈ • ♅R 23°40' ♉ • ♆ 27°17' ♓ • ♇ 1°01' ♒ • ☊ 1°13' ♈ • ⚸ 19°16' ♎ • ⚳R 10°50' ♉

31 DIENSTAG

Silvester

0:00 ☾ ↕ ♑
0:50 ☾ △ ⚳
6:34 ♇ ⚹ ☊
8:02 ☾ ⚹ ♄
8:41 ☿ △ ⚷
10:45 ☉ △ ⚳
16:12 ☾ □ ⚷
17:11 ☾ □ ⚸
19:29 ☿ ⚹ ⚸

☉ 10°16' ♑ • ☾ 16°40' ♑ • ☿ 19°11' ♐ • ♀ 27°08' ♒ • ♂R 2°06' ♌ • ♃R 13°16' ♊ • ♄ 14°29' ♓
⚷ 19°00' ♈ • ♅R 23°39' ♉ • ♆ 27°17' ♓ • ♇ 1°03' ♒ • ☊ 0°59' ♈ • Lilith 19°30' ♎ • ⚳R 10°10' ♉

1 MITTWOCH

Neujahr

0:00 ☾ ↕ ♑
0:30 ☾ △ ♅
7:02 ☾ ⚹ ♆ v/c
11:49 ☾ → ♒
13:12 ☾ ⚹ ☊
13:44 ☾ ☌ ♇
14:53 ☾ ☍ ♂

☉ 11°17' ♑ • ☾ 0°06' ♒ • ☿ 20°28' ♐ • ♀ 28°12' ♒ • ♂R 1°46' ♌ • ♃R 13°10' ♊ • ♄ 14°34' ♓
⚷ 19°00' ♈ • ♅R 23°37' ♉ • ♆ 27°18' ♓ • ♇ 1°05' ♒ • ☊ 0°47' ♈ • ⚸ 19°44' ♎ • ⚳R 9°24' ♉

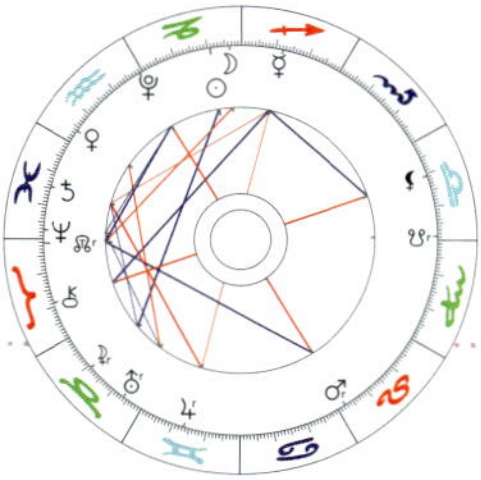

1. WOCHE
DEZEMBER
JANUAR

0:00 ☽ ↕ ♒
3:27 ☽ □ ⚳
10:51 ☽ △ ♃
21:14 ☽ ⚹ ⚷
23:06 ☽ △ ⚸

2
DONNERSTAG

☉ 12°18' ♑ • ☽ 13°43' ♒ • ☿ 21°46' ♐ • ♀ 29°16' ♒ • ♂R 1°26' ♌ • ♃R 13°04' ♊ • ♄ 14°38' ♓
⚷ 19°00' ♈ • ♅R 23°36' ♉ • ♆ 27°19' ♓ • ♇ 1°07' ♒ • ☊ 0°38' ♈ • ⚸ 19°58' ♎ • ⚳R 8°32' ♉

0:00 ☽ ↕ ♒
3:33 ☽ ⚹ ☿
4:24 ♀ → ♓
5:13 ☽ □ ♅ v/c
8:21 ♂ ☍ ♇
16:21 ☽ → ♓
17:20 ☽ ☌ ♀

3
FREITAG

☉ 13°19' ♑ • ☽ 27°30' ♒ • ☿ 23°06' ♐ • ♀ 0°20' ♓ • ♂R 1°05' ♌ • ♃R 12°58' ♊ • ♄ 14°43' ♓
⚷ 19°01' ♈ • ♅R 23°35' ♉ • ♆ 27°20' ♓ • ♇ 1°08' ♒ • ☊ 0°31' ♈ • ⚸ 20°12' ♎ • ⚳R 7°32' ♉

0:00 ☽ ↕ ♓
4:05 ☽ ⚹ ⚳
14:33 ☽ □ ♃
17:31 ☉ ⚹ ☽
17:56 ☽ ☌ ♄
23:36 ☉ ⚹ ♄

4
SAMSTAG

☉ 14°20' ♑ • ☽ 11°22' ♓ • ☿ 24°27' ♐ • ♀ 1°24' ♓ • ♂R 0°44' ♌ • ♃R 12°52' ♊ • ♄ 14°48' ♓
⚷ 19°01' ♈ • ♅R 23°33' ♉ • ♆ 27°21' ♓ • ♇ 1°10' ♒ • ☊ 0°27' ♈ • ⚸ 20°26' ♎ • ⚳R 6°23' ♉

0:00 ☽ ↕ ♓
7:20 ♂ △ ☊
8:56 ☽ ⚹ ♅
12:57 ☽ □ ☿
15:30 ☽ ☌ ♆ v/c
20:01 ☽ → ♈
20:25 ☽ △ ♂
20:45 ☽ ☌ ☊
22:06 ☽ ⚹ ♇

5
SONNTAG

☉ 15°22' ♑ • ☽ 25°20' ♓ • ☿ 25°50' ♐ • ♀ 2°27' ♓ • ♂R 0°22' ♌ • ♃R 12°46' ♊ • ♄ 14°52' ♓
⚷ 19°01' ♈ • ♅R 23°32' ♉ • ♆ 27°22' ♓ • ♇ 1°12' ♒ • ☊ 0°26' ♈ • ⚸ 20°41' ♎ • ⚳R 5°06' ♉

Wer hat, der hat

JUPITER IN STIER

16. Mai 2023 bis 26. Mai 2024

SELBSTERKENNTNIS

Wann sind meine Taschen voll genug?

Was möchte ich mit allen Sinnen auskosten?

Von welchen Genüssen kann ich nicht genug bekommen?

Wovon habe ich zu viel angehäuft?

Wie viel Platz beanspruche ich, um mich sicher zu fühlen?

Was macht mich träge und bequem?

AFFIRMATIONEN

Ich tätige gute Geschäfte.

Ich genieße die Natur.

Ich erfreue mich an meinem Besitz und pflege ihn.

Meine Käufe und Anschaffungen ergeben Sinn.

Ich lasse es mir schmecken.

Ich habe genug, um großzügig zu sein.

Groß denken

JUPITER IN ZWILLINGE

26. Mai 2024 bis 9. Juni 2025

SELBSTERKENNTNIS

Wo verleitet mich meine Neugier dazu,
mich zu verzetteln?

Was geht über meinen Verstand?

Wie lustig darf es in meinem Leben zugehen?

Wobei lerne ich am meisten?

Was habe ich Wichtiges zu sagen?

Worin zeigt sich meine Klugheit?

AFFIRMATIONEN

Ich weiß, dass andere mit ihren Ansichten auch richtig liegen können.

Ich interessiere mich für das, was von Bedeutung ist.

Meine Vielseitigkeit bringt mich voran.

Ich verspreche nicht zu viel.

Was ich sage, ergibt auch für andere Sinn.

Ich kenne viele Wege und wähle den richtigen.

Die Grenzen des Vertrauens

SATURN IN FISCHE

7. März 2023 bis 25. Mai 2025
und 1. September 2025 bis 14. Februar 2026

SELBSTERKENNTNIS

Worüber verliere ich zunehmend die Kontrolle?

Welchen Suchttendenzen gilt es Einhalt zu gebieten?

Wem kann ich eine Stütze und Hilfe sein?

Wo bin ich selbst auf andere angewiesen?

Wo finden Grenzverwischungen statt?

Was enttäuscht mich?

Wo finde ich inneren Halt?

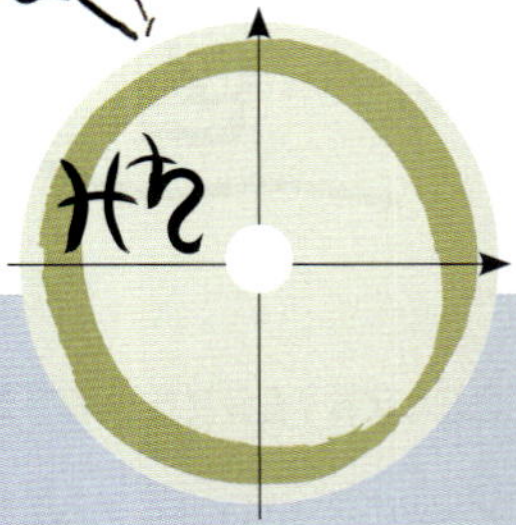

AFFIRMATIONEN

Ich bin vertrauenswürdig.

Ich kann vergeben, auch mir selbst.

Ich setze Nachgiebigkeit
nicht mit Schwäche gleich.

Ich akzeptiere die Grenzen meiner Hilfsbereitschaft.

Ich öffne mich transzendenten Erfahrungen.

Ich finde durch Hingabe zu innerer Erlösung.

SELBSTERKENNTNIS

Welche meiner Anstrengungen sind vergeblich?

Was entmutigt mich?

Wo kämpfe ich auf verlorenem Posten
und warum tue ich mir das an?

Was muss ich und was will ich?

Wobei handle ich widersprüchlich?

Was macht mich stark und was schwächt mich?

Sisyphos lässt grüßen

CHIRON IN WIDDER

18. Februar 2019
bis 14. April 2027

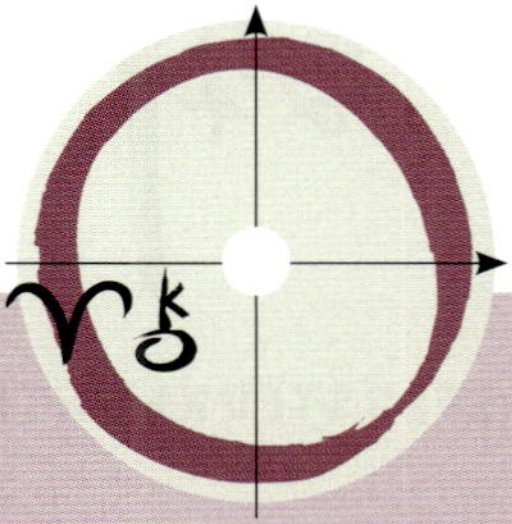

AFFIRMATIONEN

Ich schule meine Willenskräfte.

Ich kenne meine Schwachstellen und schütze mich.

Mein Mut ist größer als mein Zorn.

Ich muss nicht als Einzelkämpfer bestehen.

Was mich schmerzt, das macht mich stark.

Ich erkenne, wann ich mich geschlagen geben muss und wann nicht.

SELBSTERKENNTNIS

Welche Form von Besitz macht mich unfrei?

Was ist der Preis für meine Sicherheitsbedürfnisse?

Wofür setze ich meine Werte aufs Spiel?

Welche Anschaffungen sind überflüssig?

Welche Genussmittel bekommen mir?

Wie ist es um meine finanzielle Unabhängigkeit bestellt?

Neue Besitzverhältnisse

URANUS IN STIER

6. März 2019 bis 26. April 2026

AFFIRMATIONEN

Ich werde mobil
und wechsle mein Revier.

Ich schaffe neue Werte.

Ich ändere mein Konsumverhalten.

Ich befreie mich von meiner Gier.

Ich schalte nicht mehr auf stur.

Ich sichere meinen Lebensunterhalt
auf selbstbestimmte Art.

SELBSTERKENNTNIS

Was lässt meiner Seele Flügel wachsen?

Wie gut ist es um mein Einfühlungsvermögen bestellt?

Wo mache ich mir und anderen etwas vor?

Wo lasse ich meinen Schutzengel im Stich?

Was fügt sich auch ohne mein Zutun?

Aus welchen Quellen schöpfe ich?

Die Kunst der Vergebung

NEPTUN IN FISCHE

April 2011
bis Januar 2026

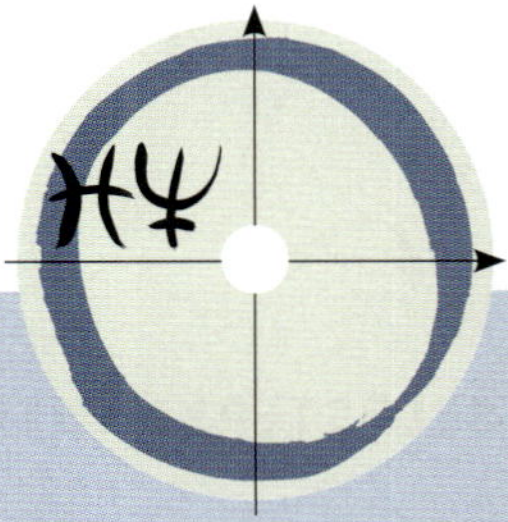

AFFIRMATIONEN

Ich kenne meine Träume
und lebe sie.

Ich lasse mich nicht in Versuchung führen.

Ich erbringe keine vergeblichen Opferleistungen.

Ich übe mich in Hingabe und Vertrauen.

Ich verliere mich nicht in Scheinwelten.

Ich öffne mich meiner Sehnsucht.

SELBSTERKENNTNIS

Welche Altlasten bedrücken mich?

Wo und wie bekomme ich die Macht des Schicksals zu spüren?

Was kann ich endgültig abhaken?

Welche Verlustängste bedrohen mein Sicherheitsgefühl?

Worauf kann ich bauen?

Was kann ich dauerhaft bewirken?

Alles hat ein Ende

PLUTO IN STEINBOCK

Januar 2008
bis November 2024

AFFIRMATIONEN

Ich bleibe nichts schuldig.

Ich setze auf Nachhaltigkeit.

Mein Lebensfundament ist tragfähig und sicher.

Ich schließe mit meiner Vergangenheit ab.

Ich erzwinge nichts Falsches.

Was getan werden muss, das vollbringe ich.

SELBSTERKENNTNIS

Wo und wie verspüre ich die Macht von Gruppen?

Inwieweit muss ich mich von anderen unterscheiden?

Wo erfahre ich Solidarität?

Wo verweigere ich mich anstehenden Veränderungen und warum?

Wo fürchte ich mich vor Gleichschaltung?

Welchen Preis bin ich bereit für meine Freiheit zu bezahlen?

Jenseits der Angst fängt die Zukunft an

PLUTO IN WASSERMANN

21. Januar bis 2. September 2024 sowie
19. November 2024 bis 9. März 2043

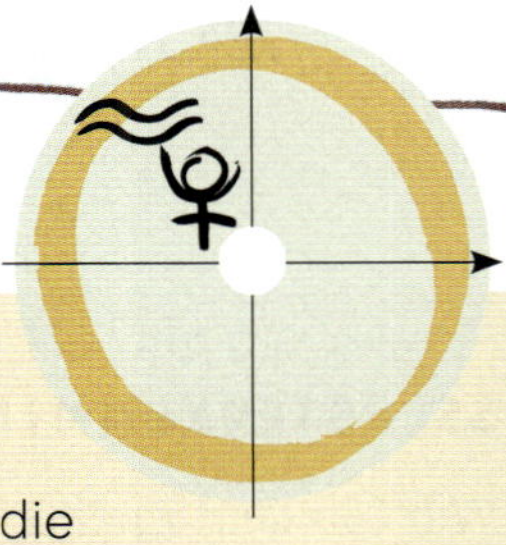

AFFIRMATIONEN

Ich kann unterscheiden, wo ich die Zukunft fürchten muss und wo nicht.

Ich kämpfe für Selbstbestimmung.

Meine Freundschaften sind echt.

Ich kenne das Risiko und seine Gefahren.

Auf meine Verbündeten ist Verlass.

Ich muss nicht zwanghaft frei und anders sein.

Die Unverfügbarkeit des Begehrens

WASSERMANN-VENUS KONJUNKTION MARS

24. Februar auf 6°58' Wassermann

SELBSTERKENNTNIS

Wie fair sind meine Beziehungen?

Wo lockt mich die Lust am Risiko?

Was begehre ich jenseits dessen, woran ich gewöhnt bin?

Wie frei kann ich lieben?

Wie wählerisch darf ich sein?

Was kickt mich, auch in erotischer Hinsicht?

AFFIRMATIONEN

Ich lasse mich überraschen,
auch von mir selbst.

Meine Vorlieben sind veränderbar.

Ich gönne mir meine Lust und Freude
an der Abwechslung.

Meine Beziehungen beruhen auf Freiwilligkeit.

Ich gebe und nehme selbstbestimmt.

Ich überstürze nichts.

Frei von Besitz

SELBSTERKENNTNIS

Wofür setze ich mein Hab und Gut aufs Spiel?

Wovon verspreche ich mir schnellen Profit?

Was ist überflüssig und kann weg?

Was macht mich immobil?

Was habe ich zu verlieren,
wo kann ich hinzugewinnen?

Wie frei ist mein Umgang mit Geld und Besitz?

STIER-JUPITER KONJUNKTION URANUS

21. April auf 21°50' Stier

AFFIRMATIONEN

Ich bin vorbereitet,
falls das Blatt sich unverhofft wendet.

Was ich habe, das hat mich nicht.

Ich befreie mich von allem, was zu viel ist.

Meine Bequemlichkeiten sind veränderbar.

Ich weiß, wobei ich mich verzocken kann.

Besitzdenken ist mir fremd.

Das Paradies auf Erden

STIER-JUPITER SEXTIL FISCHE-NEPTUN

23. Mai auf 29°31' Stier/Fische

SELBSTERKENNTNIS

Was bereitet mir sinnliche Freude, ohne mich süchtig zu machen?

Wie kann ich Fülle und Leere miteinander verbinden?

Worin besteht für mich der perfekte Genuss?

Was sind mir meine Opferleistungen wert?

Wo befindet sich mein persönlicher Garten Eden?

Welche Träume machen sich bezahlt?

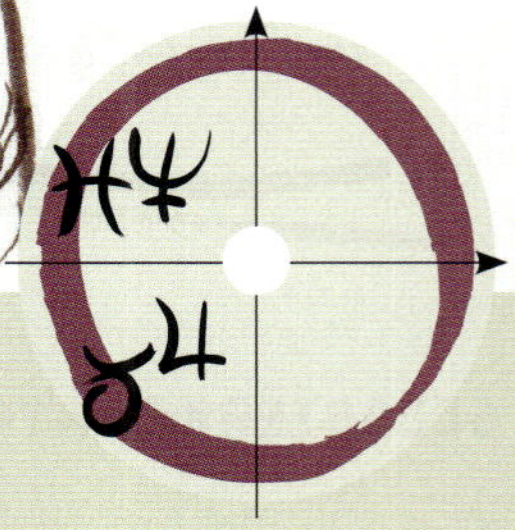

AFFIRMATIONEN

Ich öffne meine Sinne für
transzendente Erfahrungen.

Was ich habe, das kann ich frohen Herzens geben.

Ich weiß um die Lust, die meine Sehnsucht stillt.

Meine Hilfsbereitschaft lohnt sich.

Überdruss bringt keine Erlösung.

Die letzte Reise erfolgt ohne Gepäck.

Gesagt ist noch lange nicht getan

ZWILLINGE-JUPITER QUADRAT FISCHE-SATURN

19. August auf 17°27' Zwillinge/Fische
und 24. Dezember auf 14°01' Zwillinge/Fische

SELBSTERKENNTNIS

Wo fehlt mir die Zuversicht, wo die Vernunft?

Wo verläuft die Grenze zwischen Vielseitigkeit und Beliebigkeit?

Woran mangelt es mir und wovon erhoffe ich zu viel?

Inwieweit beruhen meine Zweifel auf fehlendem Vertrauen?

Was kann ich wissen und was nur erahnen?

Was lehrt mich mein Glaube?

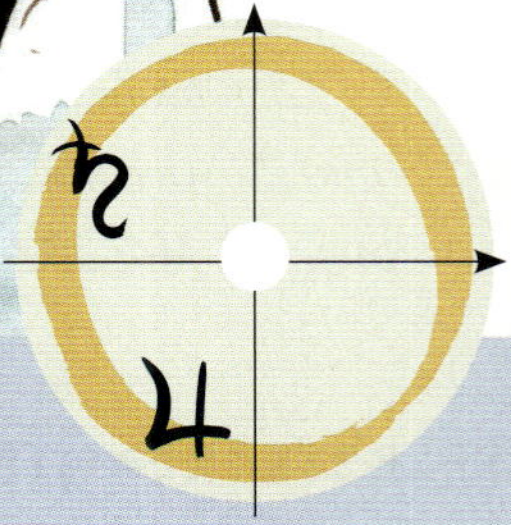

AFFIRMATIONEN

Wo meine Vernunft an ihre Grenzen stößt, fängt mein Vertrauen an.

Ich kann meine Klugheit auch für mich behalten.

Was ich hinterfragen kann, bringt mich voran.

Ich kenne und akzeptiere die Grenzen meines Wissens.

Der Zweifel stärkt meinen Glauben.

Ich weiß auch über die letzten Dinge gut Bescheid.

ZWILLINGE-JUPITER SEXTIL WIDDER-CHIRON

12. Oktober auf 21°19' Zwillinge/Widder
und 2. November auf 20°23' Zwillinge/Widder
sowie 18. Mai 2025 auf 25°02' Zwillinge/Widder

SELBSTERKENNTNIS

Was sollte ich wissen, um innere Heilungsprozesse in Gang zu setzen?

Welche Fragen rühren an meine wunden Punkte?

Welche Aha-Erlebnisse bringen mich voran?

Was habe ich zu erzählen, das anderen als Anstoß dient?

Welche Geschichten motivieren mich?

Wie lehrreich sind meine Erkenntnisse für andere?

Heilsames Wissen

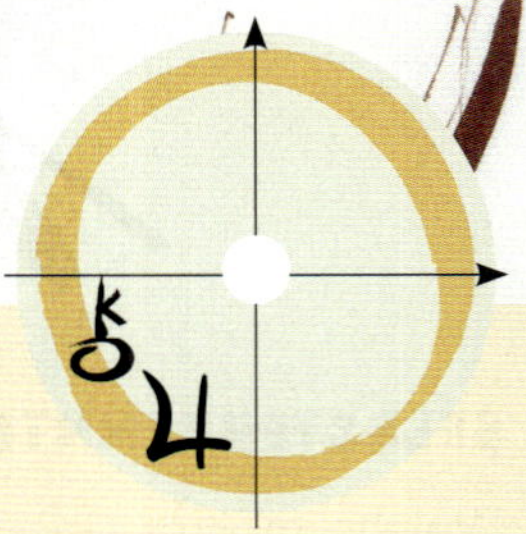

AFFIRMATIONEN

Ich bin offen für Denkanstöße, die mich mobilisieren.

Ich verstehe, warum mir manches nicht auf Anhieb gelingt.

Ich finde für meine Interessen die richtigen Lehrer.

Ich weiß um meine wunden Punkte.

Ich kenne den Schlüssel zu meiner inneren Ganzheit.

Ich begreife, warum ich nicht ewig lebe.

SELBSTERKENNTNIS

Welche meiner Überzeugungen bedürfen einer geistigen Auffrischung?

Wie tief darf der Zweifel an mir nagen?

Wo bin ich schwer von Begriff, weil ich bestimmte Dinge nicht wahrhaben will?

Was hilft mir, in größeren Zusammenhängen zu denken?

Womit lenke ich mich vom Wesentlichen ab?

Warum lässt sich das Glück nicht erzwingen?

Neues macht erfinderisch

ZWILLINGE-JUPITER TRIGON WASSERMANN-PLUTO

3. Juni auf 1°53‘ Zwillinge/Wassermann

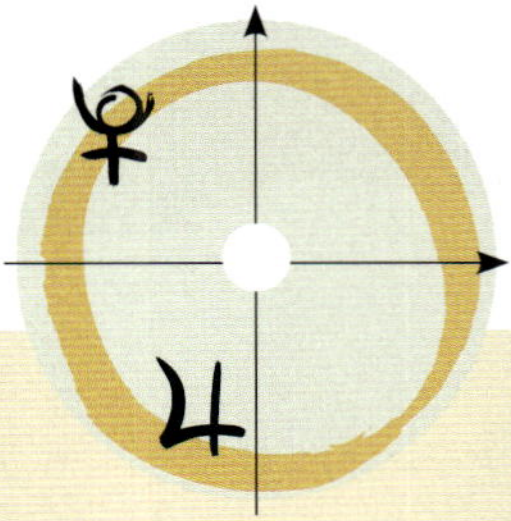

AFFIRMATIONEN

Es gibt genügend Gleichgesinnte,
von denen ich mich verstanden fühle.

Ich erkenne, welche meiner Gedanken frei sind
und welche nicht.

Ich gehe in Kontakt und erweitere meine Netzwerke.

Ich lebe antifragil.

Ich begreife immer mehr, was Zukunft hat und was nicht.

Was ich weiß, macht mich heiß.

DER MONDZYKLUS

So wie der Mond wächst oder kleiner wird, verändert sich auch der Lauf unseres Lebens. Die Menschen aus früheren Kulturen wussten dies und wählten die Zeitpunkte ihrer Feste nach den Mondphasen aus. Ostern findet am Sonntag nach dem ersten Vollmond im Frühjahr statt. *Rosch ha-Schana* – das hebräische Neujahr – wird am ersten Neumond im Herbst gefeiert. Sie können den Mondzyklus als eine Art Monatsuhr nutzen. Unternehmen Sie die ersten Schritte – *legen Sie die Saat* –, wenn Neumond ist. Seien Sie besonders aktiv in der Zeit unmittelbar vor dem Vollmond. Wenn der Mond vor seinem letzten (abnehmenden) Viertel steht, dann nehmen Sie Kursänderungen vor. Reißen Sie kurz vor dem Neumond das Unkraut aus und orientieren Sie sich neu! Machen Sie sich mit dieser $29\,^{1}/_{2}$-Tage-Uhr vertraut, lernen Sie zu erkennen, wann es an der Zeit ist, sich in Zurückhaltung zu üben oder aber für ehrgeizige Pläne aktiv zu werden.

NEUMOND

Der Mond steht zwischen Erde und Sonne und ist so lange nicht zu sehen, bis er sich weit genug nach Osten fortbewegt hat, um als dünne Sichel in der Dämmerung zu erscheinen.

Seien Sie bereit loszulegen! Die Batterien sind jetzt aufgeladen, die Emotionen im Fluss. Fangen Sie etwas an – ein Projekt, eine Beziehung, das, was Sie schon immer machen wollten. Bringen Sie endlich diesen lästigen Anruf hinter sich. Verkünden Sie Ihre neue Idee! Auch wenn es nur wenige Schritte sind, die Sie unternehmen – kommen Sie in Bewegung. Dieser Zeitpunkt ist besonders günstig für berufliche Treffen, Beziehungen sowie für das, wozu Sie viel Selbstbewusstsein brauchen.

ZUNEHMENDER HALBMOND (ERSTES VIERTEL)

Der Mond steht 90 Grad vor der Sonne;
er geht mittags auf und um Mitternacht unter.

Jetzt zeigen sich die ersten Hindernisse oder Herausforderungen bezüglich dessen, was in der letzten Woche initiiert wurde. Wird es klappen? Können Sie es schaffen? Vielleicht fehlt es an Mitteln, möglicherweise ist der Plan zu unrealistisch, vielleicht hapert es an Unterstützung durch andere. Finden Sie die Ursache der Probleme heraus! Wenn sie gelöst werden können, nehmen Sie entsprechende Veränderungen vor. Wenn nicht, lassen Sie das Projekt fallen. Ändern Sie nun die Richtung.

VOLLMOND

Der Mond steht 180 Grad von der Sonne entfernt beziehungsweise ihr gegenüber; er geht auf, wenn die Sonne untergeht, und ist die ganze Nacht über sichtbar.

Zwei Tage, an denen sich die Energie auf dem Höhepunkt befindet! Umfang und Intensität auf voller Stufe – so, als ob Sie mit Tempo 180 auf der Autobahn unterwegs sind. Lassen Sie sich nicht ablenken – auf dem Weg lauern emotionale Radarfallen! Machen Sie sich Gedanken darüber, was funktioniert und was hemmt. Den optimalen Energieschub bekommen Sie 24 Stunden vor dem exakten Zeitpunkt des Vollmondes.

ABNEHMENDER HALBMOND (LETZTES VIERTEL)

Der Mond steht 90 Grad hinter der Sonne; er geht um Mitternacht auf und geht mittags unter.

Die Intensität lässt nun allmählich nach. Auch jetzt zeigen sich Hindernisse und Herausforderungen bezüglich dessen, was während des Neumonds begonnen wurde. Diese Haken und Ösen geben der Sache entweder den letzten Schliff oder aber den Tritt, der das Projekt endgültig zu Fall bringt. Beobachten Sie und entscheiden Sie! Bereiten Sie sich darauf vor, mit diesem Zyklus abzuschließen.

GRUNDSÄTZLICHES ZU ASPEKTEN

Durch Aspekte ergeben sich Beziehungen zwischen Planeten. Diese können herausfordernd und konfliktbeladen sein (Quadrat, Opposition) oder unterstützend, förderlich und inspirierend (Sextil und Trigon), manchmal auch beides (Konjunktion). Es werden in der Astrologie vorwiegend solche Winkelbeziehungen (Aspekte) zwischen Planeten berücksichtigt, die auf einer ganzzahligen Teilung des 360-Grad-Kreises beruhen.

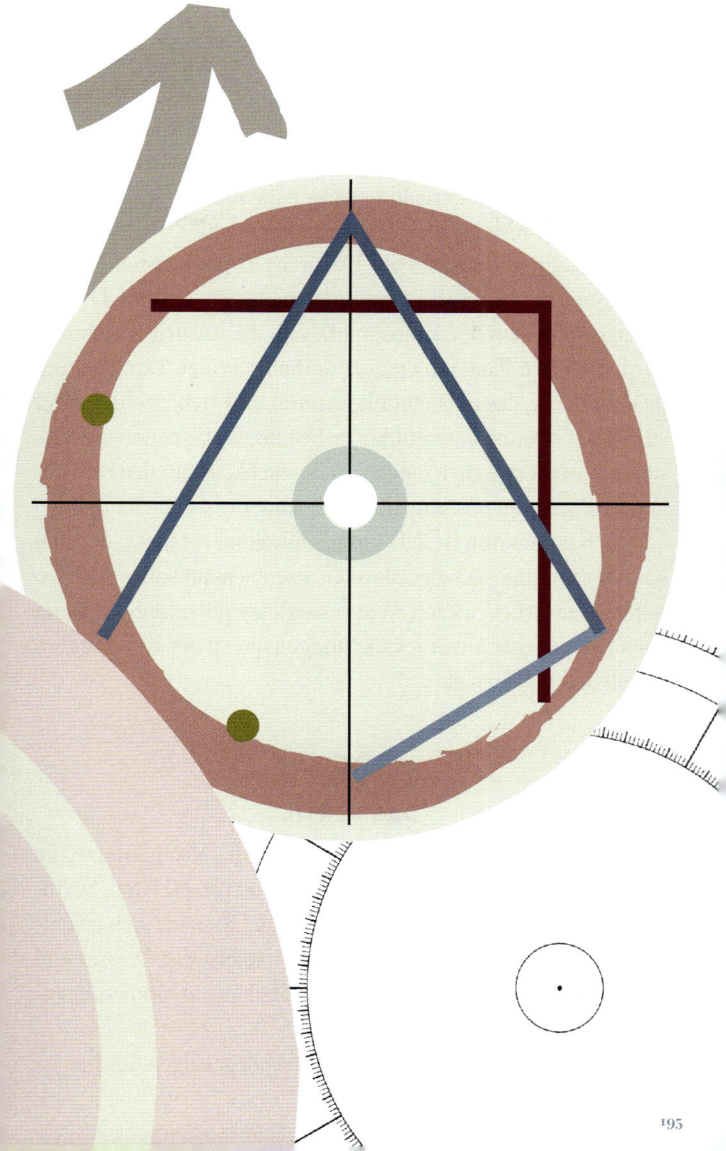

☌

DIE KONJUNKTION

Bei der Konjunktion stehen die beteiligten Planeten direkt nebeneinander. Sie »umarmen« sich gegenseitig und haben keinen Abstand voneinander. Konjunktionsplaneten lassen sich daher nur schwer auseinanderhalten, da sich ihr Ausdruck permanent wechselseitig vermischt.

Eine Konjunktion zwischen Planeten entspricht ihrem Wesen nach einer perfekten Teamarbeit, woraus eine enorme Durchschlagskraft entstehen kann, sofern sich die Ausdrucksrichtung der beteiligten Planeten ergänzt und unterstützt. Der Nachteil besteht darin, dass bei einer konträren und sich wechselseitig störenden Ausdrucksrichtung der beteiligten Planeten eine Zusammenarbeit zwischen inneren Persönlichkeitsanteilen erzwungen wird, die eigentlich nichts voneinander wissen möchten.

Die Konjunktion ist daher ein ambivalenter Aspekt, der sich sowohl spannungsgeladen als auch ausgleichend sowie auch indifferent ausdrücken kann. Wie er sich letztendlich äußert, hängt vor allem von den Ausdrucksrichtungen der an der Konjunktion beteiligten Planeten ab.

⚹

DAS SEXTIL

Der Sextilaspekt beruht auf einer Teilung des Kreises durch die Zahl 6 und entspricht einem Winkelabstand von 60 Grad. Sextilplaneten stehen jeweils in Zeichen, deren Elemente sich gegenseitig unterstützen und ergänzen, wie beispielsweise Wasser und Erde oder Luft und Feuer. Das Sextil gilt daher als unterstützender und inspirierender Aspekt.

Sextilplaneten arbeiten vor allem auf einer geistigen Ausdrucksebene gut zusammen. Die Produkte ihrer Zusammenarbeit sind weniger praktischer, dafür umso mehr geistig anregender Natur, was sich oft in originellen Ideen und horizonterweiternden Einsichten niederschlagen kann. Durch den Sextilaspekt zwischen Planeten können wir begreifen, was möglich wäre, wenn ... Sie lassen die Potenz erahnen, die sich aus einer Zusammenarbeit zwischen den beteiligten Planeten entfalten könnte, ohne dass der Sextilaspekt dazu nötigt, das Potenzial auch konkret zu verwirklichen. Der Sextilaspekt gleicht einem anregenden Gespräch zwischen Freunden, die sich gut kennen und sich gegenseitig anregen können, ohne dass daraus irgendeine Verpflichtung für ein konkretes Handeln entstünde.

□

DAS QUADRAT

Der Quadrataspekt beruht auf einer Teilung des Kreises durch die Zahl 4 und entspricht einem Winkelabstand von 90 Grad. Planeten im Quadrataspekt kommen sich ständig gegenseitig in die Quere. Sie lassen keine Chance ungenutzt, um einander Schwierigkeiten zu bereiten und sich das Leben schwer zu machen. Sie fordern uns dadurch dazu auf, herauszufinden, welche Widersprüchlichkeiten zwischen ihnen bestehen und was an ihrer Ausdrucksrichtung für den jeweils anderen Planeten problematisch und schwierig sein könnte.

Quadrataspekte verlangen nach einer Bewusstheit über das Konfliktpotenzial, das den beteiligten Planeten eigen ist. Sie erfordern eine Auseinandersetzung mit den Unvereinbarkeiten und Unverträglichkeiten der jeweiligen planetaren Ausdruckskräfte. Quadratplaneten sind nicht unter einen Hut zu kriegen, selbst wenn wir täglich einen neuen Hut für sie kaufen. Sie lassen sich nur »quadratisch« leben, was ziemlich viel Reibung verursachen und enorme Energien freisetzen kann. Quadrataspekte sind die Kraftwerke im Horoskop, die uns mit viel Energie versorgen, die sich keine Minute lang abschalten lassen und manchmal Kurzschlüsse verursachen können.

Ohne Quadrataspekte im Horoskop verläuft das Leben jedoch ohne große Höhen und Tiefen und ist meist durch eine gewisse Spannungslosigkeit gekennzeichnet, die sich in Form von Langeweile und mangelnder Konfliktbereitschaft niederschlagen kann.

△

DAS TRIGON

Trigone beruhen auf einer Teilung des Kreises durch die Zahl 3 und entsprechen einem Winkelabstand von 120 Grad. Planeten, die ein Trigon zueinander bilden, stehen jeweils in Zeichen, die dem gleichen Element zugeordnet sind.

Die Unterstützung, die wir durch Planeten im Trigonaspekt erfahren, kann uns als so selbstverständlich erscheinen, dass wir sie kaum bewusst wahrnehmen. Es ist, als sei das schon immer so, und möglicherweise wundern wir uns, dass es anderen nicht ebenso ergeht. Trigonaspekte sind wie langjährige Freundschaften, bei denen jeder den anderen unterstützt. Es besteht jedoch die Gefahr, dass wir die Gelegenheiten und Chancen, die Trigonaspekte bieten, aus Faulheit, Bequemlichkeit oder mangelnder Bewusstheit ungenutzt lassen.

☍

DIE OPPOSITION

Oppositionen beruhen auf einer Teilung des Kreises durch die Zahl 2 und entsprechen einem Winkelabstand von 180 Grad. Oppositionsplaneten stehen einander direkt gegenüber und bieten damit die Chance zu maximaler Bewusstheit über das, womit wir durch sie unmittelbar und direkt konfrontiert werden.

In gewisser Weise befinden sich Oppositionsplaneten in einem Duell miteinander, bei dem es weniger darauf ankommt, welcher der beiden Duellanten schneller zieht oder schießt, sondern darauf, auf welcher Seite wir uns bei diesem Duell befinden. Oppositionsplaneten verleiten dazu, dass wir uns jeweils auf die Seite schlagen, die besser dasteht, die besseren Chancen zu bieten scheint und uns die wenigsten Probleme bereitet. Geht dieser Seite die Munition aus (um im Bild des Duells zu bleiben), dann wechseln wir höchstwahrscheinlich, ohne zu zögern, die Seiten, laufen zum anderen Lager über und bekämpfen aufs Heftigste das, wofür wir uns eben noch vehement eingesetzt haben.

Aus diesen Gründen verführen Oppositionen dazu, einen ihrer beiden Pole abzuspalten und diesen nach außen oder auf andere zu projizieren. Es ist, als wollten wir nur die eine Seite der Medaille sehen, obwohl auch deren Kehrseite zu uns gehört. Statt Oppositionsplaneten mit einer Entweder-oder-Haltung zu begegnen, tun wir gut daran, sie mit einer Sowohl-als-auch-Haltung zu behandeln und uns darum zu bemühen, beide Pole der Oppositionsachse aktiv auszudrücken und zu leben. Wenn wir nicht die ausgewogene Mitte zwischen den unterschiedlichen Ausdruckskräften der beteiligten Planeten finden, schaukeln wir ständig zwischen zwei extremen Polen hin und her und bewegen uns vorwiegend auf schwankendem Boden.

V/C
VOID OF COURSE

Während seines Laufs um die Erde durchwandert der Mond alle Tierkreiszeichen. In den Zeichen steht er zu den verschiedenen Planeten in (Haupt-)Aspekten. Von dem Zeitpunkt an, wenn der Mond in seinem aktuellen Zeichen zum letzten Mal in einem Hauptaspekt zu einem Planeten steht, ist er „Void of Course". Dieser Ausdruck bezieht sich auf die Phase des Mondlaufs zwischen dem Zeitpunkt des letzten Hauptaspektes zu einem Planeten und dem Eintritt des Mondes in ein neues Zeichen.

Während dieser Zeit hat der Mond keine Verbindung zu anderen Planeten. Er erhält also keine Unterstützung, was zur Folge hat, dass der Ablauf von Ereignissen gestört werden kann. Während der Mondpause „Void of Course" können wir Begonnenes gut zu Ende führen. Es ist jedoch schwierig und anstrengend, etwas Neues anzufangen. Sehr häufig sind in diesem Fall später Wiederholungen oder Korrekturen notwendig.

In jedem Monat kommt es zwölfmal zum „Void of Course". Die Dauer hängt von der Stellung der Planeten ab. In den Eintragungen für die einzelnen Tage ist der letzte Mondaspekt in einem Zeichen jeweils mit v/c markiert. Wir können auf diese Zeiten achten und selbst Beobachtungen anstellen: Ergeben sich beispielsweise in den einzelnen Elementen besondere Auswirkungen? Was geschieht hier bei Vollmond?

In der Stundenastrologie bedeutet „Void of Course", dass weder das Erhoffte noch das Befürchtete eintritt und wir keinen Einfluss auf das Geschehen haben.

TRANSITASPEKTE

Durch die täglichen aktuellen Planetenkonstellationen erhalten die im Geburtshoroskop angelegten Themen eine spezifische, individuelle Dynamik. Diese entsteht aus den Aspektbeziehungen der Transitplaneten zu den Planeten im Geburtshoroskop (Radix). Transite zeigen Entwicklungsschritte an, die zur Entfaltung unserer Potenziale notwendig sind. Sie entsprechen einem Zeitfenster, innerhalb dessen wir für bestimmte Erfahrungen und Erlebnisse offen sind. Es steht uns frei, die damit verbundenen Chancen zu nutzen und uns den Herausforderungen zu stellen oder einfach abzuwarten, »bis ein Transit endlich vorbei ist«.

☌

DIE KONJUNKTION IM TRANSIT

Initiation

Die Konjunktion eines Transitplaneten mit einem Radixplaneten gleicht einer Initiation. Wir stehen am Anfang einer neuen Entwicklung. Das Alte, die Vergangenheit, liegt hinter uns. Ein Zyklus ist zu Ende und ein neuer beginnt. Bei der Konjunktion spielen sich die wichtigen Prozesse in unserem Inneren ab. Wir sind ganz bei uns, bemüht, den richtigen Samen zu finden und ihn einzupflanzen.

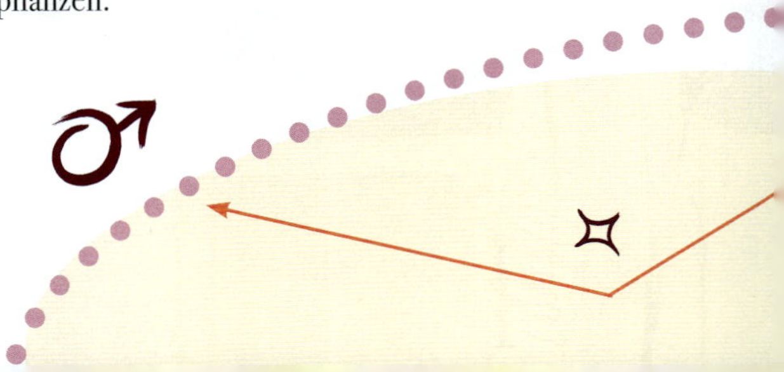

DAS ZUNEHMENDE SEXTIL IM TRANSIT

Wachsen und Gedeihen

In der Phase des zunehmenden Sextils wächst und gedeiht, was wir bei der Konjunktion gesät haben. Wir erfahren Anregung und Unterstützung. Auftauchende Probleme können wir durch Flexibilität und Ideenreichtum meistern. Wir sind offen und neugierig, sammeln Erfahrungen.

DAS ZUNEHMENDE QUADRAT IM TRANSIT

Formkrise

In der Phase des zunehmenden Quadrats werden wir mit der Frage konfrontiert, ob wir den Dingen die richtige Gestalt und Form gegeben haben. Wir stoßen an Grenzen, müssen uns mit Widerständen und Hindernissen auseinandersetzen. Die Spannungen und Konflikte der zunehmenden Quadratphase können wir dazu nutzen, auf den Punkt zu kommen und uns von Irrwegen und Illusionen zu verabschieden. Im Extremfall müssen wir das hinter uns lassen, was wir uns seit der Konjunktion aufgebaut haben, und anhand der gemachten Erfahrungen eine andere, neue Richtung einschlagen.

DAS ZUNEHMENDE TRIGON IM TRANSIT

Steigerung der Aktivität

In der Phase des zunehmenden Trigons zeigt sich mehr und mehr, was richtig ist und funktioniert. Wir können unsere Aktivität steigern, kommende Erfolge vorbereiten. Wir haben nun alles, um unsere Ziele zu erreichen. Allerdings besteht die Gefahr, dass wir nachlässig und bequem werden, weil wir uns unserer Erfolge sicher wähnen. Gerade das, was uns wie selbstverständlich erscheint, bedarf in der Trigonphase größerer Aufmerksamkeit, damit wir unsere Chancen auch wirklich nutzen können.

DIE OPPOSITION IM TRANSIT

Höhepunkt

Die Oppositionsphase eines Transits stellt einen Höhepunkt dar. Wir sind am Ziel, der Punkt maximaler Entfaltung ist erreicht. Wir ernten, was wir in der Konjunktionsphase gesät und zwischenzeitlich zur Reife gebracht haben. Es können allerdings Hindernisse und Widerstände von außen, insbesondere durch andere auftauchen. Diese können wir nutzen, um unsere Anliegen klar und deutlich zum Ausdruck zu bringen und uns hundertprozentig dafür zu engagieren.

DAS ABNEHMENDE TRIGON IM TRANSIT

Wertschöpfung

In der Phase des abnehmenden Trigons können wir das, was wir in der Oppositionsphase erreicht haben, voll ausschöpfen.

Wir erfahren viel Unterstützung, um aus dem, was wir geschaffen haben, den größten Nutzen zu ziehen. Dabei kommen uns unsere vielfältigen Erfahrungen, unsere Routine und die erworbene Kompetenz zugute.

∠□

DAS ABNEHMENDE QUADRAT IM TRANSIT

Konzentration

In der Phase des abnehmenden Quadrats sind wir dazu aufgefordert, uns auf das Wesentliche zu konzentrieren. Die Essenz dessen, was wir erreicht haben, tritt nun deutlicher zutage. Unsere Aktivität richtet sich auf wenige verbleibende Brennpunkte. Unsere Erfahrungen verdichten sich in Richtung größtmöglicher Kompetenz und Meisterschaft. Unwichtiges fällt von uns ab, wir gelangen mehr und mehr in unsere innere Mitte.

∠⚹

DAS ABNEHMENDE SEXTIL IM TRANSIT

Vorbereitung des Neuanfangs

In der Phase des abnehmenden Sextils bereiten wir den kommenden Neuanfang der Konjunktionsphase vor. Wir schließen den alten Zyklus langsam ab, kosten die letzten, verdichteten Erfahrungen nochmals aus. Uns wird bewusst, was wir alles erreicht haben. Es fällt uns leicht, unsere Erfahrungen an andere weiterzugeben.

Hinweis
Diese Darstellung des Transitzyklus greift Ideen auf, die Dane und Leila Rudhyar in ihrem Buch »Die astrologischen Aspekte« formuliert haben. Bei den Transitzyklen der Langsamläufer Neptun und Pluto ist es nicht möglich, innerhalb einer durchschnittlichen Lebensspanne den kompletten Aspektezyklus zu durchleben.

TRANSITE

Entwicklungszyklen des Lebens

Wenn wir die aktuellen Planetenkonstellationen, die in diesem Jahrbuch aufgeführt und mit allgemeinen Deutungshinweisen versehen sind, zu unserem persönlichen Geburtshoroskop in Beziehung setzen, dann werden wir feststellen, dass bestimmte Häuser und Planeten unseres Geburtshoroskops von den aktuellen Konstellationen besonders betroffen sind. Dies bezeichnet man als Transite. Transite zeigen Zeitfenster für bestimmte Entwicklungsschritte an. Wir können Transite nutzen, um die zahlreichen Facetten unserer Persönlichkeit schrittweise zu entfalten und unsere inneren Potenziale mehr und mehr auszuschöpfen. Dieser Prozess lässt sich meist auch an äußeren Begebenheiten und Ereignissen unseres Lebens festmachen. Wesentlicher ist jedoch der innere Prozess, der ihnen vorangeht und der das, was wir erleben, erst möglich werden lässt. Transite kommen und gehen, was wir daraus machen, das bleibt.

Jeder Transitplanet hält persönliche Botschaften und Erfahrungen für uns bereit. Diese sind stets eng mit denjenigen Themen verknüpft, die sich aus der Radixstellung des Transitplaneten ergeben. Mit jedem Transit wird auch die Radixthematik des Transitplaneten angesprochen, während die Auswirkungen jedes Transits sich in denjenigen Häusern zeigen, über die der jeweilige Transitplanet im Geburtshoroskop herrscht. So erleben wir alle die Transite der Planeten auf höchst unterschiedliche und individuelle Art und Weise.

Nachfolgend sind die Themen und Entwicklungsschritte für jeden Planeten einzeln beschrieben. Ihr Zusammenwirken zu verstehen, ist eine Kunst, die ein gründliches Studium der Astrologie sowie ein hohes Maß an Selbstreflexion erfordert.

SONNENTRANSITE

Dauer: 5 bis 8 Tage
Thema: Bewusstwerdungsprozesse

ENTWICKLUNGSSCHRITTE

Die Transite der Sonne stellen eine Aufforderung dar, mehr Bewusstheit über die verschiedenen Facetten unserer Persönlichkeit zu entwickeln. Sie bieten die Chance, unser Bewusstsein zu erweitern und abgespaltene, verdrängte oder in der Projektion gelebte Wesensanteile in unsere Gesamtpersönlichkeit zu integrieren. Dadurch haben wir Gelegenheit, das Bild, das wir von uns selbst haben, zu erweitern und zu einem umfassenden Selbstverständnis zu gelangen, das der Vielschichtigkeit und Widersprüchlichkeit unseres Wesens gerecht wird. Indem wir uns zu uns selbst bekennen, können wir in Einklang mit uns und der Welt leben.

WAS ZU BEACHTEN IST

Unsere Zeitrechnung beruht auf der Drehung der Erde um die Sonne, d. h., die Sonne braucht ein Jahr, um einmal durch den Tierkreis zu wandern. Die Transite der Sonne zu den jeweiligen Radixplaneten finden bei uns somit jährlich um die gleiche Zeit statt. Wir können uns daher einen persönlichen Sonnentransite-Kalender erstellen, der unser Leben lang gültig ist. Dazu können wir in diesem Kalender nachschlagen, wann die Sonne jeweils einen Aspekt zu unseren Radixplaneten bildet, und diese in unseren persönlichen Jahreskalender eintragen. Es kann sein, dass uns dadurch im wahrsten Sinne des Wortes ein Licht aufgehen wird. Wir werden wahrscheinlich bemerken, dass wir bestimmten, individuellen jahreszeitlichen Rhythmen unterliegen, die jedes

Jahr wiederkehren. Vielleicht können wir manche unserer Besonderheiten dadurch besser verstehen.

Wenn wir z. B. einen Jungfrau-Aszendenten haben, werden wir unter Umständen bemerken, dass wir in den heißen Sommermonaten Juli und August besonders introvertiert und zurückgezogen sind. Die Sonne wandert zu dieser Zeit durch unser 12. Haus! Oder wir werden feststellen, dass wir jedes Jahr in einer bestimmten Woche besonders ernst oder niedergeschlagen sind: Vermutlich wandert die Sonne in dieser Woche über unseren Radixsaturn! So können wir mit unserem persönlichen Sonnentransite-Kalender zu neuen Erkenntnissen und Einsichten gelangen.

MONDTRANSITE

Dauer: wenige Stunden
Thema: hinspüren und auf Gefühle und Stimmungen achten

ENTWICKLUNGSSCHRITTE

Durch die Transite des Mondes sind wir aufgefordert, mit unseren Gefühlen in Kontakt zu kommen. Wir können unseren Stimmungen folgen, sollten jedoch darauf achten, uns nicht unseren Launen auszuliefern und genau hinzuspüren, was sich innerlich stimmig anfühlt. Mondtransite spiegeln uns das Auf und Ab unseres seelischen Erlebens. Wir können sie nutzen, um das zu tun, was uns seelisch nährt und unseren Bedürfnissen entspricht. Sie fordern uns dazu auf, uns nahe zu sein und bestimmte Facetten unseres Wesens besser zu spüren. Mondtransite sind Nahrung für die Seele und laden uns dazu ein, uns Gutes zu tun. Gelingende Selbstfürsorge ist das Geschenk des Mondes an uns.

WAS ZU BEACHTEN IST

Der Mond wechselt alle 2 ½ Tage das Zeichen. Der monatliche Weg des Mondes durch die Tierkreiszeichen hilft uns, vor dem Hintergrund unserer seelischen Grundanlage (»Mondzeichen« des Geburtshoroskops) dem Wandel der allgemeinen Stimmungen zu folgen, Gefühle auf unterschiedliche Art und Weise zu erfahren und unsere Bedürfnisse in Einklang mit dem Kosmos zum Ausdruck zu bringen. Wenn wir mit dem Mondzyklus bewusst umgehen, dann können wir viel für unser inneres Wohlbefinden tun und unsere Seele wachsen lassen. Die jeweilige Zeichenstellung des Mondes lässt die allgemeine Stimmungslage erkennen:

☾ ♈

Der Widder-Mond lädt dazu ein, unsere Gefühle offen und direkt zum Ausdruck zu bringen. Eine aktive Zeit, um auch mal auf den Tisch zu hauen und anderen unsere Interessen und Ziele klarzumachen. Die allgemeine Stimmungslage ist hitzig und kämpferisch, teilweise auch gereizt und aggressiv. Jeder will der Erste sein und niemand scheint Geduld zu haben. Action ist angesagt.

☾ ♉

Der Stier-Mond lädt dazu ein, in Ruhe unsere sinnlichen Bedürfnisse und Gelüste zu befriedigen. Eine relaxte Zeit, um mal auszuruhen, faul zu sein und seelische Eindrücke zu verarbeiten und zu verdauen. Die allgemeine Stimmungslage ist ruhig und beschaulich, teilweise auch müde und gelangweilt. Jeder will sich Zeit lassen und das Leben genießen. Ruhe ist angesagt.

☾ ♊

Der Zwillinge-Mond lädt dazu ein, uns mitzuteilen und unserem Umfeld mit Interesse und Neugier zu begegnen. Eine anregende

Zeit, um unsere grauen Zellen auf Trab zu bringen und alles zu sagen, was uns durch den Kopf geht. Die allgemeine Stimmungslage ist offen und kommunikativ, teilweise auch nervös und laut. Jeder will etwas erzählen und gleichzeitig das Neueste mitkriegen. Ablenkung ist angesagt.

☾ ♋

Der Krebs-Mond lädt dazu ein, unser Bedürfnis nach Nähe und Zuwendung auszudrücken. Eine emotional bewegende Zeit, um unsere weichen und empfindsamen Seiten zu zeigen. Die allgemeine Stimmungslage ist sanft und kuschelig, teilweise auch erdrückend sentimental. Jeder sucht Geborgenheit und Schutz und sehnt sich nach Zärtlichkeit und Fürsorge. Nähe ist angesagt.

☾ ♌

Der Löwe-Mond lädt dazu ein, unser Bedürfnis nach Spaß, Freude und Anerkennung in den Mittelpunkt zu rücken. Eine besondere Zeit, um anderen zu zeigen, was uns unsere Gefühle bedeuten und wie wichtig wir uns sind. Die allgemeine Stimmungslage ist energiegeladen und lebendig, teilweise auch selbstbezogen und egoistisch. Jeder will im Mittelpunkt stehen und die Aufmerksamkeit auf sich ziehen. Lebenslust ist angesagt.

☾ ♍

Der Jungfrau-Mond lädt dazu ein, unsere Gefühlswelt zu analysieren und zu ordnen. Eine pragmatische und nützliche Zeit, um unseren inneren Rhythmus zu finden und allem wieder seinen richtigen Platz zu geben. Die allgemeine Stimmungslage ist zurückhaltend und vorsichtig, teilweise auch kontrolliert und penibel. Jeder will, dass alles nach Plan funktioniert und seine Ordnung hat. Analyse ist angesagt.

☾ ♎

Der Waage-Mond lädt dazu ein, unser Bedürfnis nach Ausgleich und Harmonie mit anderen zu teilen. Eine schöne Gelegenheit, uns auf ausgewogene Weise den angenehmen Dingen des Lebens zuzuwenden und Streitigkeiten beizulegen. Die allgemeine Stimmungslage ist friedlich und ausgeglichen, teilweise auch süßlich und unehrlich. Jeder will, dass andere ihn gerne haben. Harmonie ist angesagt.

☾ ♏

Der Skorpion-Mond lädt dazu ein, verborgene und auch unangenehme Gefühle zu erforschen und ans Licht zu bringen. Eine intensive Zeit, um uns seelisch zu reinigen und wahrhaftig mit anderen umzugehen. Die allgemeine Stimmungslage ist leidenschaftlich und intensiv, teilweise auch verletzend und gefährlich. Jeder will den anderen seelisch durchdringen, ohne eigene Geheimnisse preiszugeben. Wahrhaftigkeit ist angesagt.

☾ ♐

Der Schütze-Mond lädt dazu ein, andere mit unserer Begeisterung und unserem Optimismus anzustecken. Eine zuversichtliche Zeit, um mit Schwung durchs Leben zu gehen und zu neuen Horizonten aufzubrechen. Die allgemeine Stimmungslage ist optimistisch und heiter, teilweise übertrieben euphorisch. Jeder will gut drauf sein und was erleben. Zuversicht ist angesagt.

☾ ♑

Der Steinbock-Mond lädt dazu ein, Struktur und Klarheit in unser Seelenleben zu bringen. Eine ernste Zeit, um mit uns alleine zu sein und unseren inneren Verpflichtungen nachzukommen. Die allgemeine Stimmungslage ist ernst und diszipliniert, teilwei-

se hart und niedergedrückt. Jeder will alleine sein und seine Arbeit tun. Eigenverantwortung ist angesagt.

☾ ♒

Der Wassermann-Mond lädt dazu ein, unsere Gefühlswelt mit anderen Augen zu sehen und unser Bedürfnis nach Freiräumen zum Ausdruck zu bringen. Eine an- und aufregende Zeit, um für Abwechslung zu sorgen und Abstand von unseren seelischen Verstrickungen zu gewinnen. Die allgemeine Stimmungslage ist flippig und verrückt, teilweise sprunghaft überdreht. Jeder will etwas anderes und ist auf der Jagd nach Kicks. Unabhängigkeit ist angesagt.

☾ ♓

Der Fische-Mond lädt dazu ein, unseren inneren Sehnsüchten zu folgen, so dass wir uns mit allem eins fühlen. Eine sensible Zeit, um unser Mitgefühl zu zeigen und mit anderen seelisch zu verschmelzen. Die allgemeine Stimmungslage ist melancholisch und durchlässig, teilweise diffus und schwer zu fassen. Jeder will sich mit anderen verbunden fühlen. Hingabe ist angesagt.

☿

MERKURTRANSITE

Dauer: 1 bis 8 Wochen

Thema: Information und Austausch

ENTWICKLUNGSSCHRITTE

Merkurtransite halten Botschaften für uns bereit, die wir dazu nutzen können, mehr über uns und die Welt, in der wir leben, zu erfahren. Unter Merkurtransiten können wir viel Neues lernen, indem wir uns mitteilen und mit anderen austauschen. Wir haben die Möglichkeit, unsere Neugierde zu befriedigen und gleichzeitig auszudrücken, was wir zu sagen haben. Wir können Informationen sammeln, die uns helfen, Entscheidungen zu treffen, und sollten unsere Augen und Ohren offen halten, denn es könnten wichtige Nachrichten auf uns warten.

WAS ZU BEACHTEN IST

Merkur wird alle 4 Monate für 3 Wochen rückläufig. Dabei werden von Merkur jeweils zwischen 10 bis 18 Grad des Tierkreises in knapp 2 Monaten dreimal durchlaufen. Im davon betroffenen Bereich unseres Geburtshoroskops (Häuser und transitierte Radixplaneten) gilt es, vor längerer Zeit Begonnenes zu Ende zu führen, Vergangenes zu überdenken und Liegengebliebenes aufzuarbeiten. Details erfordern nun unsere doppelte Aufmerksamkeit, und oftmals müssen wir noch relevante Informationen einholen, bevor wir anstehende Entscheidungen fällen können. Der rückläufige Merkur ist uns von großem Nutzen, wenn es gilt, uns bei unseren Mitmenschen in Erinnerung zu bringen, bei Angelegenheiten, die sich über längere Zeiträume erstrecken, nochmals nachzuhaken und Fehlentwicklungen der zurückliegenden drei Monate zu korrigieren.

Merkur ist rückläufig vom 13. Dezember 2023 bis 2. Jan. 2024 von 8° Steinbock bis 22° Schütze, vom 2. bis 25. April von 27° bis 16° Widder, vom 5. bis 28. August von 4° Jungfrau bis 21° Löwe und vom 26. November bis 15. Dezember von 22° bis 6° Schütze. Auch wenn zwei der vier Rückläufigkeitszyklen in Erdzeichen einsetzen, finden sie größtenteils in Feuerzeichen statt. Der rückläufige Merkur lädt dazu ein, aus der Vergangenheit zu lernen, über das aktuelle Geschehen nachzudenken und Entscheidungen zu reflektieren sowie Versäumnisse nachzuholen. In den Feuerzeichen lauten die Merkurthemen: Was begeistert uns? Was ist uns wichtig? Was betrifft uns persönlich? Welche Bedeutung geben wir dem, was in uns und um uns geschieht?

♀

VENUSTRANSITE

Dauer: 2 bis 12 Wochen
Thema: Kontakte knüpfen, das Schöne sehen

ENTWICKLUNGSSCHRITTE

Unter Venustransiten können wir auf angenehme Weise mit den schönen Seiten des Lebens in Kontakt treten. Wir sind dazu eingeladen, sowohl uns als auch anderen Menschen mit Zuneigung zu begegnen. Oft ist uns der Blick auf das, was schön ist, verstellt, weil wir nicht mit dem Herzen sehen. Die Transite der Venus können unser Herz öffnen, uns jedoch auch dazu verleiten, es leichtfertig zu verschenken. Das Leben ist nicht immer Friede, Freude, Eierkuchen. Dennoch gibt es eine Seite in uns allen, die sich nach Harmonie sehnt. Unter Venustransiten können wir mit dieser Seite in Kontakt treten und Frieden mit uns und anderen

schließen. Sie bieten die Chance, in Harmonie mit uns und der Welt zu leben, und fordern uns dazu auf, unser inneres Gleichgewicht zu bewahren bzw. wiederherzustellen.

WAS ZU BEACHTEN IST

Venus war zuletzt rückläufig vom 23. Juli bis 4. September 2023 von 29 ° bis 12 ° Löwe. 2024 ist sie das ganze Jahr über direktläufig. Die Schätze der Vergangenheit und verflossene Liebschaften stehen 2024 nicht auf dem Programm. Der nächste Rückläufigkeitszyklus dauert vom 2. März bis 13. April 2025 von 11 ° Widder bis 24 ° Fische.

♂

MARSTRANSITE

Dauer: 1 bis 6 Monate

Thema: aktiv werden; unsere Interessen durchsetzen

ENTWICKLUNGSSCHRITTE

Marstransite stellen eine gute Gelegenheit dar, aktiv zu werden und in Schwung zu kommen. Sie stimulieren unsere Tatkraft, damit wir unsere Ziele in Angriff nehmen. Mars macht mobil, wir werden energetisiert und können kraftvoller handeln als sonst. Unter Marstransiten können wir unseren inneren Krieger entwickeln, der uns nach innen und nach außen schützt und uns hilft, unsere Interessen durchzusetzen bzw. zu verteidigen. Durch Marstransite werden wir auch mit unserer Wut und unseren Aggressionen konfrontiert. Falls wir unseren Groll gegen uns selbst richten, handeln wir destruktiv oder wir werden depressiv und fühlen uns wie gelähmt. Wir können die freigesetzte Wut jedoch auch nutzen, um unsere Kraft zu stärken und uns von alten Blockaden zu befreien.

WAS ZU BEACHTEN IST

Mars ist rückläufig vom 6. Dezember 2024 bis 24. Februar 2025 von 6° Löwe bis 17° Krebs. Unser Drang nach Heldentaten und glorreichen, siegreichen Kämpfen führt uns unsere Verletzlichkeit und Kränkbarkeit vor Augen. Es gilt, unsere Familien zu schützen, unsere Heimat und unser Zuhause zu verteidigen sowie unsere Schwächen zu erkennen und gegebenenfalls den Rückzug anzutreten, statt einen sinnlosen Heldentod zu sterben. Der rückläufige Mars-Zyklus ist in drei Mars-Pluto-Opposition eingebettet, die am 3. November 2024 sowie am 3. Januar und 27. April 2025 stattfinden. Zu diesen Zeitpunkten spitzen sich Machtkonflikte zu und es werden die entscheidenden Schlachten geschlagen.

♃

JUPITERTRANSITE

Dauer: 3 bis 6 Monate
Thema: innere und äußere Wachstumsprozesse

ENTWICKLUNGSSCHRITTE

Jupitertransite unterstützen uns darin, uns innerlich zu weiten und offener zu werden. Das Glück hat nur eine Chance, wenn wir es auch erwarten und willkommen heißen. In diesem Sinne sind Jupitertransite eine Anleitung zum Glücklichsein. Sie bringen uns in Kontakt mit unseren ungenutzten Potenzialen und fordern uns dazu auf, Chancen zu nutzen, die wir bislang übersehen oder ausgelassen haben. In uns steckt mehr, als wir glauben, und Jupitertransite sind dazu da, uns genau daran zu erinnern. Sie zeigen uns, was wir alles besser machen können, und unterstützen uns darin, auszudrücken, was in uns steckt. Allerdings besteht die Gefahr, dass wir uns überschätzen oder zu viel des Guten erwarten. Unter Jupitertransiten sollten wir uns gut überlegen, wie viel Fortschritt wir wirklich verkraften können. Jeder weltliche Erfolg, den wir unter einem Jupitertransit verbuchen, verlangt zudem nach einer Antwort auf das, woran wir eigentlich glauben.

WAS ZU BEACHTEN IST

Jupiter ist rückläufig vom 9. Oktober 2024 bis 4. Februar 2025 von 21° bis 11° Zwillinge. Eine gute Gelegenheit, um unsere Ziele zu überdenken und unser Wissen aufzufrischen. Aus der Vielzahl an neuen Kontakten gilt es diejenigen zu vertiefen, die uns geistig und intellektuell voranbringen und uns neue Horizonte eröffnen. Statt uns weiter zu verzetteln, steht eine Besinnung auf das Wesentliche und Bedeutsame an sowie auf das, was im Rahmen unserer geistigen Möglichkeiten liegt.

♄

SATURNTRANSITE

Dauer: 9 Monate

Thema: Grenzen akzeptieren; Verantwortung übernehmen

ENTWICKLUNGSSCHRITTE

Saturntransite fordern uns dazu auf, nüchtern und sachlich Bilanz zu ziehen. Unter ihrer Dauer ernten wir, was wir gesät haben. Dies kann uns Erfolge bescheren, auf die wir lange und mühsam hingearbeitet haben, uns aber auch mit unerledigten »Geschäften«

konfrontieren, vor denen wir uns lange gedrückt haben. Es gilt, Altes abzuschließen und uns von dem zu trennen, was uns belastet, ohne dass es nützlich für uns ist. Unter Saturntransiten werden wir mit unseren Ängsten konfrontiert, die daraus resultieren, dass wir bestimmte Dinge zu eng sehen oder glauben, nicht zu genügen oder anderweitig zu versagen. Wir müssen eigene Grenzen akzeptieren, um sie voll ausschöpfen zu können. Durch einen respektvollen Umgang mit den von uns und durch andere gesetzten Grenzen können wir einen festen Bezugsrahmen schaffen, innerhalb dessen wir uns voll verwirklichen können. Unter Saturntransiten brauchen wir Disziplin und Ausdauer, um das zu erreichen, was wir uns vorgenommen haben. Indem wir Stehvermögen zeigen und unseren Pflichten nachkommen, werden wir unser Leben auf eine stabile und solide Grundlage stellen können. Das, was wir uns unter Saturntransiten erarbeiten, wird uns über viele Jahre hinweg tragen und uns als Basis für weitere Entwicklungen dienen können.

WAS ZU BEACHTEN IST

Saturn ist rückläufig vom 29. Juni bis 15. November 2024 von 19°26′ bis 12°42′ Fische. Es gilt, im Vertrauen auf die Fügungen des Lebens inneren Halt zu finden. Indem wir erkennen, wo wir auf Sand gebaut haben, können wir Substanzverlusten vorbeugen und die Schwachstellen in unserem Lebensfundament neu festigen. Es sind die Grenzverwischungen und die Aufweichung von Regeln, die uns verunsichern und zugleich dazu auffordern, flexibel zu bleiben und unsere Unzulänglichkeiten zu erkennen und erfolgreich zu bewältigen.

⚷

CHIRONTRANSITE

Dauer: 6 bis 12 Monate
Thema: die Wunden des Lebens

ENTWICKLUNGSSCHRITTE

Unter Chirontransiten kann es zu Schlüsselerlebnissen kommen, die uns helfen, alte Begrenzungen hinter uns zu lassen und zu neuen Ufern aufzubrechen, ohne den Wert unserer bisherigen Erfahrungen leugnen zu müssen. Wir können eine Brücke zwischen unserer Vergangenheit und Zukunft schlagen und uns mit unserer Vergänglichkeit und Sterblichkeit aussöhnen. Chirontransite mahnen uns daran, auf unseren inneren Lehrer und Heiler zu hören, damit wir uns nicht aus Versehen noch mehr verletzen und uns und anderen neue Wunden zufügen.

WAS ZU BEACHTEN IST

Chiron ist rückläufig vom 26. Juli bis 29. Dezember 2024 von 23°32′ bis 19°00′ Widder. In der rückläufigen Phase wird uns die Vergeblichkeit unseres Kämpfens und Wollens vor Augen geführt. Von manchen Vorhaben, die wir in der ersten Jahreshälfte in Angriff genommen haben, werden wir uns zunächst zurückziehen müssen, um unsere Kräfte zu sammeln und unsere Willensenergie neu auszurichten. Es gilt, unsere wunden Punkte zu erkennen und unsere Achillesferse zu schützen. Wir haben Gelegenheit herauszufinden, wo sich ein zweiter Anlauf lohnt und von welchen Vorhaben wir besser lassen sollten.

URANUSTRANSITE

Dauer: etwa 1 Jahr
Thema: Autonomie und Unabhängigkeit

ENTWICKLUNGSSCHRITTE

Damit wir nicht zum Sklaven unserer selbst werden und ein Leben in Abhängigkeit und Unfreiheit führen, werden wir von Uranustransiten dazu eingeladen, unsere innere Autonomie zu stärken und unsere Originalität zu leben. In diesen Lebensphasen vernehmen wir den Ruf der Freiheit und Ungebundenheit, damit wir ein selbstbestimmtes Leben führen und uns auch außerhalb der gängigen Norm bewegen können. Uranustransite halten Überraschungen für uns bereit, die daraus resultieren, dass wir plötzlich Zusammenhänge erkennen, die uns bislang verborgen geblieben sind. Wir lernen die andere Seite der Medaille kennen und geraten in unserem Leben an einen Wendepunkt. Uranustransite testen unsere Flexibilität und Bereitschaft, Neues zu wagen.

WAS ZU BEACHTEN IST

Uranus ist rückläufig vom 29. August 2023 bis 27. Januar 2024 von 23°05′ bis 19°05′ Stier und vom 1. September 2024 bis 30. Januar 2025 von 27°15′ bis 23°16′ Stier. Die rückläufige Uranusphase eröffnet uns neue Möglichkeiten zu erkennen, welche Art von Besitz und Besitzdenken uns unfrei und unflexibel macht. Wir haben die Chance, ein neues Wertebewusstsein zu entwickeln, das weniger auf Haben und mehr auf Lebendigkeit und Genießen beruht. Es gilt, uns in unserem Wunsch nach Stabilität und Sicherheit weniger an materielle Werte zu binden und nicht gleich auf stur zu schalten, wenn uns unsere lieb gewonnenen Gewohnheiten abhandenkommen oder genommen werden.

♆

NEPTUNTRANSITE

Dauer: bis zu 2 Jahre
Thema: in Fluss kommen

ENTWICKLUNGSSCHRITTE

Neptuntransite wirken auflösend, damit wir uns wieder dem Fluss des Lebens anvertrauen. Sie gehen mit der Erfahrung einher, dass wir bestimmte Lebensbereiche nicht mehr fest im Griff haben. Was wir gerne festhalten würden, zerrinnt uns zwischen den Fingern, oder wir greifen ins Leere, werden zum Opfer unserer Illusionen und Täuschungen. Unter Neptuntransiten können wir lernen, andere um Hilfe zu bitten und deren Unterstützung anzunehmen. Sie helfen uns, mit den spirituellen Seiten unseres Wesens in Kontakt zu treten, um unsere wahre Bestimmung und spirituelle Lebensaufgabe zu erkennen.

WAS ZU BEACHTEN IST

Neptun ist rückläufig vom 2. Juli bis 9. Dezember 2024 von 29°56′ bis 27°08′ Fische. Seine rückläufige Phase ermöglicht es uns, unsere Irrtümer und vergeblichen Opferleistungen zu erkennen und zurück zur Quelle unserer Spiritualität zu finden. Es gilt, unser Vertrauen in unsere innere Führung zu stärken und herauszufinden, wo wir uns auf den Beistand von Göttern verlassen können, die uns wohlgesonnen sind. Manches fügt sich von selbst, was uns wie ein Wunder erscheinen mag, das wir jedoch durch unsere Hingabebereitschaft selbst bewirken können. Statt uns und anderen etwas vorzumachen und Illusionen zu erliegen, gilt es, uns aus unseren Scheinwelten zu lösen und unsere wahren Sehnsüchte zu erkennen und uns ihnen anzuvertrauen.

PLUTOTRANSITE

Dauer: bis zu 2 Jahre
Thema: Wahrhaftigkeit; innere Wandlungsprozesse

ENTWICKLUNGSSCHRITTE

Plutotransite stellen Gelegenheiten dar, unserer inneren Wahrheit ins Auge zu sehen, damit wir gereinigt und geläutert unser Machtpotenzial im Dienste eines größeren Ganzen entfalten können. Plutotransite sind schmerzhaft, weil wir dadurch wieder in Einklang mit unserer inneren Wahrheit gebracht werden. Sie konfrontieren uns mit Dingen, die größer sind als wir. Unter Plutotransiten müssen wir uns dem Teil unseres Schicksals fügen, den wir nicht ändern können, und ihn von dem Teil unterscheiden lernen, den wir selbst in der Hand haben. Ferner geht es darum, alte Vorstellungen, die nicht mehr der Realität entsprechen, hinter uns zu lassen.

WAS ZU BEACHTEN IST

Pluto ist rückläufig vom 2. Mai. bis 12. Oktober 2024 von 2°06′ Wassermann bis 29°38′ Steinbock. In dieser Phase gilt es, unsere Ängste vor dem Neuen und Unbekannten zu überwinden, mit der Vergangenheit abzuschließen und uns von inneren Zwängen freizumachen, die uns daran hindern, unser Dasein selbstbestimmt und unabhängig zu gestalten. Wir sind dazu aufgefordert, unsere falschen Vorstellungen und Erwartungen in Bezug auf die Zukunft zu erkennen und diese entsprechend zu korrigieren. Die inneren Krisen, die wir dabei durchlaufen, setzen starke Wandlungskräfte frei, die es uns ermöglichen, uns neu zu vernetzen und die passenden Gleichgesinnten für unsere Anliegen zu finden.

DIE BERECHNUNG VON LILITH, PRIAPUS UND DEN MONDKNOTEN

⚸ *Lilith*

Darüber, was Lilith in astronomischer Hinsicht ist, herrscht in Astrologiekreisen keine Einigkeit. Mal bezeichnet Lilith den zweiten Brennpunkt der Ellipse des Mondes um die Erde, mal den erdfernsten Punkt der Mondbahn (Apogäum). Trotz unterschiedlicher Entfernung von der Erde befinden sich beide Punkte auf einer Linie und entsprechen dem selben Tierkreisgrad.
Die Bahn des Mondes um die Erde ist komplex. Sie hat nicht wirklich die Form einer Ellipse, denn der Mond bewegt sich mal kreisförmig, mal elliptisch, mal spiralig und mal epizyklisch um die Erde. Daraus ergeben sich die Schwierigkeiten bei der Berechnung einer exakten Lilith-Position.

Lilith (m)

Die Berechnung der mittleren Lilith entspricht der mittleren Erdferne (Apogäum). Für einen Umlauf benötigt dieses mittlere Apogäum etwa 8 Jahre und 310 Tage. Der Nachteil dieser Berechnungsmethode besteht darin, dass der Mond, sofern er am erdfernsten Punkt steht, bis zu 5 Grad von der mittleren Lilith entfernt sein kann.

Lilith (o)

Die oszillierende Lilith, die auch als wahre Lilith bezeichnet wird, beruht auf der Annahme, die Mondbahn sei eine reine Ellipse. Da dies nicht der Fall ist, geht die Berechnung der wahren Lilith von falschen Voraussetzungen aus. Die wahre Lilith ist enormen Schwankungen unterworfen, weshalb sie in der Sarastro-Software als oszillierende Lilith bezeichnet wird.

Lilith (n)

Die natürliche Lilith ist auch als interpolierte Lilith bekannt. Ihre Berechnung basiert auf Überlegungen von Dieter Koch, der dafür im Jahr 2000 einen astrologischen Forscherpreis erhalten hat. Bei der Berechnung kommt ein Interpolationsverfahren zur Anwendung, das auf den tatsächlichen Apsidendurchgängen des Mondes beruht. Dadurch entspricht die natürliche bzw. interpolierte Lilith dem tatsächlichen Apogäum bis auf wenige Bogenminuten genau. In den Tagesephemeriden ist jeweils die Position der natürlichen (interpolierten) Lilith aufgeführt.

⚳ *Priapus*

Priapus bezeichnet den erdnächsten Punkt der Mondbahn, auch Perigäum genannt. Das Perigäum schwankt sehr viel stärker als das Apogäum. Priapus rast bisweilen binnen kurzer Zeit durch mehrere Tierkreiszeichen vor und zurück. Alle 3½ Monate stehen sich Priapus und Lilith exakt gegenüber.

☊ *Mondknoten*

Die Mondknoten sind keine Himmelskörper, sondern die Schnittpunkte zwischen der (scheinbaren) Bahn der Sonne (Ekliptik) und der Bahn des Mondes um die Erde. Diese Schnittpunkte ergeben sich, da die Mondbahnebene um 5 Grad und 9 Minuten gegenüber der Sonnenbahnebene geneigt ist. Die Mondknoten bewegen sich rückwärts durch den Tierkreis und benötigen für einen Umlauf 18 Jahre, 7 Monate und 9 Tage.

In den Ephemeriden sind Werte für den sogenannten mittleren Mondknoten (m) und den wahren Mondknoten (w) angegeben. Ersterer stellt einen Mittelwert dar und ist immer rückläufig. Der wahre Mondknoten hingegen ändert seine Laufrichtung ständig, bewegt sich aber alles in allem auch rückläufig.

Quelle: Sarastro © by Sarastro Software (erstellt von Peter Fraiss)

Tag		Sonne	Mond	Merkur	Venus	Mars	Jupiter	Saturn	Chiron	Uranus	Neptun	Pluto	Mondkn.(w)
01	Mo	9°59'48" ♑	5°30'00" ♍	22°17' ♐ r	2°34' ♐	27°17' ♐	5°35' ♉	3°14' ♓	15°28' ♈	19°23' ♉ r	25°05' ♓	29°21' ♑	21°05' ♈ r
02	Di	11°00'56" ♑	17°19'09" ♍	22°11' ♐ r	3°47' ♐	28°01' ♐	5°35' ♉	3°20' ♓	15°28' ♈	19°22' ♉ r	25°05' ♓	29°23' ♑	21°00' ♈ r
03	Mi	12°02'05" ♑	29°07'27" ♍	22°14' ♐	5°00' ♐	28°46' ♐	5°36' ♉	3°25' ♓	15°28' ♈	19°21' ♉ r	25°06' ♓	29°25' ♑	20°58' ♈ r
04	Do	13°03'14" ♑	11°00'03" ♎	22°26' ♐	6°13' ♐	29°30' ♐	5°36' ♉	3°31' ♓	15°29' ♈	19°19' ♉ r	25°07' ♓	29°27' ♑	20°57' ♈ r
05	Fr	14°04'24" ♑	23°02'28" ♎	22°45' ♐	7°26' ♐	0°15' ♑	5°37' ♉	3°36' ♓	15°29' ♈	19°18' ♉ r	25°08' ♓	29°29' ♑	20°57' ♈ r
06	Sa	15°05'33" ♑	5°20'16" ♏	23°12' ♐	8°39' ♐	1°00' ♑	5°38' ♉	3°42' ♓	15°30' ♈	19°17' ♉ r	25°09' ♓	29°31' ♑	20°57' ♈ r
07	So	16°06'43" ♑	17°58'38" ♏	23°45' ♐	9°52' ♐	1°44' ♑	5°40' ♉	3°47' ♓	15°30' ♈	19°16' ♉ r	25°10' ♓	29°33' ♑	20°54' ♈ r
08	Mo	17°07'53" ♑	1°01'43" ♐	24°24' ♐	11°06' ♐	2°29' ♑	5°41' ♉	3°53' ♓	15°31' ♈	19°15' ♉ r	25°11' ♓	29°35' ♑	20°50' ♈ r
09	Di	18°09'04" ♑	14°31'58" ♐	25°08' ♐	12°19' ♐	3°14' ♑	5°43' ♉	3°59' ♓	15°32' ♈	19°14' ♉ r	25°13' ♓	29°37' ♑	20°42' ♈ r
10	Mi	19°10'14" ♑	28°29'25" ♐	25°57' ♐	13°33' ♐	3°59' ♑	5°45' ♉	4°05' ♓	15°32' ♈	19°13' ♉ r	25°14' ♓	29°38' ♑	20°32' ♈ r
11	Do	20°11'24" ♑	12°51'09" ♑	26°50' ♐	14°46' ♐	4°44' ♑	5°47' ♉	4°11' ♓	15°33' ♈	19°12' ♉ r	25°15' ♓	29°40' ♑	20°20' ♈ r
12	Fr	21°12'34" ♑	27°31'21" ♑	27°47' ♐	15°59' ♐	5°29' ♑	5°49' ♉	4°17' ♓	15°34' ♈	19°11' ♉ r	25°16' ♓	29°42' ♑	20°07' ♈ r
13	Sa	22°13'44" ♑	12°21'56" ♒	28°47' ♐	17°13' ♐	6°14' ♑	5°52' ♉	4°23' ♓	15°35' ♈	19°11' ♉ r	25°17' ♓	29°44' ♑	19°56' ♈ r
14	So	23°14'53" ♑	27°13'59" ♒	29°50' ♐	18°27' ♐	6°59' ♑	5°55' ♉	4°29' ♓	15°36' ♈	19°10' ♉ r	25°19' ♓	29°46' ♑	19°46' ♈ r
15	Mo	24°16'01" ♑	11°59'15" ♓	0°55' ♑	19°40' ♐	7°44' ♑	5°58' ♉	4°35' ♓	15°37' ♈	19°09' ♉ r	25°20' ♓	29°48' ♑	19°39' ♈ r
16	Di	25°17'09" ♑	26°31'26" ♓	2°04' ♑	20°54' ♐	8°29' ♑	6°01' ♉	4°41' ♓	15°38' ♈	19°09' ♉ r	25°21' ♓	29°50' ♑	19°36' ♈ r
17	Mi	26°18'16" ♑	10°46'48" ♈	3°14' ♑	22°07' ♐	9°14' ♑	6°04' ♉	4°47' ♓	15°39' ♈	19°08' ♉ r	25°23' ♓	29°52' ♑	19°34' ♈ r
18	Do	27°19'22" ♑	24°43'58" ♈	4°26' ♑	23°21' ♐	9°59' ♑	6°08' ♉	4°54' ♓	15°40' ♈	19°08' ♉ r	25°24' ♓	29°54' ♑	19°34' ♈
19	Fr	28°20'27" ♑	8°23'25" ♉	5°40' ♑	24°35' ♐	10°44' ♑	6°11' ♉	5°00' ♓	15°41' ♈	19°07' ♉ r	25°25' ♓	29°56' ♑	19°34' ♈ r
20	Sa	29°21'32" ♑	21°46'37" ♉	6°56' ♑	25°48' ♐	11°30' ♑	6°15' ♉	5°06' ♓	15°43' ♈	19°07' ♉ r	25°27' ♓	29°58' ♑	19°32' ♈ r
21	So	0°22'36" ♒	4°55'29" ♊	8°13' ♑	27°02' ♐	12°15' ♑	6°19' ♉	5°13' ♓	15°44' ♈	19°06' ♉ r	25°28' ♓	0°00' ♒	19°28' ♈ r
22	Mo	1°23'39" ♒	17°51'42" ♊	9°31' ♑	28°16' ♐	13°00' ♑	6°24' ♉	5°19' ♓	15°45' ♈	19°06' ♉ r	25°30' ♓	0°02' ♒	19°21' ♈ r
23	Di	2°24'41" ♒	0°36'36" ♋	10°51' ♑	29°30' ♐	13°46' ♑	6°28' ♉	5°26' ♓	15°47' ♈	19°06' ♉ r	25°31' ♓	0°04' ♒	19°11' ♈ r
24	Mi	3°25'42" ♒	13°11'00" ♋	12°12' ♑	0°44' ♑	14°31' ♑	6°33' ♉	5°32' ♓	15°48' ♈	19°06' ♉ r	25°33' ♓	0°06' ♒	18°59' ♈ r
25	Do	4°26'42" ♒	25°35'24" ♋	13°34' ♑	1°57' ♑	15°16' ♑	6°38' ♉	5°39' ♓	15°50' ♈	19°05' ♉ r	25°34' ♓	0°08' ♒	18°45' ♈ r
26	Fr	5°27'42" ♒	7°50'11" ♌	14°57' ♑	3°11' ♑	16°02' ♑	6°43' ♉	5°46' ♓	15°51' ♈	19°05' ♉ r	25°36' ♓	0°10' ♒	18°31' ♈ r
27	Sa	6°28'41" ♒	19°55'54" ♌	16°21' ♑	4°25' ♑	16°47' ♑	6°48' ♉	5°52' ♓	15°53' ♈	19°05' ♉ r	25°38' ♓	0°12' ♒	18°18' ♈ r
28	So	7°29'38" ♒	1°53'38" ♍	17°46' ♑	5°39' ♑	17°33' ♑	6°53' ♉	5°59' ♓	15°55' ♈	19°05' ♉	25°39' ♓	0°13' ♒	18°08' ♈ r
29	Mo	8°30'36" ♒	13°45'06" ♍	19°12' ♑	6°53' ♑	18°19' ♑	6°59' ♉	6°06' ♓	15°56' ♈	19°05' ♉	25°41' ♓	0°15' ♒	17°59' ♈ r
30	Di	9°31'32" ♒	25°32'53" ♍	20°39' ♑	8°07' ♑	19°04' ♑	7°05' ♉	6°12' ♓	15°58' ♈	19°05' ♉	25°43' ♓	0°17' ♒	17°54' ♈ r
31	Mi	10°32'27" ♒	7°20'25" ♎	22°07' ♑	9°21' ♑	19°50' ♑	7°11' ♉	6°19' ♓	16°00' ♈	19°06' ♉	25°44' ♓	0°19' ♒	17°52' ♈ r

Tag		Ceres	Pallas	Juno	Vesta	Pholus	Nessus	Transpl.	Mondkn.(m)	Lilith (m)	Lilith (o)	Lilith (n)	Priapus
01	Mo	15°26' ♐	17°33' ♏	21°19' ♍	27°00' ♊ r	8°06' ♑	15°39' ♓	4°12' ♍ r	20°53' ♈ r	9°58' ♍	14°00' ♍ r	13°29' ♍	15°30' ♒
02	Di	15°50' ♐	17°56' ♏	21°24' ♍	26°46' ♊ r	8°08' ♑	15°40' ♓	4°11' ♍ r	20°50' ♈ r	10°05' ♍	13°28' ♍ r	13°41' ♍	15°45' ♒
03	Mi	16°14' ♐	18°19' ♏	21°29' ♍	26°31' ♊ r	8°10' ♑	15°41' ♓	4°11' ♍ r	20°46' ♈ r	10°11' ♍	13°00' ♍ r	13°54' ♍	16°00' ♒
04	Do	16°39' ♐	18°42' ♏	21°33' ♍	26°17' ♊ r	8°12' ♑	15°42' ♓	4°11' ♍ r	20°43' ♈ r	10°18' ♍	12°18' ♍ r	14°06' ♍	16°17' ♒
05	Fr	17°03' ♐	19°04' ♏	21°37' ♍	26°03' ♊ r	8°15' ♑	15°43' ♓	4°10' ♍ r	20°40' ♈ r	10°25' ♍	11°05' ♍ r	14°18' ♍	16°34' ♒
06	Sa	17°28' ♐	19°27' ♏	21°40' ♍	25°49' ♊ r	8°17' ♑	15°45' ♓	4°10' ♍ r	20°37' ♈ r	10°32' ♍	9°09' ♍ r	14°31' ♍	16°53' ♒
07	So	17°52' ♐	19°49' ♏	21°43' ♍	25°35' ♊ r	8°19' ♑	15°46' ♓	4°10' ♍ r	20°34' ♈ r	10°38' ♍	6°26' ♍ r	14°43' ♍	17°12' ♒
08	Mo	18°16' ♐	20°11' ♏	21°46' ♍	25°22' ♊ r	8°21' ♑	15°47' ♓	4°09' ♍ r	20°31' ♈ r	10°45' ♍	3°08' ♍ r	14°54' ♍	17°32' ♒
09	Di	18°40' ♐	20°34' ♏	21°48' ♍	25°09' ♊ r	8°23' ♑	15°48' ♓	4°09' ♍ r	20°27' ♈ r	10°52' ♍	29°41' ♌ r	15°06' ♍	17°53' ♒
10	Mi	19°04' ♐	20°56' ♏	21°50' ♍	24°56' ♊ r	8°26' ♑	15°50' ♓	4°09' ♍ r	20°24' ♈ r	10°58' ♍	26°32' ♌ r	15°18' ♍	18°14' ♒
11	Do	19°28' ♐	21°17' ♏	21°51' ♍	24°44' ♊ r	8°28' ♑	15°51' ♓	4°08' ♍ r	20°21' ♈ r	11°05' ♍	23°59' ♌ r	15°29' ♍	18°36' ♒
12	Fr	19°52' ♐	21°39' ♏	21°52' ♍	24°32' ♊ r	8°30' ♑	15°52' ♓	4°08' ♍ r	20°18' ♈ r	11°12' ♍	22°01' ♌ r	15°40' ♍	18°58' ♒
13	Sa	20°16' ♐	22°01' ♏	21°52' ♍	24°20' ♊ r	8°32' ♑	15°54' ♓	4°07' ♍ r	20°15' ♈ r	11°18' ♍	20°21' ♌ r	15°51' ♍	19°22' ♒
14	So	20°40' ♐	22°22' ♏	21°52' ♍ r	24°09' ♊ r	8°34' ♑	15°55' ♓	4°07' ♍ r	20°11' ♈ r	11°25' ♍	18°39' ♌ r	16°02' ♍	19°45' ♒
15	Mo	21°04' ♐	22°44' ♏	21°51' ♍ r	23°58' ♊ r	8°36' ♑	15°57' ♓	4°07' ♍ r	20°08' ♈ r	11°32' ♍	16°41' ♌ r	16°13' ♍	20°10' ♒
16	Di	21°27' ♐	23°05' ♏	21°50' ♍ r	23°48' ♊ r	8°38' ♑	15°58' ♓	4°06' ♍ r	20°05' ♈ r	11°38' ♍	14°35' ♌ r	16°24' ♍	20°35' ♒
17	Mi	21°51' ♐	23°26' ♏	21°49' ♍ r	23°37' ♊ r	8°41' ♑	16°00' ♓	4°06' ♍ r	20°02' ♈ r	11°45' ♍	12°51' ♌ r	16°34' ♍	21°00' ♒
18	Do	22°14' ♐	23°47' ♏	21°47' ♍ r	23°28' ♊ r	8°43' ♑	16°01' ♓	4°05' ♍ r	19°59' ♈ r	11°52' ♍	12°12' ♌	16°44' ♍	21°26' ♒
19	Fr	22°38' ♐	24°08' ♏	21°45' ♍ r	23°18' ♊ r	8°45' ♑	16°03' ♓	4°05' ♍ r	19°56' ♈ r	11°58' ♍	13°07' ♌	16°54' ♍	21°52' ♒
20	Sa	23°01' ♐	24°28' ♏	21°42' ♍ r	23°10' ♊ r	8°47' ♑	16°04' ♓	4°04' ♍ r	19°52' ♈ r	12°05' ♍	15°45' ♌	17°03' ♍	22°19' ♒
21	So	23°25' ♐	24°49' ♏	21°39' ♍ r	23°01' ♊ r	8°49' ♑	16°06' ♓	4°04' ♍ r	19°49' ♈ r	12°12' ♍	19°51' ♌	17°13' ♍	22°46' ♒
22	Mo	23°48' ♐	25°09' ♏	21°35' ♍ r	22°53' ♊ r	8°51' ♑	16°07' ♓	4°03' ♍ r	19°46' ♈ r	12°18' ♍	24°54' ♌	17°22' ♍	23°13' ♒
23	Di	24°11' ♐	25°29' ♏	21°31' ♍ r	22°46' ♊ r	8°53' ♑	16°09' ♓	4°03' ♍ r	19°43' ♈ r	12°25' ♍	0°18' ♍	17°30' ♍	23°41' ♒
24	Mi	24°34' ♐	25°49' ♏	21°26' ♍ r	22°38' ♊ r	8°55' ♑	16°11' ♓	4°03' ♍ r	19°40' ♈ r	12°32' ♍	5°22' ♍	17°39' ♍	24°09' ♒
25	Do	24°57' ♐	26°09' ♏	21°21' ♍ r	22°32' ♊ r	8°57' ♑	16°12' ♓	4°02' ♍ r	19°37' ♈ r	12°38' ♍	9°36' ♍	17°47' ♍	24°38' ♒
26	Fr	25°20' ♐	26°29' ♏	21°15' ♍ r	22°25' ♊ r	8°59' ♑	16°14' ♓	4°02' ♍ r	19°33' ♈ r	12°45' ♍	12°47' ♍	17°55' ♍	25°07' ♒
27	Sa	25°43' ♐	26°48' ♏	21°09' ♍ r	22°20' ♊ r	9°01' ♑	16°16' ♓	4°01' ♍ r	19°30' ♈ r	12°52' ♍	15°01' ♍	18°02' ♍	25°36' ♒
28	So	26°06' ♐	27°08' ♏	21°03' ♍ r	22°14' ♊ r	9°03' ♑	16°18' ♓	4°01' ♍ r	19°27' ♈ r	12°58' ♍	16°35' ♍	18°09' ♍	26°06' ♒
29	Mo	26°29' ♐	27°27' ♏	20°56' ♍ r	22°09' ♊ r	9°05' ♑	16°19' ♓	4°00' ♍ r	19°24' ♈ r	13°05' ♍	17°51' ♍	18°16' ♍	26°36' ♒
30	Di	26°51' ♐	27°46' ♏	20°49' ♍ r	22°05' ♊ r	9°07' ♑	16°21' ♓	4°00' ♍ r	19°21' ♈ r	13°12' ♍	18°59' ♍	18°22' ♍	27°06' ♒
31	Mi	27°14' ♐	28°05' ♏	20°41' ♍ r	22°01' ♊ r	9°09' ♑	16°23' ♓	3°59' ♍ r	19°17' ♈ r	13°18' ♍	20°02' ♍	18°28' ♍	27°36' ♒

FEBRUAR 2024 Planetenstände

0:00 Uhr • Mitteleuropäische Zeit

Quelle: Sarastro © by Sarastro Software (erstellt von Peter Fraiss)

Tag		Sonne	Mond	Merkur	Venus	Mars	Jupiter	Saturn	Chiron	Uranus	Neptun	Pluto	Mondkn. (w)
01	Do	11°33'22" ♒	19°11'54" ♎	23°35' ♑	10°35' ♑	20°36' ♑	7°17' ♉	6°26' ♓	16°02' ♈	19°06' ♉	25°46' ♓	0°21' ♒	17°51' ♈
02	Fr	12°34'16" ♒	1°12'14" ♏	25°04' ♑	11°49' ♑	21°21' ♑	7°23' ♉	6°33' ♓	16°04' ♈	19°06' ♉	25°48' ♓	0°23' ♒	17°52' ♈
03	Sa	13°35'10" ♒	13°26'44" ♏	26°34' ♑	13°03' ♑	22°07' ♑	7°29' ♉	6°40' ♓	16°06' ♈	19°06' ♉	25°50' ♓	0°25' ♒	17°52' ♈
04	So	14°36'02" ♒	26°00'44" ♏	28°05' ♑	14°17' ♑	22°53' ♑	7°36' ♉	6°47' ♓	16°08' ♈	19°07' ♉	25°51' ♓	0°27' ♒	17°51' ♈ r
05	Mo	15°36'54" ♒	8°59'11" ♐	29°36' ♑	15°31' ♑	23°39' ♑	7°43' ♉	6°54' ♓	16°10' ♈	19°07' ♉	25°53' ♓	0°29' ♒	17°49' ♈ r
06	Di	16°37'45" ♒	22°25'45" ♐	1°09' ♒	16°45' ♑	24°25' ♑	7°49' ♉	7°01' ♓	16°12' ♈	19°08' ♉	25°55' ♓	0°31' ♒	17°44' ♈ r
07	Mi	17°38'35" ♒	6°22'09" ♑	2°42' ♒	18°00' ♑	25°10' ♑	7°57' ♉	7°08' ♓	16°14' ♈	19°08' ♉	25°57' ♓	0°33' ♒	17°37' ♈ r
08	Do	18°39'24" ♒	20°47'12" ♑	4°16' ♒	19°14' ♑	25°56' ♑	8°04' ♉	7°15' ♓	16°16' ♈	19°09' ♉	25°59' ♓	0°35' ♒	17°28' ♈ r
09	Fr	19°40'12" ♒	5°36'16" ♒	5°50' ♒	20°28' ♑	26°42' ♑	8°11' ♉	7°22' ♓	16°18' ♈	19°10' ♉	26°01' ♓	0°36' ♒	17°18' ♈ r
10	Sa	20°40'59" ♒	20°41'35" ♒	7°26' ♒	21°42' ♑	27°28' ♑	8°19' ♉	7°29' ♓	16°21' ♈	19°10' ♉	26°03' ♓	0°38' ♒	17°09' ♈ r
11	So	21°41'44" ♒	5°53'08" ♓	9°02' ♒	22°56' ♑	28°14' ♑	8°26' ♉	7°36' ♓	16°23' ♈	19°11' ♉	26°05' ♓	0°40' ♒	17°02' ♈ r
12	Mo	22°42'28" ♒	21°00'29" ♓	10°39' ♒	24°10' ♑	29°00' ♑	8°34' ♉	7°43' ♓	16°25' ♈	19°12' ♉	26°07' ♓	0°42' ♒	16°57' ♈ r
13	Di	23°43'11" ♒	5°54'32" ♈	12°17' ♒	25°25' ♑	29°46' ♑	8°42' ♉	7°51' ♓	16°28' ♈	19°13' ♉	26°08' ♓	0°44' ♒	16°54' ♈ r
14	Mi	24°43'52" ♒	20°28'47" ♈	13°55' ♒	26°39' ♑	0°32' ♒	8°50' ♉	7°58' ♓	16°30' ♈	19°14' ♉	26°10' ♓	0°46' ♒	16°53' ♈
15	Do	25°44'31" ♒	4°39'45" ♉	15°35' ♒	27°53' ♑	1°19' ♒	8°59' ♉	8°05' ♓	16°33' ♈	19°14' ♉	26°13' ♓	0°47' ♒	16°54' ♈
16	Fr	26°45'08" ♒	18°26'41" ♉	17°15' ♒	29°07' ♑	2°05' ♒	9°07' ♉	8°12' ♓	16°35' ♈	19°15' ♉	26°15' ♓	0°49' ♒	16°55' ♈
17	Sa	27°45'44" ♒	1°50'48" ♊	18°56' ♒	0°21' ♒	2°51' ♒	9°16' ♉	8°20' ♓	16°38' ♈	19°17' ♉	26°17' ♓	0°51' ♒	16°56' ♈ r
18	So	28°46'18" ♒	14°54'32" ♊	20°38' ♒	1°36' ♒	3°37' ♒	9°24' ♉	8°27' ♓	16°40' ♈	19°18' ♉	26°19' ♓	0°53' ♒	16°54' ♈ r
19	Mo	29°46'51" ♒	27°40'49" ♊	22°21' ♒	2°50' ♒	4°23' ♒	9°33' ♉	8°34' ♓	16°43' ♈	19°19' ♉	26°21' ♓	0°55' ♒	16°51' ♈ r
20	Di	0°47'21" ♓	10°12'36" ♋	24°05' ♒	4°04' ♒	5°10' ♒	9°42' ♉	8°41' ♓	16°46' ♈	19°20' ♉	26°23' ♓	0°56' ♒	16°45' ♈ r
21	Mi	1°47'50" ♓	22°32'32" ♋	25°50' ♒	5°18' ♒	5°56' ♒	9°51' ♉	8°49' ♓	16°48' ♈	19°21' ♉	26°25' ♓	0°58' ♒	16°38' ♈ r
22	Do	2°48'17" ♓	4°42'53" ♌	27°35' ♒	6°32' ♒	6°42' ♒	10°00' ♉	8°56' ♓	16°51' ♈	19°23' ♉	26°27' ♓	1°00' ♒	16°29' ♈ r
23	Fr	3°48'42" ♓	16°45'30" ♌	29°22' ♒	7°47' ♒	7°28' ♒	10°10' ♉	9°03' ♓	16°54' ♈	19°24' ♉	26°29' ♓	1°01' ♒	16°21' ♈ r
24	Sa	4°49'06" ♓	28°42'01" ♌	1°10' ♓	9°01' ♒	8°15' ♒	10°19' ♉	9°11' ♓	16°57' ♈	19°25' ♉	26°31' ♓	1°03' ♒	16°13' ♈ r
25	So	5°49'28" ♓	10°33'58" ♍	2°58' ♓	10°15' ♒	9°01' ♒	10°29' ♉	9°18' ♓	16°59' ♈	19°27' ♉	26°33' ♓	1°05' ♒	16°06' ♈ r
26	Mo	6°49'48" ♓	22°23'03" ♍	4°48' ♓	11°29' ♒	9°47' ♒	10°38' ♉	9°25' ♓	17°02' ♈	19°28' ♉	26°36' ♓	1°06' ♒	16°01' ♈ r
27	Di	7°50'06" ♓	4°11'17" ♎	6°38' ♓	12°44' ♒	10°34' ♒	10°48' ♉	9°33' ♓	17°05' ♈	19°30' ♉	26°38' ♓	1°08' ♒	15°59' ♈ r
28	Mi	8°50'23" ♓	16°01'09" ♎	8°29' ♓	13°58' ♒	11°20' ♒	10°58' ♉	9°40' ♓	17°08' ♈	19°31' ♉	26°40' ♓	1°10' ♒	15°58' ♈
29	Do	9°50'38" ♓	27°55'44" ♎	10°22' ♓	15°12' ♒	12°07' ♒	11°08' ♉	9°47' ♓	17°11' ♈	19°33' ♉	26°42' ♓	1°11' ♒	15°59' ♈

Tag		Ceres	Pallas	Juno	Vesta	Pholus	Nessus	Transpl.	Mondkn.(m)	Lilith (m)	Lilith (o)	Lilith (n)	Priapus
01	Do	27°36' ♐	28°23' ♏	20°33' ♍ r	21°57' ♊ r	9°11' ♑	16°25' ♓	3°58' ♍ r	19°14' ♈ r	13°25' ♍	20°52' ♍	18°34' ♍	28°07' ♒
02	Fr	27°58' ♐	28°42' ♏	20°24' ♍ r	21°54' ♊ r	9°13' ♑	16°27' ♓	3°58' ♍ r	19°11' ♈ r	13°32' ♍	21°16' ♍	18°39' ♍	28°37' ♒
03	Sa	28°21' ♐	29°00' ♏	20°15' ♍ r	21°51' ♊ r	9°15' ♑	16°28' ♓	3°57' ♍ r	19°08' ♈ r	13°38' ♍	21°01' ♍ r	18°44' ♍	29°08' ♒
04	So	28°43' ♐	29°18' ♏	20°06' ♍ r	21°49' ♊ r	9°16' ♑	16°30' ♓	3°57' ♍ r	19°05' ♈ r	13°45' ♍	19°54' ♍ r	18°48' ♍	29°40' ♒
05	Mo	29°05' ♐	29°36' ♏	19°56' ♍ r	21°47' ♊ r	9°18' ♑	16°32' ♓	3°56' ♍ r	19°02' ♈ r	13°52' ♍	17°54' ♍ r	18°52' ♍	0°11' ♓
06	Di	29°27' ♐	29°53' ♏	19°46' ♍ r	21°46' ♊ r	9°20' ♑	16°34' ♓	3°56' ♍ r	18°58' ♈ r	13°58' ♍	15°12' ♍ r	18°56' ♍	0°43' ♓
07	Mi	29°49' ♐	0°11' ♐	19°36' ♍ r	21°45' ♊ r	9°22' ♑	16°36' ♓	3°55' ♍ r	18°55' ♈ r	14°05' ♍	12°10' ♍ r	18°59' ♍	1°14' ♓
08	Do	0°11' ♑	0°28' ♐	19°25' ♍ r	21°45' ♊ r	9°24' ♑	16°38' ♓	3°55' ♍ r	18°52' ♈ r	14°12' ♍	9°18' ♍ r	19°01' ♍	1°46' ♓
09	Fr	0°32' ♑	0°45' ♐	19°14' ♍ r	21°45' ♊	9°25' ♑	16°40' ♓	3°54' ♍ r	18°49' ♈ r	14°18' ♍	6°50' ♍ r	19°04' ♍	2°18' ♓
10	Sa	0°54' ♑	1°02' ♐	19°02' ♍ r	21°45' ♊	9°27' ♑	16°42' ♓	3°54' ♍ r	18°46' ♈ r	14°25' ♍	4°48' ♍ r	19°05' ♍	2°50' ♓
11	So	1°16' ♑	1°18' ♐	18°50' ♍ r	21°46' ♊	9°29' ♑	16°44' ♓	3°53' ♍ r	18°43' ♈ r	14°32' ♍	2°58' ♍ r	19°06' ♍	3°22' ♓
12	Mo	1°37' ♑	1°35' ♐	18°38' ♍ r	21°48' ♊	9°31' ♑	16°46' ♓	3°53' ♍ r	18°39' ♈ r	14°38' ♍	1°00' ♍ r	19°07' ♍	3°55' ♓
13	Di	1°58' ♑	1°51' ♐	18°26' ♍ r	21°49' ♊	9°32' ♑	16°48' ♓	3°52' ♍ r	18°36' ♈ r	14°45' ♍	28°44' ♌ r	19°07' ♍ r	4°27' ♓
14	Mi	2°19' ♑	2°07' ♐	18°13' ♍ r	21°52' ♊	9°34' ♑	16°50' ♓	3°51' ♍ r	18°33' ♈ r	14°52' ♍	26°16' ♌ r	19°07' ♍ r	5°00' ♓
15	Do	2°40' ♑	2°22' ♐	18°00' ♍ r	21°54' ♊	9°36' ♑	16°52' ♓	3°51' ♍ r	18°30' ♈ r	14°58' ♍	24°02' ♌ r	19°06' ♍ r	5°33' ♓
16	Fr	3°01' ♑	2°38' ♐	17°46' ♍ r	21°57' ♊	9°37' ♑	16°54' ♓	3°50' ♍ r	18°27' ♈ r	15°05' ♍	22°34' ♌ r	19°05' ♍ r	6°05' ♓
17	Sa	3°22' ♑	2°53' ♐	17°33' ♍ r	22°01' ♊	9°39' ♑	16°56' ♓	3°50' ♍ r	18°23' ♈ r	15°12' ♍	22°15' ♌	19°03' ♍ r	6°38' ♓
18	So	3°43' ♑	3°07' ♐	17°19' ♍ r	22°05' ♊	9°40' ♑	16°58' ♓	3°49' ♍ r	18°20' ♈ r	15°18' ♍	23°12' ♌	19°01' ♍ r	7°11' ♓
19	Mo	4°03' ♑	3°22' ♐	17°05' ♍ r	22°09' ♊	9°42' ♑	17°00' ♓	3°49' ♍ r	18°17' ♈ r	15°25' ♍	25°19' ♌	18°58' ♍ r	7°44' ♓
20	Di	4°24' ♑	3°36' ♐	16°51' ♍ r	22°14' ♊	9°43' ♑	17°02' ♓	3°48' ♍ r	18°14' ♈ r	15°32' ♍	28°19' ♌	18°54' ♍ r	8°17' ♓
21	Mi	4°44' ♑	3°50' ♐	16°36' ♍ r	22°19' ♊	9°45' ♑	17°04' ♓	3°47' ♍ r	18°11' ♈ r	15°38' ♍	1°54' ♍	18°50' ♍ r	8°51' ♓
22	Do	5°05' ♑	4°04' ♐	16°22' ♍ r	22°24' ♊	9°46' ♑	17°06' ♓	3°47' ♍ r	18°08' ♈ r	15°45' ♍	5°43' ♍	18°46' ♍ r	9°24' ♓
23	Fr	5°25' ♑	4°18' ♐	16°07' ♍ r	22°30' ♊	9°48' ♑	17°08' ♓	3°46' ♍ r	18°04' ♈ r	15°52' ♍	9°30' ♍	18°41' ♍ r	9°57' ♓
24	Sa	5°45' ♑	4°31' ♐	15°52' ♍ r	22°36' ♊	9°49' ♑	17°10' ♓	3°46' ♍ r	18°01' ♈ r	15°58' ♍	13°05' ♍	18°36' ♍ r	10°31' ♓
25	So	6°04' ♑	4°44' ♐	15°37' ♍ r	22°43' ♊	9°50' ♑	17°13' ♓	3°45' ♍ r	17°58' ♈ r	16°05' ♍	16°23' ♍	18°30' ♍ r	11°04' ♓
26	Mo	6°24' ♑	4°57' ♐	15°22' ♍ r	22°50' ♊	9°52' ♑	17°15' ♓	3°45' ♍ r	17°55' ♈ r	16°12' ♍	19°27' ♍	18°24' ♍ r	11°38' ♓
27	Di	6°44' ♑	5°09' ♐	15°07' ♍ r	22°57' ♊	9°53' ♑	17°17' ♓	3°44' ♍ r	17°52' ♈ r	16°18' ♍	22°22' ♍	18°18' ♍ r	12°11' ♓
28	Mi	7°03' ♑	5°21' ♐	14°52' ♍ r	23°05' ♊	9°54' ♑	17°19' ♓	3°43' ♍ r	17°48' ♈ r	16°25' ♍	25°10' ♍	18°11' ♍ r	12°45' ♓
29	Do	7°22' ♑	5°33' ♐	14°37' ♍ r	23°13' ♊	9°56' ♑	17°21' ♓	3°43' ♍ r	17°45' ♈ r	16°32' ♍	27°46' ♍	18°04' ♍ r	13°18' ♓

MÄRZ 2024 Planetenstände

0:00 Uhr • Mitteleuropäische Zeit

Quelle: Sarastro © by Sarastro Software (erstellt von Peter Fraiss)

Tag		Sonne	Mond	Merkur	Venus	Mars	Jupiter	Saturn	Chiron	Uranus	Neptun	Pluto	Mondkn.(w)
01	Fr	10°50'52" ♓	9°58'40" ♏	12°15' ♓	16°26' ♒	12°53' ♒	11°18' ♉	9°54' ♓	17°14' ♈	19°35' ♉	26°44' ♓	1°13' ♒	16°00' ♈
02	Sa	11°51'04" ♓	22°14'07" ♏	14°09' ♓	17°41' ♒	13°40' ♒	11°29' ♉	10°02' ♓	17°17' ♈	19°36' ♉	26°47' ♓	1°14' ♒	16°02' ♈
03	So	12°51'15" ♓	4°46'32" ♐	16°03' ♓	18°55' ♒	14°26' ♒	11°39' ♉	10°09' ♓	17°20' ♈	19°38' ♉	26°49' ♓	1°16' ♒	16°03' ♈
04	Mo	13°51'25" ♓	17°40'18" ♐	17°58' ♓	20°09' ♒	15°13' ♒	11°50' ♉	10°16' ♓	17°23' ♈	19°40' ♉	26°51' ♓	1°18' ♒	16°03' ♈ r
05	Di	14°51'33" ♓	0°59'15" ♑	19°54' ♓	21°24' ♒	15°59' ♒	12°00' ♉	10°24' ♓	17°26' ♈	19°42' ♉	26°53' ♓	1°19' ♒	16°02' ♈ r
06	Mi	15°51'39" ♓	14°45'55" ♑	21°50' ♓	22°38' ♒	16°46' ♒	12°11' ♉	10°31' ♓	17°29' ♈	19°44' ♉	26°55' ♓	1°21' ♒	16°00' ♈ r
07	Do	16°51'44" ♓	29°00'44" ♑	23°47' ♓	23°52' ♒	17°32' ♒	12°22' ♉	10°38' ♓	17°32' ♈	19°46' ♉	26°58' ♓	1°22' ♒	15°56' ♈ r
08	Fr	17°51'47" ♓	13°41'20" ♒	25°43' ♓	25°06' ♒	18°19' ♒	12°33' ♉	10°46' ♓	17°35' ♈	19°48' ♉	27°00' ♓	1°24' ♒	15°52' ♈ r
09	Sa	18°51'48" ♓	28°42'14" ♒	27°40' ♓	26°21' ♒	19°05' ♒	12°44' ♉	10°53' ♓	17°39' ♈	19°50' ♉	27°02' ♓	1°25' ♒	15°48' ♈ r
10	So	19°51'48" ♓	13°55'06" ♓	29°36' ♓	27°35' ♒	19°52' ♒	12°55' ♉	11°00' ♓	17°42' ♈	19°52' ♉	27°04' ♓	1°26' ♒	15°45' ♈ r
11	Mo	20°51'45" ♓	29°09'55" ♓	1°31' ♈	28°49' ♒	20°39' ♒	13°06' ♉	11°08' ♓	17°45' ♈	19°54' ♉	27°07' ♓	1°28' ♒	15°43' ♈ r
12	Di	21°51'41" ♓	14°16'32" ♈	3°25' ♈	0°04' ♓	21°25' ♒	13°17' ♉	11°15' ♓	17°48' ♈	19°56' ♉	27°09' ♓	1°29' ♒	15°42' ♈ r
13	Mi	22°51'34" ♓	29°06'17" ♈	5°18' ♈	1°18' ♓	22°12' ♒	13°29' ♉	11°22' ♓	17°52' ♈	19°58' ♉	27°11' ♓	1°31' ♒	15°43' ♈
14	Do	23°51'26" ♓	13°33'03" ♉	7°09' ♈	2°32' ♓	22°58' ♒	13°40' ♉	11°29' ♓	17°55' ♈	20°01' ♉	27°14' ♓	1°32' ♒	15°44' ♈
15	Fr	24°51'15" ♓	27°33'41" ♉	8°58' ♈	3°46' ♓	23°45' ♒	13°52' ♉	11°37' ♓	17°58' ♈	20°03' ♉	27°16' ♓	1°33' ♒	15°45' ♈
16	Sa	25°51'02" ♓	11°07'40" ♊	10°44' ♈	5°01' ♓	24°32' ♒	14°04' ♉	11°44' ♓	18°02' ♈	20°05' ♉	27°18' ♓	1°34' ♒	15°46' ♈
17	So	26°50'47" ♓	24°16'34" ♊	12°27' ♈	6°15' ♓	25°18' ♒	14°15' ♉	11°51' ♓	18°05' ♈	20°08' ♉	27°20' ♓	1°36' ♒	15°47' ♈
18	Mo	27°50'30" ♓	7°03'17" ♋	14°06' ♈	7°29' ♓	26°05' ♒	14°27' ♉	11°58' ♓	18°08' ♈	20°10' ♉	27°23' ♓	1°37' ♒	15°47' ♈ r
19	Di	28°50'10" ♓	19°31'27" ♋	15°41' ♈	8°43' ♓	26°52' ♒	14°39' ♉	12°05' ♓	18°12' ♈	20°12' ♉	27°25' ♓	1°38' ♒	15°46' ♈ r
20	Mi	29°49'48" ♓	1°44'54" ♌	17°11' ♈	9°58' ♓	27°38' ♒	14°51' ♉	12°12' ♓	18°15' ♈	20°15' ♉	27°27' ♓	1°39' ♒	15°44' ♈ r
21	Do	0°49'24" ♈	13°47'23" ♌	18°37' ♈	11°12' ♓	28°25' ♒	15°03' ♉	12°19' ♓	18°18' ♈	20°17' ♉	27°30' ♓	1°41' ♒	15°42' ♈ r
22	Fr	1°48'58" ♈	25°42'19" ♌	19°57' ♈	12°26' ♓	29°12' ♒	15°15' ♉	12°26' ♓	18°22' ♈	20°20' ♉	27°32' ♓	1°42' ♒	15°39' ♈ r
23	Sa	2°48'29" ♈	7°32'45" ♍	21°11' ♈	13°40' ♓	29°58' ♒	15°28' ♉	12°34' ♓	18°25' ♈	20°22' ♉	27°34' ♓	1°43' ♒	15°37' ♈ r
24	So	3°47'58" ♈	19°21'18" ♍	22°19' ♈	14°54' ♓	0°45' ♓	15°40' ♉	12°41' ♓	18°29' ♈	20°25' ♉	27°36' ♓	1°44' ♒	15°36' ♈ r
25	Mo	4°47'25" ♈	1°10'21" ♎	23°20' ♈	16°09' ♓	1°32' ♓	15°52' ♉	12°48' ♓	18°32' ♈	20°28' ♉	27°39' ♓	1°45' ♒	15°35' ♈ r
26	Di	5°46'50" ♈	13°02'00" ♎	24°15' ♈	17°23' ♓	2°19' ♓	16°05' ♉	12°55' ♓	18°36' ♈	20°30' ♉	27°41' ♓	1°46' ♒	15°34' ♈ r
27	Mi	6°46'14" ♈	24°58'22" ♎	25°02' ♈	18°37' ♓	3°05' ♓	16°17' ♉	13°01' ♓	18°39' ♈	20°33' ♉	27°43' ♓	1°47' ♒	15°35' ♈
28	Do	7°45'35" ♈	7°01'34" ♏	25°43' ♈	19°51' ♓	3°52' ♓	16°30' ♉	13°08' ♓	18°43' ♈	20°36' ♉	27°45' ♓	1°48' ♒	15°35' ♈
29	Fr	8°44'54" ♈	19°13'59" ♏	26°16' ♈	21°05' ♓	4°39' ♓	16°42' ♉	13°15' ♓	18°46' ♈	20°39' ♉	27°48' ♓	1°49' ♒	15°36' ♈
30	Sa	9°44'11" ♈	1°38'10" ♐	26°41' ♈	22°20' ♓	5°25' ♓	16°55' ♉	13°22' ♓	18°50' ♈	20°41' ♉	27°50' ♓	1°50' ♒	15°36' ♈
31	So	10°43'27" ♈	14°16'55" ♐	26°59' ♈	23°34' ♓	6°12' ♓	17°08' ♉	13°29' ♓	18°53' ♈	20°44' ♉	27°52' ♓	1°51' ♒	15°37' ♈

Tag		Ceres	Pallas	Juno	Vesta	Pholus	Nessus	Transpl.	Mondkn.(m)	Lilith (m)	Lilith (o)	Lilith (n)	Priapus
01	Fr	7°42' ♑	5°44' ♐	14°21' ♍ r	23°21' ♊	9°57' ♑	17°23' ♓	3°42' ♍ r	17°42' ♈ r	16°38' ♍	0°01' ♎	17°57' ♍ r	13°52' ♓
02	Sa	8°01' ♑	5°55' ♐	14°06' ♍ r	23°30' ♊	9°58' ♑	17°25' ♓	3°42' ♍ r	17°39' ♈ r	16°45' ♍	1°41' ♎	17°50' ♍ r	14°25' ♓
03	So	8°19' ♑	6°06' ♐	13°51' ♍ r	23°39' ♊	9°59' ♑	17°27' ♓	3°41' ♍ r	17°36' ♈ r	16°52' ♍	2°32' ♎	17°42' ♍ r	14°59' ♓
04	Mo	8°38' ♑	6°17' ♐	13°36' ♍ r	23°48' ♊	10°00' ♑	17°30' ♓	3°41' ♍ r	17°33' ♈ r	16°58' ♍	2°22' ♎ r	17°34' ♍ r	15°32' ♓
05	Di	8°57' ♑	6°27' ♐	13°21' ♍ r	23°58' ♊	10°02' ♑	17°32' ♓	3°40' ♍ r	17°29' ♈ r	17°05' ♍	1°10' ♎ r	17°27' ♍ r	16°05' ♓
06	Mi	9°15' ♑	6°37' ♐	13°05' ♍ r	24°08' ♊	10°03' ♑	17°34' ♓	3°40' ♍ r	17°26' ♈ r	17°12' ♍	29°04' ♍ r	17°19' ♍ r	16°39' ♓
07	Do	9°33' ♑	6°46' ♐	12°50' ♍ r	24°19' ♊	10°04' ♑	17°36' ♓	3°39' ♍ r	17°23' ♈ r	17°18' ♍	26°29' ♍ r	17°12' ♍ r	17°12' ♓
08	Fr	9°52' ♑	6°55' ♐	12°36' ♍ r	24°29' ♊	10°05' ♑	17°38' ♓	3°38' ♍ r	17°20' ♈ r	17°25' ♍	23°54' ♍ r	17°04' ♍ r	17°46' ♓
09	Sa	10°10' ♑	7°04' ♐	12°21' ♍ r	24°40' ♊	10°06' ♑	17°40' ♓	3°38' ♍ r	17°17' ♈ r	17°32' ♍	21°37' ♍ r	16°57' ♍ r	18°19' ♓
10	So	10°27' ♑	7°12' ♐	12°06' ♍ r	24°52' ♊	10°07' ♑	17°43' ♓	3°37' ♍ r	17°14' ♈ r	17°38' ♍	19°40' ♍ r	16°50' ♍ r	18°52' ♓
11	Mo	10°45' ♑	7°20' ♐	11°51' ♍ r	25°03' ♊	10°08' ♑	17°45' ♓	3°37' ♍ r	17°10' ♈ r	17°45' ♍	17°49' ♍ r	16°43' ♍ r	19°25' ♓
12	Di	11°02' ♑	7°28' ♐	11°37' ♍ r	25°15' ♊	10°08' ♑	17°47' ♓	3°36' ♍ r	17°07' ♈ r	17°52' ♍	15°47' ♍ r	16°36' ♍ r	19°58' ♓
13	Mi	11°20' ♑	7°35' ♐	11°23' ♍ r	25°27' ♊	10°09' ♑	17°49' ♓	3°36' ♍ r	17°04' ♈ r	17°58' ♍	13°24' ♍ r	16°30' ♍ r	20°31' ♓
14	Do	11°37' ♑	7°42' ♐	11°09' ♍ r	25°40' ♊	10°10' ♑	17°51' ♓	3°35' ♍ r	17°01' ♈ r	18°05' ♍	10°44' ♍ r	16°24' ♍ r	21°04' ♓
15	Fr	11°54' ♑	7°49' ♐	10°55' ♍ r	25°53' ♊	10°11' ♑	17°53' ♓	3°35' ♍ r	16°58' ♈ r	18°12' ♍	8°09' ♍ r	16°18' ♍ r	21°37' ♓
16	Sa	12°10' ♑	7°55' ♐	10°42' ♍ r	26°06' ♊	10°12' ♑	17°55' ♓	3°34' ♍ r	16°54' ♈ r	18°18' ♍	6°06' ♍ r	16°13' ♍ r	22°10' ♓
17	So	12°27' ♑	8°00' ♐	10°28' ♍ r	26°19' ♊	10°12' ♑	17°57' ♓	3°34' ♍ r	16°51' ♈ r	18°25' ♍	4°58' ♍ r	16°08' ♍ r	22°42' ♓
18	Mo	12°43' ♑	8°06' ♐	10°15' ♍ r	26°33' ♊	10°13' ♑	18°00' ♓	3°33' ♍ r	16°48' ♈ r	18°32' ♍	4°50' ♍	16°04' ♍ r	23°15' ♓
19	Di	13°00' ♑	8°11' ♐	10°03' ♍ r	26°47' ♊	10°14' ♑	18°02' ♓	3°33' ♍ r	16°45' ♈ r	18°38' ♍	5°38' ♍	16°00' ♍ r	23°47' ♓
20	Mi	13°16' ♑	8°15' ♐	9°50' ♍ r	27°01' ♊	10°14' ♑	18°04' ♓	3°32' ♍ r	16°42' ♈ r	18°45' ♍	7°10' ♍	15°56' ♍ r	24°20' ♓
21	Do	13°31' ♑	8°19' ♐	9°38' ♍ r	27°15' ♊	10°15' ♑	18°06' ♓	3°31' ♍ r	16°39' ♈ r	18°52' ♍	9°11' ♍	15°53' ♍ r	24°52' ♓
22	Fr	13°47' ♑	8°23' ♐	9°26' ♍ r	27°30' ♊	10°16' ♑	18°08' ♓	3°31' ♍ r	16°35' ♈ r	18°58' ♍	11°30' ♍	15°51' ♍ r	25°25' ♓
23	Sa	14°03' ♑	8°26' ♐	9°14' ♍ r	27°45' ♊	10°16' ♑	18°10' ♓	3°30' ♍ r	16°32' ♈ r	19°05' ♍	13°58' ♍	15°49' ♍ r	25°57' ♓
24	So	14°18' ♑	8°29' ♐	9°03' ♍ r	28°00' ♊	10°17' ♑	18°12' ♓	3°30' ♍ r	16°29' ♈ r	19°12' ♍	16°36' ♍	15°47' ♍ r	26°29' ♓
25	Mo	14°33' ♑	8°31' ♐	8°52' ♍ r	28°15' ♊	10°17' ♑	18°14' ♓	3°30' ♍ r	16°26' ♈ r	19°18' ♍	19°28' ♍	15°46' ♍ r	27°01' ♓
26	Di	14°48' ♑	8°33' ♐	8°42' ♍ r	28°30' ♊	10°18' ♑	18°16' ♓	3°29' ♍ r	16°23' ♈ r	19°25' ♍	22°40' ♍	15°45' ♍ r	27°32' ♓
27	Mi	15°02' ♑	8°34' ♐	8°31' ♍ r	28°46' ♊	10°18' ♑	18°18' ♓	3°29' ♍ r	16°20' ♈ r	19°32' ♍	26°17' ♍	15°45' ♍	28°04' ♓
28	Do	15°17' ♑	8°35' ♐	8°21' ♍ r	29°02' ♊	10°18' ♑	18°20' ♓	3°28' ♍ r	16°16' ♈ r	19°38' ♍	0°13' ♎	15°45' ♍	28°35' ♓
29	Fr	15°31' ♑	8°36' ♐	8°12' ♍ r	29°19' ♊	10°19' ♑	18°22' ♓	3°28' ♍ r	16°13' ♈ r	19°45' ♍	4°12' ♎	15°46' ♍	29°07' ♓
30	Sa	15°45' ♑	8°36' ♐ r	8°03' ♍ r	29°35' ♊	10°19' ♑	18°25' ♓	3°27' ♍ r	16°10' ♈ r	19°52' ♍	7°56' ♎	15°48' ♍	29°38' ♓
31	So	15°59' ♑	8°35' ♐ r	7°54' ♍ r	29°52' ♊	10°19' ♑	18°27' ♓	3°27' ♍ r	16°07' ♈ r	19°58' ♍	11°01' ♎	15°49' ♍	0°09' ♈

APRIL 2024 Planetenstände

0:00 Uhr • Mitteleuropäische Sommerzeit

Quelle: Sarastro © by Sarastro Software (erstellt von Peter Fraiss)

Tag	Sonne	Mond	Merkur	Venus	Mars	Jupiter	Saturn	Chiron	Uranus	Neptun	Pluto	Mondkn. (w)
01 Mo	11°40'13" ♈	26°40'21" ♐	27°09' ♈	24°45' ♓	6°57' ♓	17°20' ♉	13°35' ♓	18°57' ♈	20°47' ♉	27°54' ♓	1°52' ♒	15°37' ♈
02 Di	12°39'25" ♈	9°55'44" ♑	27°13' ♈	25°59' ♓	7°43' ♓	17°33' ♉	13°42' ♓	19°00' ♈	20°50' ♉	27°56' ♓	1°53' ♒	15°37' ♈
03 Mi	13°38'36" ♈	23°33'11" ♑	27°10' ♈ r	27°13' ♓	8°30' ♓	17°46' ♉	13°49' ♓	19°04' ♈	20°53' ♉	27°59' ♓	1°54' ♒	15°37' ♈ r
04 Do	14°37'45" ♈	7°33'42" ♒	26°59' ♈ r	28°27' ♓	9°17' ♓	17°59' ♉	13°56' ♓	19°07' ♈	20°56' ♉	28°01' ♓	1°54' ♒	15°37' ♈ r
05 Fr	15°36'51" ♈	21°56'34" ♒	26°43' ♈ r	29°41' ♓	10°04' ♓	18°12' ♉	14°02' ♓	19°11' ♈	20°59' ♉	28°03' ♓	1°55' ♒	15°37' ♈ r
06 Sa	16°35'57" ♈	6°38'54" ♓	26°20' ♈ r	0°56' ♈	10°50' ♓	18°25' ♉	14°09' ♓	19°14' ♈	21°02' ♉	28°05' ♓	1°56' ♒	15°37' ♈
07 So	17°35'00" ♈	21°35'30" ♓	25°52' ♈ r	2°10' ♈	11°37' ♓	18°38' ♉	14°15' ♓	19°18' ♈	21°05' ♉	28°07' ♓	1°57' ♒	15°37' ♈
08 Mo	18°34'01" ♈	6°39'02" ♈	25°19' ♈ r	3°24' ♈	12°24' ♓	18°52' ♉	14°22' ♓	19°21' ♈	21°08' ♉	28°10' ♓	1°57' ♒	15°38' ♈
09 Di	19°33'01" ♈	21°40'57" ♈	24°42' ♈ r	4°38' ♈	13°10' ♓	19°05' ♉	14°28' ♓	19°25' ♈	21°11' ♉	28°12' ♓	1°58' ♒	15°38' ♈ r
10 Mi	20°31'58" ♈	6°32'35" ♉	24°02' ♈ r	5°52' ♈	13°57' ♓	19°18' ♉	14°35' ♓	19°28' ♈	21°14' ♉	28°14' ♓	1°59' ♒	15°37' ♈ r
11 Do	21°30'53" ♈	21°06'26" ♉	23°19' ♈ r	7°06' ♈	14°43' ♓	19°31' ♉	14°41' ♓	19°32' ♈	21°17' ♉	28°16' ♓	1°59' ♒	15°37' ♈ r
12 Fr	22°29'47" ♈	5°17'03" ♊	22°34' ♈ r	8°20' ♈	15°30' ♓	19°45' ♉	14°47' ♓	19°36' ♈	21°20' ♉	28°18' ♓	2°00' ♒	15°36' ♈ r
13 Sa	23°28'38" ♈	19°01'35" ♊	21°49' ♈ r	9°34' ♈	16°17' ♓	19°58' ♉	14°54' ♓	19°39' ♈	21°23' ♉	28°20' ♓	2°01' ♒	15°35' ♈ r
14 So	24°27'27" ♈	2°19'36" ♋	21°04' ♈ r	10°48' ♈	17°03' ♓	20°12' ♉	15°00' ♓	19°43' ♈	21°26' ♉	28°22' ♓	2°01' ♒	15°34' ♈ r
15 Mo	25°26'13" ♈	15°12'49" ♋	20°20' ♈ r	12°03' ♈	17°50' ♓	20°25' ♉	15°06' ♓	19°46' ♈	21°30' ♉	28°24' ♓	2°02' ♒	15°34' ♈ r
16 Di	26°24'58" ♈	27°44'22" ♋	19°37' ♈ r	13°17' ♈	18°36' ♓	20°39' ♉	15°12' ♓	19°50' ♈	21°33' ♉	28°27' ♓	2°02' ♒	15°34' ♈
17 Mi	27°23'40" ♈	9°58'22" ♌	18°57' ♈ r	14°31' ♈	19°23' ♓	20°52' ♉	15°18' ♓	19°53' ♈	21°36' ♉	28°29' ♓	2°03' ♒	15°34' ♈
18 Do	28°22'20" ♈	21°59'18" ♌	18°20' ♈ r	15°45' ♈	20°09' ♓	21°06' ♉	15°24' ♓	19°57' ♈	21°39' ♉	28°31' ♓	2°03' ♒	15°35' ♈
19 Fr	29°20'57" ♈	3°51'46" ♍	17°47' ♈ r	16°59' ♈	20°56' ♓	21°20' ♉	15°30' ♓	20°00' ♈	21°43' ♉	28°33' ♓	2°04' ♒	15°36' ♈
20 Sa	0°19'33" ♉	15°40'05" ♍	17°17' ♈ r	18°13' ♈	21°42' ♓	21°34' ♉	15°36' ♓	20°04' ♈	21°46' ♉	28°35' ♓	2°04' ♒	15°37' ♈
21 So	1°18'06" ♉	27°28'12" ♍	16°52' ♈ r	19°27' ♈	22°29' ♓	21°47' ♉	15°42' ♓	20°07' ♈	21°49' ♉	28°37' ♓	2°04' ♒	15°39' ♈
22 Mo	2°16'37" ♉	9°19'31" ♎	16°32' ♈ r	20°41' ♈	23°15' ♓	22°01' ♉	15°48' ♓	20°11' ♈	21°53' ♉	28°39' ♓	2°05' ♒	15°39' ♈
23 Di	3°15'06" ♉	21°16'56" ♎	16°16' ♈ r	21°55' ♈	24°02' ♓	22°15' ♉	15°54' ♓	20°14' ♈	21°56' ♉	28°41' ♓	2°05' ♒	15°39' ♈ r
24 Mi	4°13'34" ♉	3°22'45" ♏	16°05' ♈ r	23°09' ♈	24°48' ♓	22°29' ♉	16°00' ♓	20°18' ♈	21°59' ♉	28°43' ♓	2°05' ♒	15°38' ♈ r
25 Do	5°11'59" ♉	15°38'46" ♏	16°00' ♈ r	24°23' ♈	25°35' ♓	22°43' ♉	16°05' ♓	20°21' ♈	22°03' ♉	28°44' ♓	2°05' ♒	15°37' ♈ r
26 Fr	6°10'23" ♉	28°06'22" ♏	15°59' ♈	25°37' ♈	26°21' ♓	22°56' ♉	16°11' ♓	20°25' ♈	22°06' ♉	28°46' ♓	2°06' ♒	15°34' ♈ r
27 Sa	7°08'45" ♉	10°46'35" ♐	16°04' ♈	26°50' ♈	27°07' ♓	23°10' ♉	16°16' ♓	20°28' ♈	22°09' ♉	28°48' ♓	2°06' ♒	15°31' ♈ r
28 So	8°07'05" ♉	23°40'17" ♐	16°13' ♈	28°04' ♈	27°54' ♓	23°24' ♉	16°22' ♓	20°31' ♈	22°13' ♉	28°50' ♓	2°06' ♒	15°27' ♈ r
29 Mo	9°05'24" ♉	6°48'12" ♑	16°27' ♈	29°18' ♈	28°40' ♓	23°38' ♉	16°27' ♓	20°35' ♈	22°16' ♉	28°52' ♓	2°06' ♒	15°24' ♈ r
30 Di	10°03'42" ♉	20°11'00" ♑	16°45' ♈	0°32' ♉	29°26' ♓	23°52' ♉	16°33' ♓	20°38' ♈	22°20' ♉	28°54' ♓	2°06' ♒	15°22' ♈ r

Tag		Ceres	Pallas	Juno	Vesta	Pholus	Nessus	Transpl.	Mondkn.(m)	Lilith (m)	Lilith (o)	Lilith (n)	Priapus
01	Mo	16°12' ♑	8°34' ♐ r	7°46' ♍ r	0°08' ♋	10°20' ♑	18°28' ♓	3°26' ♍ r	16°04' ♈ r	20°05' ♍	13°04' ♎	15°52' ♍	0°38' ♈
02	Di	16°25' ♑	8°33' ♐ r	7°38' ♍ r	0°25' ♋	10°20' ♑	18°30' ♓	3°26' ♍ r	16°01' ♈ r	20°11' ♍	14°00' ♎	15°54' ♍	1°09' ♈
03	Mi	16°38' ♑	8°31' ♐ r	7°30' ♍ r	0°42' ♋	10°20' ♑	18°32' ♓	3°25' ♍ r	15°57' ♈ r	20°18' ♍	13°37' ♎ r	15°57' ♍	1°39' ♈
04	Do	16°51' ♑	8°29' ♐ r	7°23' ♍ r	1°00' ♋	10°20' ♑	18°34' ♓	3°25' ♍ r	15°54' ♈ r	20°25' ♍	12°08' ♎ r	16°01' ♍	2°09' ♈
05	Fr	17°03' ♑	8°26' ♐ r	7°16' ♍ r	1°17' ♋	10°20' ♑	18°36' ♓	3°25' ♍ r	15°51' ♈ r	20°31' ♍	9°58' ♎ r	16°05' ♍	2°39' ♈
06	Sa	17°16' ♑	8°23' ♐ r	7°09' ♍ r	1°35' ♋	10°20' ♑	18°38' ♓	3°24' ♍ r	15°48' ♈ r	20°38' ♍	7°39' ♎ r	16°09' ♍	3°09' ♈
07	So	17°28' ♑	8°19' ♐ r	7°03' ♍ r	1°53' ♋	10°20' ♑	18°40' ♓	3°24' ♍ r	15°45' ♈ r	20°45' ♍	5°34' ♎ r	16°14' ♍	3°39' ♈
08	Mo	17°40' ♑	8°15' ♐ r	6°57' ♍ r	2°11' ♋	10°20' ♑ r	18°42' ♓	3°23' ♍ r	15°42' ♈ r	20°51' ♍	3°44' ♎ r	16°19' ♍	4°08' ♈
09	Di	17°51' ♑	8°10' ♐ r	6°52' ♍ r	2°30' ♋	10°20' ♑ r	18°44' ♓	3°23' ♍ r	15°38' ♈ r	20°58' ♍	1°57' ♎ r	16°24' ♍	4°37' ♈
10	Mi	18°03' ♑	8°05' ♐ r	6°47' ♍ r	2°48' ♋	10°20' ♑ r	18°46' ♓	3°23' ♍ r	15°35' ♈ r	21°05' ♍	29°54' ♍ r	16°30' ♍	5°06' ♈
11	Do	18°14' ♑	7°59' ♐ r	6°42' ♍ r	3°07' ♋	10°20' ♑ r	18°48' ♓	3°22' ♍ r	15°32' ♈ r	21°11' ♍	27°23' ♍ r	16°36' ♍	5°34' ♈
12	Fr	18°25' ♑	7°53' ♐ r	6°38' ♍ r	3°26' ♋	10°20' ♑ r	18°50' ♓	3°22' ♍ r	15°29' ♈ r	21°18' ♍	24°28' ♍ r	16°42' ♍	6°02' ♈
13	Sa	18°35' ♑	7°46' ♐ r	6°34' ♍ r	3°45' ♋	10°20' ♑ r	18°51' ♓	3°22' ♍ r	15°26' ♈ r	21°25' ♍	21°30' ♍ r	16°49' ♍	6°30' ♈
14	So	18°46' ♑	7°39' ♐ r	6°31' ♍ r	4°05' ♋	10°19' ♑ r	18°53' ♓	3°21' ♍ r	15°22' ♈ r	21°31' ♍	18°55' ♍ r	16°56' ♍	6°58' ♈
15	Mo	18°56' ♑	7°31' ♐ r	6°28' ♍ r	4°24' ♋	10°19' ♑ r	18°55' ♓	3°21' ♍ r	15°19' ♈ r	21°38' ♍	17°03' ♍ r	17°03' ♍	7°26' ♈
16	Di	19°05' ♑	7°23' ♐ r	6°25' ♍ r	4°44' ♋	10°19' ♑ r	18°57' ♓	3°21' ♍ r	15°16' ♈ r	21°45' ♍	16°02' ♍ r	17°10' ♍	7°53' ♈
17	Mi	19°15' ♑	7°14' ♐ r	6°23' ♍ r	5°03' ♋	10°19' ♑ r	18°59' ♓	3°20' ♍ r	15°13' ♈ r	21°51' ♍	15°47' ♍	17°18' ♍	8°20' ♈
18	Do	19°24' ♑	7°05' ♐ r	6°21' ♍ r	5°23' ♋	10°18' ♑ r	19°00' ♓	3°20' ♍ r	15°10' ♈ r	21°58' ♍	16°07' ♍	17°26' ♍	8°46' ♈
19	Fr	19°33' ♑	6°56' ♐ r	6°20' ♍ r	5°43' ♋	10°18' ♑ r	19°02' ♓	3°20' ♍ r	15°07' ♈ r	22°05' ♍	16°47' ♍	17°34' ♍	9°12' ♈
20	Sa	19°41' ♑	6°46' ♐ r	6°19' ♍ r	6°04' ♋	10°17' ♑ r	19°04' ♓	3°19' ♍ r	15°03' ♈ r	22°11' ♍	17°34' ♍	17°42' ♍	9°38' ♈
21	So	19°50' ♑	6°35' ♐ r	6°18' ♍ r	6°24' ♋	10°17' ♑ r	19°05' ♓	3°19' ♍ r	15°00' ♈ r	22°18' ♍	18°25' ♍	17°50' ♍	10°04' ♈
22	Mo	19°58' ♑	6°24' ♐ r	6°18' ♍ r	6°44' ♋	10°17' ♑ r	19°07' ♓	3°19' ♍ r	14°57' ♈ r	22°25' ♍	19°21' ♍	17°59' ♍	10°29' ♈
23	Di	20°05' ♑	6°13' ♐ r	6°18' ♍	7°05' ♋	10°16' ♑ r	19°09' ♓	3°18' ♍ r	14°54' ♈ r	22°31' ♍	20°38' ♍	18°08' ♍	10°54' ♈
24	Mi	20°13' ♑	6°01' ♐ r	6°18' ♍	7°26' ♋	10°16' ♑ r	19°10' ♓	3°18' ♍ r	14°51' ♈ r	22°38' ♍	22°37' ♍	18°17' ♍	11°18' ♈
25	Do	20°20' ♑	5°49' ♐ r	6°19' ♍	7°47' ♋	10°15' ♑ r	19°12' ♓	3°18' ♍ r	14°47' ♈ r	22°44' ♍	25°37' ♍	18°26' ♍	11°42' ♈
26	Fr	20°27' ♑	5°36' ♐ r	6°21' ♍	8°08' ♋	10°14' ♑ r	19°14' ♓	3°18' ♍ r	14°44' ♈ r	22°51' ♍	29°40' ♍	18°35' ♍	12°05' ♈
27	Sa	20°33' ♑	5°23' ♐ r	6°22' ♍	8°29' ♋	10°14' ♑ r	19°15' ♓	3°17' ♍ r	14°41' ♈ r	22°58' ♍	4°33' ♎	18°45' ♍	12°28' ♈
28	So	20°39' ♑	5°09' ♐ r	6°24' ♍	8°50' ♋	10°13' ♑ r	19°17' ♓	3°17' ♍ r	14°38' ♈ r	23°04' ♍	9°43' ♎	18°54' ♍	12°51' ♈
29	Mo	20°45' ♑	4°56' ♐ r	6°26' ♍	9°12' ♋	10°12' ♑ r	19°18' ♓	3°17' ♍ r	14°35' ♈ r	23°11' ♍	14°31' ♎	19°04' ♍	13°13' ♈
30	Di	20°51' ♑	4°41' ♐ r	6°29' ♍	9°33' ♋	10°12' ♑ r	19°20' ♓	3°17' ♍ r	14°32' ♈ r	23°18' ♍	18°19' ♎	19°14' ♍	13°35' ♈

Quelle: Sarastro © by Sarastro Software (erstellt von Peter Fraiss)

Tag		Sonne	Mond	Merkur	Venus	Mars	Jupiter	Saturn	Chiron	Uranus	Neptun	Pluto	Mondkn.(w)
01	Mi	11°01'57" ♉	3°49'12" ♒	17°09' ♈	1°46' ♉	0°12' ♈	24°06' ♉	16°38' ♓	20°42' ♈	22°23' ♉	28°56' ♓	2°06' ♒	15°21' ♈ r
02	Do	12°00'12" ♉	17°42'59" ♒	17°36' ♈	3°00' ♉	0°59' ♈	24°20' ♉	16°43' ♓	20°45' ♈	22°26' ♉	28°57' ♓	2°06' ♒	15°21' ♈
03	Fr	12°58'24" ♉	1°51'56" ♓	18°08' ♈	4°14' ♉	1°45' ♈	24°34' ♉	16°48' ♓	20°48' ♈	22°30' ♉	28°59' ♓	2°06' ♒ r	15°22' ♈
04	Sa	13°56'36" ♉	16°14'40" ♓	18°43' ♈	5°28' ♉	2°31' ♈	24°48' ♉	16°53' ♓	20°52' ♈	22°33' ♉	29°01' ♓	2°06' ♒ r	15°23' ♈
05	So	14°54'45" ♉	0°48'28" ♈	19°23' ♈	6°42' ♉	3°17' ♈	25°02' ♉	16°58' ♓	20°55' ♈	22°37' ♉	29°03' ♓	2°06' ♒ r	15°24' ♈
06	Mo	15°52'54" ♉	15°29'07" ♈	20°06' ♈	7°56' ♉	4°03' ♈	25°16' ♉	17°03' ♓	20°58' ♈	22°40' ♉	29°04' ♓	2°06' ♒ r	15°25' ♈ r
07	Di	16°51'00" ♉	0°11'01" ♉	20°53' ♈	9°10' ♉	4°49' ♈	25°31' ♉	17°08' ♓	21°02' ♈	22°44' ♉	29°06' ♓	2°06' ♒ r	15°24' ♈ r
08	Mi	17°49'06" ♉	14°47'37" ♉	21°43' ♈	10°24' ♉	5°35' ♈	25°45' ♉	17°13' ♓	21°05' ♈	22°47' ♉	29°08' ♓	2°06' ♒ r	15°22' ♈ r
09	Do	18°47'10" ♉	29°12'17" ♉	22°37' ♈	11°37' ♉	6°21' ♈	25°59' ♉	17°18' ♓	21°08' ♈	22°51' ♉	29°09' ♓	2°06' ♒ r	15°18' ♈ r
10	Fr	19°45'12" ♉	13°19'08" ♊	23°34' ♈	12°51' ♉	7°07' ♈	26°13' ♉	17°22' ♓	21°11' ♈	22°54' ♉	29°11' ♓	2°06' ♒ r	15°13' ♈ r
11	Sa	20°43'12" ♉	27°03'58" ♊	24°34' ♈	14°05' ♉	7°53' ♈	26°27' ♉	17°27' ♓	21°15' ♈	22°58' ♉	29°13' ♓	2°05' ♒ r	15°07' ♈ r
12	So	21°41'11" ♉	10°24'41" ♋	25°36' ♈	15°19' ♉	8°39' ♈	26°41' ♉	17°31' ♓	21°18' ♈	23°01' ♉	29°14' ♓	2°05' ♒ r	15°02' ♈ r
13	Mo	22°39'08" ♉	23°21'19" ♋	26°42' ♈	16°33' ♉	9°25' ♈	26°55' ♉	17°36' ♓	21°21' ♈	23°05' ♉	29°16' ♓	2°05' ♒ r	14°57' ♈ r
14	Di	23°37'03" ♉	5°55'54" ♌	27°50' ♈	17°47' ♉	10°11' ♈	27°10' ♉	17°40' ♓	21°24' ♈	23°08' ♉	29°17' ♓	2°04' ♒ r	14°54' ♈ r
15	Mi	24°34'56" ♉	18°11'51" ♌	29°02' ♈	19°01' ♉	10°57' ♈	27°24' ♉	17°44' ♓	21°27' ♈	23°12' ♉	29°19' ♓	2°04' ♒ r	14°53' ♈ r
16	Do	25°32'48" ♉	0°13'38" ♍	0°15' ♉	20°14' ♉	11°43' ♈	27°38' ♉	17°49' ♓	21°30' ♈	23°15' ♉	29°20' ♓	2°04' ♒ r	14°53' ♈
17	Fr	26°30'38" ♉	12°06'13" ♍	1°32' ♉	21°28' ♉	12°28' ♈	27°52' ♉	17°53' ♓	21°33' ♈	23°19' ♉	29°22' ♓	2°03' ♒ r	14°54' ♈
18	Sa	27°28'26" ♉	23°54'42" ♍	2°50' ♉	22°42' ♉	13°14' ♈	28°06' ♉	17°57' ♓	21°36' ♈	23°22' ♉	29°23' ♓	2°03' ♒ r	14°55' ♈
19	So	28°26'12" ♉	5°44'03" ♎	4°12' ♉	23°56' ♉	14°00' ♈	28°20' ♉	18°01' ♓	21°39' ♈	23°25' ♉	29°24' ♓	2°03' ♒ r	14°56' ♈
20	Mo	29°23'57" ♉	17°38'47" ♎	5°35' ♉	25°10' ♉	14°45' ♈	28°34' ♉	18°05' ♓	21°42' ♈	23°29' ♉	29°26' ♓	2°02' ♒ r	14°57' ♈ r
21	Di	0°21'40" ♊	29°42'47" ♎	7°02' ♉	26°23' ♉	15°31' ♈	28°49' ♉	18°08' ♓	21°45' ♈	23°32' ♉	29°27' ♓	2°02' ♒ r	14°56' ♈ r
22	Mi	1°19'22" ♊	11°59'08" ♏	8°30' ♉	27°37' ♉	16°16' ♈	29°03' ♉	18°12' ♓	21°48' ♈	23°36' ♉	29°28' ♓	2°01' ♒ r	14°52' ♈ r
23	Do	2°17'03" ♊	24°29'54" ♏	10°01' ♉	28°51' ♉	17°02' ♈	29°17' ♉	18°16' ♓	21°51' ♈	23°39' ♉	29°30' ♓	2°01' ♒ r	14°47' ♈ r
24	Fr	3°14'42" ♊	7°16'06" ♐	11°34' ♉	0°05' ♊	17°47' ♈	29°31' ♉	18°19' ♓	21°54' ♈	23°43' ♉	29°31' ♓	2°00' ♒ r	14°40' ♈ r
25	Sa	4°12'20" ♊	20°17'43" ♐	13°10' ♉	1°18' ♊	18°33' ♈	29°45' ♉	18°23' ♓	21°57' ♈	23°46' ♉	29°32' ♓	1°59' ♒ r	14°32' ♈ r
26	So	5°09'57" ♊	3°33'51" ♑	14°48' ♉	2°32' ♊	19°18' ♈	29°59' ♉	18°26' ♓	21°59' ♈	23°50' ♉	29°33' ♓	1°59' ♒ r	14°23' ♈ r
27	Mo	6°07'32" ♊	17°02'58" ♑	16°28' ♉	3°46' ♊	20°03' ♈	0°13' ♊	18°29' ♓	22°02' ♈	23°53' ♉	29°34' ♓	1°58' ♒ r	14°15' ♈ r
28	Di	7°05'07" ♊	0°43'18" ♒	18°10' ♉	5°00' ♊	20°49' ♈	0°27' ♊	18°33' ♓	22°05' ♈	23°57' ♉	29°36' ♓	1°58' ♒ r	14°09' ♈ r
29	Mi	8°02'41" ♊	14°33'05" ♒	19°55' ♉	6°13' ♊	21°34' ♈	0°42' ♊	18°36' ♓	22°08' ♈	24°00' ♉	29°37' ♓	1°57' ♒ r	14°05' ♈ r
30	Do	9°00'14" ♊	28°30'51" ♒	21°42' ♉	7°27' ♊	22°19' ♈	0°56' ♊	18°39' ♓	22°10' ♈	24°03' ♉	29°38' ♓	1°56' ♒ r	14°02' ♈ r
31	Fr	9°57'46" ♊	12°35'24" ♓	23°31' ♉	8°41' ♊	23°04' ♈	1°10' ♊	18°42' ♓	22°13' ♈	24°07' ♉	29°39' ♓	1°55' ♒ r	14°02' ♈

Tag	Ceres	Pallas	Juno	Vesta	Pholus	Nessus	Transpl.	Mondkn.(m)	Lilith (m)	Lilith (o)	Lilith (n)	Priapus
01 Mi	20°56' ♑	4°27' ♐ r	6°32' ♍	9°55' ♋	10°11' ♑ r	19°21' ♓	3°17' ♍ r	14°28' ♈ r	23°24' ♍	20°37' ♎	19°24' ♍	13°56' ♈
02 Do	21°01' ♑	4°12' ♐ r	6°35' ♍	10°17' ♋	10°10' ♑ r	19°22' ♓	3°16' ♍ r	14°25' ♈ r	23°31' ♍	21°16' ♎ r	19°34' ♍	14°16' ♈
03 Fr	21°05' ♑	3°56' ♐ r	6°39' ♍	10°39' ♋	10°09' ♑ r	19°24' ♓	3°16' ♍ r	14°22' ♈ r	23°38' ♍	20°30' ♎ r	19°44' ♍	14°36' ♈
04 Sa	21°10' ♑	3°41' ♐ r	6°43' ♍	11°01' ♋	10°08' ♑ r	19°25' ♓	3°16' ♍ r	14°19' ♈ r	23°44' ♍	18°55' ♎ r	19°55' ♍	14°55' ♈
05 So	21°14' ♑	3°25' ♐ r	6°47' ♍	11°23' ♋	10°08' ♑ r	19°27' ♓	3°16' ♍ r	14°16' ♈ r	23°51' ♍	17°08' ♎ r	20°05' ♍	15°14' ♈
06 Mo	21°17' ♑	3°09' ♐ r	6°52' ♍	11°45' ♋	10°07' ♑ r	19°28' ♓	3°16' ♍ r	14°13' ♈ r	23°58' ♍	15°32' ♎ r	20°16' ♍	15°32' ♈
07 Di	21°20' ♑	2°52' ♐ r	6°57' ♍	12°08' ♋	10°06' ♑ r	19°29' ♓	3°16' ♍ r	14°09' ♈ r	24°04' ♍	14°06' ♎ r	20°26' ♍	15°49' ♈
08 Mi	21°23' ♑	2°35' ♐ r	7°02' ♍	12°30' ♋	10°05' ♑ r	19°31' ♓	3°16' ♍ r	14°06' ♈ r	24°11' ♍	12°34' ♎ r	20°37' ♍	16°06' ♈
09 Do	21°25' ♑	2°18' ♐ r	7°08' ♍	12°53' ♋	10°04' ♑ r	19°32' ♓	3°15' ♍ r	14°03' ♈ r	24°18' ♍	10°36' ♎ r	20°48' ♍	16°21' ♈
10 Fr	21°28' ♑	2°01' ♐ r	7°14' ♍	13°15' ♋	10°03' ♑ r	19°33' ♓	3°15' ♍ r	14°00' ♈ r	24°24' ♍	8°01' ♎ r	20°59' ♍	16°37' ♈
11 Sa	21°29' ♑	1°44' ♐ r	7°20' ♍	13°38' ♋	10°02' ♑ r	19°34' ♓	3°15' ♍ r	13°57' ♈ r	24°31' ♍	4°54' ♎ r	21°10' ♍	16°51' ♈
12 So	21°31' ♑	1°26' ♐ r	7°27' ♍	14°01' ♋	10°01' ♑ r	19°35' ♓	3°15' ♍ r	13°53' ♈ r	24°38' ♍	1°36' ♎ r	21°21' ♍	17°04' ♈
13 Mo	21°32' ♑	1°09' ♐ r	7°33' ♍	14°24' ♋	9°59' ♑ r	19°37' ♓	3°15' ♍ r	13°50' ♈ r	24°44' ♍	28°35' ♍ r	21°32' ♍	17°17' ♈
14 Di	21°32' ♑	0°51' ♐ r	7°41' ♍	14°47' ♋	9°58' ♑ r	19°38' ♓	3°15' ♍ r	13°47' ♈ r	24°51' ♍	26°12' ♍ r	21°43' ♍	17°28' ♈
15 Mi	21°33' ♑	0°33' ♐ r	7°48' ♍	15°11' ♋	9°57' ♑ r	19°39' ♓	3°15' ♍ r	13°44' ♈ r	24°58' ♍	24°33' ♍ r	21°54' ♍	17°39' ♈
16 Do	21°33' ♑ r	0°15' ♐ r	7°56' ♍	15°34' ♋	9°56' ♑ r	19°40' ♓	3°15' ♍ r	13°41' ♈ r	25°04' ♍	23°32' ♍ r	22°05' ♍	17°49' ♈
17 Fr	21°32' ♑ r	29°57' ♏ r	8°04' ♍	15°57' ♋	9°55' ♑ r	19°41' ♓	3°15' ♍ r	13°38' ♈ r	25°11' ♍	22°53' ♍ r	22°16' ♍	17°57' ♈
18 Sa	21°31' ♑ r	29°38' ♏ r	8°12' ♍	16°21' ♋	9°54' ♑ r	19°42' ♓	3°15' ♍ r	13°34' ♈ r	25°18' ♍	22°21' ♍ r	22°27' ♍	18°05' ♈
19 So	21°30' ♑ r	29°20' ♏ r	8°20' ♍	16°44' ♋	9°52' ♑ r	19°43' ♓	3°15' ♍ r	13°31' ♈ r	25°24' ♍	21°41' ♍ r	22°38' ♍	18°11' ♈
20 Mo	21°29' ♑ r	29°02' ♏ r	8°29' ♍	17°08' ♋	9°51' ♑ r	19°44' ♓	3°15' ♍	13°28' ♈ r	25°31' ♍	20°45' ♍ r	22°50' ♍	18°16' ♈
21 Di	21°27' ♑ r	28°44' ♏ r	8°38' ♍	17°32' ♋	9°50' ♑ r	19°45' ♓	3°15' ♍	13°25' ♈ r	25°37' ♍	19°36' ♍ r	23°01' ♍	18°20' ♈
22 Mi	21°24' ♑ r	28°26' ♏ r	8°47' ♍	17°56' ♋	9°48' ♑ r	19°46' ♓	3°15' ♍	13°22' ♈ r	25°44' ♍	18°35' ♍ r	23°12' ♍	18°22' ♈
23 Do	21°22' ♑ r	28°08' ♏ r	8°57' ♍	18°20' ♋	9°47' ♑ r	19°47' ♓	3°15' ♍	13°19' ♈ r	25°51' ♍	18°11' ♍	23°23' ♍	18°23' ♈ r
24 Fr	21°19' ♑ r	27°50' ♏ r	9°07' ♍	18°44' ♋	9°46' ♑ r	19°47' ♓	3°15' ♍	13°15' ♈ r	25°57' ♍	18°54' ♍	23°35' ♍	18°22' ♈ r
25 Sa	21°16' ♑ r	27°32' ♏ r	9°17' ♍	19°08' ♋	9°44' ♑ r	19°48' ♓	3°15' ♍	13°12' ♈ r	26°04' ♍	21°04' ♍	23°46' ♍	18°19' ♈ r
26 So	21°12' ♑ r	27°14' ♏ r	9°27' ♍	19°32' ♋	9°43' ♑ r	19°49' ♓	3°15' ♍	13°09' ♈ r	26°11' ♍	24°40' ♍	23°58' ♍	18°15' ♈ r
27 Mo	21°08' ♑ r	26°57' ♏ r	9°38' ♍	19°56' ♋	9°41' ♑ r	19°50' ♓	3°15' ♍	13°06' ♈ r	26°17' ♍	29°23' ♍	24°09' ♍	18°08' ♈ r
28 Di	21°03' ♑ r	26°39' ♏ r	9°48' ♍	20°20' ♋	9°40' ♑ r	19°50' ♓	3°15' ♍	13°03' ♈ r	26°24' ♍	4°35' ♎	24°20' ♍	18°00' ♈ r
29 Mi	20°58' ♑ r	26°22' ♏ r	9°59' ♍	20°45' ♋	9°39' ♑ r	19°51' ♓	3°15' ♍	12°59' ♈ r	26°31' ♍	9°26' ♎	24°32' ♍	17°49' ♈ r
30 Do	20°53' ♑ r	26°05' ♏ r	10°10' ♍	21°09' ♋	9°37' ♑ r	19°52' ♓	3°15' ♍	12°56' ♈ r	26°37' ♍	13°10' ♎	24°43' ♍	17°36' ♈ r
31 Fr	20°48' ♑ r	25°48' ♏ r	10°22' ♍	21°34' ♋	9°36' ♑ r	19°52' ♓	3°15' ♍	12°53' ♈ r	26°44' ♍	15°22' ♎	24°55' ♍	17°20' ♈ r

JUNI 2024 Planetenstände

0:00 Uhr • Mitteleuropäische Sommerzeit

Quelle: Sarastro © by Sarastro Software (erstellt von Peter Fraiss)

Tag		Sonne	Mond	Merkur	Venus	Mars	Jupiter	Saturn	Chiron	Uranus	Neptun	Pluto	Mondkn. (w)
01	Sa	10°55'17" ♊	26°45'37" ♓	25°23' ♉	9°55' ♊	23°49' ♈	1°24' ♊	18°45' ♓	22°16' ♈	24°10' ♉	29°40' ♓	1°55' ♒ r	14°02' ♈
02	So	11°52'48" ♊	11°00'11" ♈	27°17' ♉	11°08' ♊	24°34' ♈	1°38' ♊	18°47' ♓	22°18' ♈	24°13' ♉	29°41' ♓	1°54' ♒ r	14°03' ♈
03	Mo	12°50'17" ♊	25°17'10" ♈	29°13' ♉	12°22' ♊	25°19' ♈	1°52' ♊	18°50' ♓	22°21' ♈	24°17' ♉	29°42' ♓	1°53' ♒ r	14°03' ♈ r
04	Di	13°47'46" ♊	9°33'43" ♉	1°11' ♊	13°36' ♊	26°04' ♈	2°06' ♊	18°53' ♓	22°23' ♈	24°20' ♉	29°43' ♓	1°52' ♒ r	14°00' ♈ r
05	Mi	14°45'15" ♊	23°46'04" ♉	3°11' ♊	14°50' ♊	26°49' ♈	2°20' ♊	18°55' ♓	22°26' ♈	24°24' ♉	29°44' ♓	1°51' ♒ r	13°55' ♈ r
06	Do	15°42'42" ♊	7°49'46" ♊	5°14' ♊	16°03' ♊	27°34' ♈	2°34' ♊	18°57' ♓	22°28' ♈	24°27' ♉	29°45' ♓	1°51' ♒ r	13°48' ♈ r
07	Fr	16°40'09" ♊	21°40'16" ♊	7°18' ♊	17°17' ♊	28°18' ♈	2°48' ♊	19°00' ♓	22°30' ♈	24°30' ♉	29°45' ♓	1°50' ♒ r	13°38' ♈ r
08	Sa	17°37'35" ♊	5°13'41" ♋	9°24' ♊	18°31' ♊	29°03' ♈	3°02' ♊	19°02' ♓	22°33' ♈	24°33' ♉	29°46' ♓	1°49' ♒ r	13°28' ♈ r
09	So	18°35'00" ♊	18°27'21" ♋	11°31' ♊	19°45' ♊	29°48' ♈	3°15' ♊	19°04' ♓	22°35' ♈	24°37' ♉	29°47' ♓	1°48' ♒ r	13°18' ♈ r
10	Mo	19°32'24" ♊	1°20'18" ♌	13°40' ♊	20°58' ♊	0°32' ♉	3°29' ♊	19°06' ♓	22°37' ♈	24°40' ♉	29°48' ♓	1°47' ♒ r	13°08' ♈ r
11	Di	20°29'47" ♊	13°53'21" ♌	15°50' ♊	22°12' ♊	1°17' ♉	3°43' ♊	19°08' ♓	22°40' ♈	24°43' ♉	29°48' ♓	1°46' ♒ r	13°01' ♈ r
12	Mi	21°27'09" ♊	26°08'54" ♌	18°01' ♊	23°26' ♊	2°01' ♉	3°57' ♊	19°10' ♓	22°42' ♈	24°46' ♉	29°49' ♓	1°45' ♒ r	12°55' ♈ r
13	Do	22°24'29" ♊	8°10'42" ♍	20°12' ♊	24°40' ♊	2°46' ♉	4°11' ♊	19°12' ♓	22°44' ♈	24°50' ♉	29°50' ♓	1°44' ♒ r	12°53' ♈ r
14	Fr	23°21'49" ♊	20°03'23" ♍	22°24' ♊	25°53' ♊	3°30' ♉	4°24' ♊	19°13' ♓	22°46' ♈	24°53' ♉	29°50' ♓	1°43' ♒ r	12°52' ♈ r
15	Sa	24°19'08" ♊	1°52'11" ♎	24°36' ♊	27°07' ♊	4°14' ♉	4°38' ♊	19°15' ♓	22°48' ♈	24°56' ♉	29°51' ♓	1°42' ♒ r	12°52' ♈
16	So	25°16'26" ♊	13°42'29" ♎	26°48' ♊	28°21' ♊	4°59' ♉	4°52' ♊	19°16' ♓	22°50' ♈	24°59' ♉	29°51' ♓	1°41' ♒ r	12°52' ♈ r
17	Mo	26°13'43" ♊	25°39'35" ♎	28°59' ♊	29°34' ♊	5°43' ♉	5°05' ♊	19°17' ♓	22°52' ♈	25°02' ♉	29°52' ♓	1°40' ♒ r	12°51' ♈ r
18	Di	27°11'00" ♊	7°48'21" ♏	1°10' ♋	0°48' ♋	6°27' ♉	5°19' ♊	19°19' ♓	22°54' ♈	25°05' ♉	29°52' ♓	1°39' ♒ r	12°49' ♈ r
19	Mi	28°08'15" ♊	20°12'48" ♏	3°20' ♋	2°02' ♋	7°11' ♉	5°32' ♊	19°20' ♓	22°56' ♈	25°08' ♉	29°53' ♓	1°38' ♒ r	12°44' ♈ r
20	Do	29°05'31" ♊	2°55'49" ♐	5°29' ♋	3°16' ♋	7°55' ♉	5°46' ♊	19°21' ♓	22°58' ♈	25°11' ♉	29°53' ♓	1°36' ♒ r	12°36' ♈ r
21	Fr	0°02'45" ♋	15°58'48" ♐	7°36' ♋	4°29' ♋	8°39' ♉	5°59' ♊	19°22' ♓	22°59' ♈	25°14' ♉	29°54' ♓	1°35' ♒ r	12°27' ♈ r
22	Sa	0°59'59" ♋	29°21'28" ♐	9°42' ♋	5°43' ♋	9°23' ♉	6°13' ♊	19°23' ♓	23°01' ♈	25°17' ♉	29°54' ♓	1°34' ♒ r	12°16' ♈ r
23	So	1°57'13" ♋	13°01'48" ♑	11°46' ♋	6°57' ♋	10°06' ♉	6°26' ♊	19°23' ♓	23°03' ♈	25°20' ♉	29°54' ♓	1°33' ♒ r	12°04' ♈ r
24	Mo	2°54'26" ♋	26°56'26" ♑	13°48' ♋	8°10' ♋	10°50' ♉	6°40' ♊	19°24' ♓	23°05' ♈	25°23' ♉	29°55' ♓	1°32' ♒ r	11°53' ♈ r
25	Di	3°51'39" ♋	11°01'08" ♒	15°49' ♋	9°24' ♋	11°34' ♉	6°53' ♊	19°24' ♓	23°06' ♈	25°26' ♉	29°55' ♓	1°31' ♒ r	11°43' ♈ r
26	Mi	4°48'52" ♋	25°11'34" ♒	17°47' ♋	10°38' ♋	12°17' ♉	7°06' ♊	19°25' ♓	23°08' ♈	25°29' ♉	29°55' ♓	1°29' ♒ r	11°37' ♈ r
27	Do	5°46'04" ♋	9°23'57" ♓	19°44' ♋	11°52' ♋	13°01' ♉	7°20' ♊	19°25' ♓	23°09' ♈	25°32' ♉	29°55' ♓	1°28' ♒ r	11°33' ♈ r
28	Fr	6°43'17" ♋	23°35'27" ♓	21°38' ♋	13°05' ♋	13°44' ♉	7°33' ♊	19°26' ♓	23°11' ♈	25°35' ♉	29°56' ♓	1°27' ♒ r	11°31' ♈ r
29	Sa	7°40'30" ♋	7°44'13" ♈	23°31' ♋	14°19' ♋	14°28' ♉	7°46' ♊	19°26' ♓	23°12' ♈	25°37' ♉	29°56' ♓	1°26' ♒ r	11°31' ♈
30	So	8°37'43" ♋	21°49'09" ♈	25°21' ♋	15°33' ♋	15°11' ♉	7°59' ♊	19°26' ♓ r	23°14' ♈	25°40' ♉	29°56' ♓	1°24' ♒ r	11°31' ♈ r

Tag		Ceres	Pallas	Juno	Vesta	Pholus	Nessus	Transpl.	Mondkn.(m)	Lilith (m)	Lilith (o)	Lilith (n)	Priapus
01	Sa	20°42' ♑ r	25°31' ♏ r	10°33' ♍	21°59' ♋	9°34' ♑ r	19°53' ♓	3°16' ♍	12°50' ♈ r	26°51' ♍	16°16' ♎	25°06' ♍	17°02' ♈ r
02	So	20°36' ♑ r	25°15' ♏ r	10°45' ♍	22°23' ♋	9°32' ♑ r	19°54' ♓	3°16' ♍	12°47' ♈ r	26°57' ♍	16°29' ♎	25°18' ♍	16°40' ♈ r
03	Mo	20°29' ♑ r	24°59' ♏ r	10°57' ♍	22°48' ♋	9°31' ♑ r	19°54' ♓	3°16' ♍	12°44' ♈ r	27°04' ♍	16°35' ♎	25°30' ♍	16°16' ♈ r
04	Di	20°22' ♑ r	24°43' ♏ r	11°10' ♍	23°13' ♋	9°29' ♑ r	19°55' ♓	3°16' ♍	12°40' ♈ r	27°11' ♍	16°45' ♎	25°41' ♍	15°48' ♈ r
05	Mi	20°15' ♑ r	24°27' ♏ r	11°22' ♍	23°38' ♋	9°28' ♑ r	19°55' ♓	3°16' ♍	12°37' ♈ r	27°17' ♍	16°47' ♎ r	25°53' ♍	15°16' ♈ r
06	Do	20°07' ♑ r	24°12' ♏ r	11°35' ♍	24°03' ♋	9°26' ♑ r	19°55' ♓	3°16' ♍	12°34' ♈ r	27°24' ♍	16°19' ♎ r	26°04' ♍	14°41' ♈ r
07	Fr	19°59' ♑ r	23°57' ♏ r	11°47' ♍	24°28' ♋	9°24' ♑ r	19°56' ♓	3°17' ♍	12°31' ♈ r	27°31' ♍	15°03' ♎ r	26°16' ♍	14°01' ♈ r
08	Sa	19°51' ♑ r	23°43' ♏ r	12°00' ♍	24°53' ♋	9°23' ♑ r	19°56' ♓	3°17' ♍	12°28' ♈ r	27°37' ♍	12°53' ♎ r	26°27' ♍	13°17' ♈ r
09	So	19°43' ♑ r	23°29' ♏ r	12°14' ♍	25°18' ♋	9°21' ♑ r	19°57' ♓	3°17' ♍	12°25' ♈ r	27°44' ♍	10°01' ♎ r	26°39' ♍	12°28' ♈ r
10	Mo	19°34' ♑ r	23°15' ♏ r	12°27' ♍	25°44' ♋	9°20' ♑ r	19°57' ♓	3°17' ♍	12°21' ♈ r	27°51' ♍	6°53' ♎ r	26°50' ♍	11°34' ♈ r
11	Di	19°25' ♑ r	23°01' ♏ r	12°41' ♍	26°09' ♋	9°18' ♑ r	19°57' ♓	3°17' ♍	12°18' ♈ r	27°57' ♍	3°57' ♎ r	27°02' ♍	10°34' ♈ r
12	Mi	19°15' ♑ r	22°49' ♏ r	12°54' ♍	26°34' ♋	9°16' ♑ r	19°57' ♓	3°18' ♍	12°15' ♈ r	28°04' ♍	1°35' ♎ r	27°13' ♍	9°29' ♈ r
13	Do	19°05' ♑ r	22°36' ♏ r	13°08' ♍	27°00' ♋	9°14' ♑ r	19°58' ♓	3°18' ♍	12°12' ♈ r	28°10' ♍	29°48' ♍ r	27°25' ♍	8°18' ♈ r
14	Fr	18°55' ♑ r	22°24' ♏ r	13°22' ♍	27°25' ♋	9°13' ♑ r	19°58' ♓	3°18' ♍	12°09' ♈ r	28°17' ♍	28°28' ♍ r	27°36' ♍	7°02' ♈ r
15	Sa	18°45' ♑ r	22°12' ♏ r	13°37' ♍	27°51' ♋	9°11' ♑ r	19°58' ♓	3°18' ♍	12°05' ♈ r	28°24' ♍	27°20' ♍ r	27°48' ♍	5°40' ♈ r
16	So	18°35' ♑ r	22°01' ♏ r	13°51' ♍	28°17' ♋	9°09' ♑ r	19°58' ♓	3°19' ♍	12°02' ♈ r	28°30' ♍	26°03' ♍ r	27°59' ♍	4°13' ♈ r
17	Mo	18°24' ♑ r	21°50' ♏ r	14°06' ♍	28°42' ♋	9°08' ♑ r	19°58' ♓	3°19' ♍	11°59' ♈ r	28°37' ♍	24°21' ♍ r	28°11' ♍	2°42' ♈ r
18	Di	18°13' ♑ r	21°39' ♏ r	14°20' ♍	29°08' ♋	9°06' ♑ r	19°58' ♓	3°19' ♍	11°56' ♈ r	28°44' ♍	22°08' ♍ r	28°22' ♍	1°07' ♈ r
19	Mi	18°02' ♑ r	21°29' ♏ r	14°35' ♍	29°34' ♋	9°04' ♑ r	19°58' ♓	3°19' ♍	11°53' ♈ r	28°50' ♍	19°27' ♍ r	28°34' ♍	29°30' ♓ r
20	Do	17°50' ♑ r	21°20' ♏ r	14°50' ♍	0°00' ♌	9°02' ♑ r	19°58' ♓ r	3°20' ♍	11°50' ♈ r	28°57' ♍	16°39' ♍ r	28°45' ♍	27°53' ♓ r
21	Fr	17°38' ♑ r	21°11' ♏ r	15°05' ♍	0°26' ♌	9°01' ♑ r	19°58' ♓ r	3°20' ♍	11°46' ♈ r	29°04' ♍	14°14' ♍ r	28°56' ♍	26°17' ♓ r
22	Sa	17°27' ♑ r	21°02' ♏ r	15°21' ♍	0°52' ♌	8°59' ♑ r	19°58' ♓ r	3°20' ♍	11°43' ♈ r	29°10' ♍	12°40' ♍ r	29°08' ♍	24°43' ♓ r
23	So	17°15' ♑ r	20°54' ♏ r	15°36' ♍	1°18' ♌	8°57' ♑ r	19°58' ♓ r	3°21' ♍	11°40' ♈ r	29°17' ♍	12°08' ♍ r	29°19' ♍	23°12' ♓ r
24	Mo	17°02' ♑ r	20°46' ♏ r	15°52' ♍	1°44' ♌	8°55' ♑ r	19°58' ♓ r	3°21' ♍	11°37' ♈ r	29°24' ♍	12°34' ♍	29°31' ♍	21°46' ♓ r
25	Di	16°50' ♑ r	20°39' ♏ r	16°08' ♍	2°10' ♌	8°53' ♑ r	19°58' ♓ r	3°21' ♍	11°34' ♈ r	29°30' ♍	13°41' ♍	29°42' ♍	20°25' ♓ r
26	Mi	16°37' ♑ r	20°32' ♏ r	16°24' ♍	2°36' ♌	8°52' ♑ r	19°57' ♓ r	3°22' ♍	11°31' ♈ r	29°37' ♍	15°07' ♍	29°54' ♍	19°10' ♓ r
27	Do	16°25' ♑ r	20°26' ♏ r	16°40' ♍	3°02' ♌	8°50' ♑ r	19°57' ♓ r	3°22' ♍	11°27' ♈ r	29°44' ♍	16°34' ♍	0°05' ♎	18°00' ♓ r
28	Fr	16°12' ♑ r	20°20' ♏ r	16°56' ♍	3°29' ♌	8°48' ♑ r	19°57' ♓ r	3°23' ♍	11°24' ♈ r	29°50' ♍	18°03' ♍	0°16' ♎	16°56' ♓ r
29	Sa	15°59' ♑ r	20°15' ♏ r	17°12' ♍	3°55' ♌	8°46' ♑ r	19°57' ♓ r	3°23' ♍	11°21' ♈ r	29°57' ♍	19°54' ♍	0°28' ♎	15°58' ♓ r
30	So	15°46' ♑ r	20°10' ♏ r	17°28' ♍	4°21' ♌	8°44' ♑ r	19°56' ♓ r	3°23' ♍	11°18' ♈ r	0°04' ♎	22°33' ♍	0°39' ♎	15°05' ♓ r

Quelle: Sarastro © by Sarastro Software (erstellt von Peter Fraiss)

Tag		Sonne	Mond	Merkur	Venus	Mars	Jupiter	Saturn	Chiron	Uranus	Neptun	Pluto	Mondkn.(w)
01	Mo	9°34'56"♋	5°49'28" ♉	27°09'♋	16°46'♋	15°54' ♉	8°12' ♊	19°26' ♓ r	23°15'♈	25°43' ♉	29°56' ♓	1°23' ♒ r	11°29'♈ r
02	Di	10°32'09"♋	19°44'13" ♉	28°55'♋	18°00'♋	16°37' ♉	8°25' ♊	19°25' ♓ r	23°16'♈	25°46' ♉	29°56' ♓	1°22' ♒ r	11°26'♈ r
03	Mi	11°29'22"♋	3°32'00" ♊	0°39' ♌	19°14'♋	17°20' ♉	8°38' ♊	19°25' ♓ r	23°17'♈	25°48' ♉	29°56' ♓ r	1°20' ♒ r	11°20'♈ r
04	Do	12°26'36"♋	17°10'49" ♊	2°21' ♌	20°28'♋	18°03' ♉	8°51' ♊	19°25' ♓ r	23°19'♈	25°51' ♉	29°56' ♓ r	1°19' ♒ r	11°11'♈ r
05	Fr	13°23'50"♋	0°38'18"♋	4°01' ♌	21°41'♋	18°46' ♉	9°04' ♊	19°24' ♓ r	23°20'♈	25°54' ♉	29°56' ♓ r	1°18' ♒ r	11°00'♈ r
06	Sa	14°21'03"♋	13°52'07"♋	5°39' ♌	22°55'♋	19°29' ♉	9°16' ♊	19°24' ♓ r	23°21'♈	25°56' ♉	29°56' ♓ r	1°16' ♒ r	10°47'♈ r
07	So	15°18'17"♋	26°50'22"♋	7°14' ♌	24°09'♋	20°12' ♉	9°29' ♊	19°23' ♓ r	23°22'♈	25°59' ♉	29°56' ♓ r	1°15' ♒ r	10°35'♈ r
08	Mo	16°15'31"♋	9°32'08" ♌	8°48' ♌	25°23'♋	20°55' ♉	9°42' ♊	19°22' ♓ r	23°23'♈	26°01' ♉	29°55' ♓ r	1°14' ♒ r	10°23'♈ r
09	Di	17°12'45"♋	21°57'41" ♌	10°19' ♌	26°36'♋	21°37' ♉	9°54' ♊	19°22' ♓ r	23°24'♈	26°04' ♉	29°55' ♓ r	1°12' ♒ r	10°14'♈ r
10	Mi	18°09'58"♋	4°08'36" ♍	11°48' ♌	27°50'♋	22°20' ♉	10°07' ♊	19°21' ♓ r	23°25'♈	26°06' ♉	29°55' ♓ r	1°11' ♒ r	10°07'♈ r
11	Do	19°07'12"♋	16°07'42" ♍	13°15' ♌	29°04'♋	23°02' ♉	10°19' ♊	19°20' ♓ r	23°26'♈	26°09' ♉	29°55' ♓ r	1°10' ♒ r	10°02'♈ r
12	Fr	20°04'25"♋	27°58'53" ♍	14°39' ♌	0°17' ♌	23°45' ♉	10°32' ♊	19°18' ♓ r	23°26'♈	26°11' ♉	29°54' ♓ r	1°08' ♒ r	10°00'♈ r
13	Sa	21°01'39"♋	9°46'49" ♎	16°01' ♌	1°31' ♌	24°27' ♉	10°44' ♊	19°17' ♓ r	23°27'♈	26°13' ♉	29°54' ♓ r	1°07' ♒ r	10°00'♈ r
14	So	21°58'52"♋	21°36'44" ♎	17°21' ♌	2°45' ♌	25°09' ♉	10°56' ♊	19°16' ♓ r	23°28'♈	26°16' ♉	29°54' ♓ r	1°05' ♒ r	10°00'♈
15	Mo	22°56'06"♋	3°34'06" ♏	18°39' ♌	3°59' ♌	25°51' ♉	11°08' ♊	19°14' ♓ r	23°28'♈	26°18' ♉	29°53' ♓ r	1°04' ♒ r	10°00'♈ r
16	Di	23°53'19"♋	15°44'16" ♏	19°54' ♌	5°12' ♌	26°33' ♉	11°20' ♊	19°13' ♓ r	23°29'♈	26°20' ♉	29°53' ♓ r	1°03' ♒ r	9°58'♈ r
17	Mi	24°50'33"♋	28°12'05" ♏	21°07' ♌	6°26' ♌	27°15' ♉	11°32' ♊	19°11' ♓ r	23°30'♈	26°22' ♉	29°53' ♓ r	1°01' ♒ r	9°54'♈ r
18	Do	25°47'47"♋	11°01'26" ♐	22°17' ♌	7°40' ♌	27°57' ♉	11°44' ♊	19°09' ♓ r	23°30'♈	26°25' ♉	29°52' ♓ r	1°00' ♒ r	9°47'♈ r
19	Fr	26°45'01"♋	24°14'39" ♐	23°25' ♌	8°54' ♌	28°39' ♉	11°56' ♊	19°08' ♓ r	23°31'♈	26°27' ♉	29°52' ♓ r	0°58' ♒ r	9°39'♈ r
20	Sa	27°42'16"♋	7°52'05" ♑	24°30' ♌	10°07' ♌	29°21' ♉	12°08' ♊	19°06' ♓ r	23°31'♈	26°29' ♉	29°51' ♓ r	0°57' ♒ r	9°28'♈ r
21	So	28°39'31"♋	21°51'46" ♑	25°33' ♌	11°21' ♌	0°02' ♊	12°20' ♊	19°04' ♓ r	23°31'♈	26°31' ♉	29°50' ♓ r	0°56' ♒ r	9°18'♈ r
22	Mo	29°36'46"♋	6°09'29" ♒	26°32' ♌	12°35' ♌	0°44' ♊	12°31' ♊	19°02' ♓ r	23°31'♈	26°33' ♉	29°50' ♓ r	0°54' ♒ r	9°07'♈ r
23	Di	0°34'02" ♌	20°39'20" ♒	27°28' ♌	13°48' ♌	1°25' ♊	12°43' ♊	19°00' ♓ r	23°32'♈	26°35' ♉	29°49' ♓ r	0°53' ♒ r	8°59'♈ r
24	Mi	1°31'18" ♌	5°14'36" ♓	28°22' ♌	15°02' ♌	2°07' ♊	12°54' ♊	18°57' ♓ r	23°32'♈	26°37' ♉	29°49' ♓ r	0°51' ♒ r	8°53'♈ r
25	Do	2°28'36" ♌	19°48'55" ♓	29°12' ♌	16°16' ♌	2°48' ♊	13°06' ♊	18°55' ♓ r	23°32'♈	26°38' ♉	29°48' ♓ r	0°50' ♒ r	8°49'♈ r
26	Fr	3°25'54" ♌	4°17'06" ♈	29°59' ♌	17°30' ♌	3°29' ♊	13°17' ♊	18°52' ♓ r	23°32'♈	26°40' ♉	29°47' ♓ r	0°48' ♒ r	8°48'♈ r
27	Sa	4°23'13" ♌	18°35'33" ♈	0°42' ♍	18°43' ♌	4°10' ♊	13°28' ♊	18°50' ♓ r	23°32'♈ r	26°42' ♉	29°46' ♓ r	0°47' ♒ r	8°48'♈
28	So	5°20'33" ♌	2°42'19" ♉	1°22' ♍	19°57' ♌	4°51' ♊	13°39' ♊	18°47' ♓ r	23°32'♈ r	26°44' ♉	29°46' ♓ r	0°46' ♒ r	8°48'♈
29	Mo	6°17'54" ♌	16°36'38" ♉	1°57' ♍	21°11' ♌	5°32' ♊	13°51' ♊	18°45' ♓ r	23°32'♈ r	26°46' ♉	29°45' ♓ r	0°44' ♒ r	8°48'♈ r
30	Di	7°15'16" ♌	0°18'25" ♊	2°29' ♍	22°24' ♌	6°13' ♊	14°02' ♊	18°42' ♓ r	23°32'♈ r	26°47' ♉	29°44' ♓ r	0°43' ♒ r	8°46'♈ r
31	Mi	8°12'39" ♌	13°47'53" ♊	2°57' ♍	23°38' ♌	6°53' ♊	14°12' ♊	18°39' ♓ r	23°32'♈ r	26°49' ♉	29°43' ♓ r	0°41' ♒ r	8°41'♈ r

Tag		Ceres	Pallas	Juno	Vesta	Pholus	Nessus	Transpl.	Mondkn.(m)	Lilith (m)	Lilith (o)	Lilith (n)	Priapus
01	Mo	15°33' ♑ r	20°06' ♏ r	17°45' ♍	4°48' ♌	8°43' ♑ r	19°56' ♓ r	3°24' ♍	11°15' ♈ r	0°10' ♎	26°09' ♍	0°51' ♎	14°16' ♓ r
02	Di	15°20' ♑ r	20°02' ♏ r	18°02' ♍	5°14' ♌	8°41' ♑ r	19°55' ♓ r	3°24' ♍	11°11' ♈ r	0°17' ♎	0°21' ♎	1°02' ♎	13°33' ♓ r
03	Mi	15°07' ♑ r	19°58' ♏ r	18°18' ♍	5°41' ♌	8°39' ♑ r	19°55' ♓ r	3°25' ♍	11°08' ♈ r	0°23' ♎	4°29' ♎	1°14' ♎	12°54' ♓ r
04	Do	14°54' ♑ r	19°55' ♏ r	18°35' ♍	6°07' ♌	8°37' ♑ r	19°55' ♓ r	3°25' ♍	11°05' ♈ r	0°30' ♎	7°57' ♎	1°25' ♎	12°20' ♓ r
05	Fr	14°40' ♑ r	19°53' ♏ r	18°52' ♍	6°34' ♌	8°36' ♑ r	19°54' ♓ r	3°25' ♍	11°02' ♈ r	0°37' ♎	10°16' ♎	1°36' ♎	11°49' ♓ r
06	Sa	14°27' ♑ r	19°50' ♏ r	19°09' ♍	7°01' ♌	8°34' ♑ r	19°54' ♓ r	3°26' ♍	10°59' ♈ r	0°43' ♎	11°12' ♎	1°48' ♎	11°22' ♓ r
07	So	14°14' ♑ r	19°49' ♏ r	19°27' ♍	7°27' ♌	8°32' ♑ r	19°53' ♓ r	3°26' ♍	10°56' ♈ r	0°50' ♎	10°48' ♎ r	1°59' ♎	10°58' ♓ r
08	Mo	14°01' ♑ r	19°48' ♏ r	19°44' ♍	7°54' ♌	8°30' ♑ r	19°52' ♓ r	3°27' ♍	10°52' ♈ r	0°57' ♎	9°27' ♎ r	2°10' ♎	10°37' ♓ r
09	Di	13°47' ♑ r	19°47' ♏ r	20°01' ♍	8°21' ♌	8°28' ♑ r	19°52' ♓ r	3°27' ♍	10°49' ♈ r	1°03' ♎	7°38' ♎ r	2°21' ♎	10°19' ♓ r
10	Mi	13°34' ♑ r	19°46' ♏ r	20°19' ♍	8°48' ♌	8°27' ♑ r	19°51' ♓ r	3°28' ♍	10°46' ♈ r	1°10' ♎	5°52' ♎ r	2°32' ♎	10°04' ♓ r
11	Do	13°21' ♑ r	19°47' ♏	20°37' ♍	9°15' ♌	8°25' ♑ r	19°51' ♓ r	3°28' ♍	10°43' ♈ r	1°17' ♎	4°26' ♎ r	2°44' ♎	9°51' ♓ r
12	Fr	13°08' ♑ r	19°47' ♏	20°54' ♍	9°42' ♌	8°23' ♑ r	19°50' ♓ r	3°29' ♍	10°40' ♈ r	1°23' ♎	3°22' ♎ r	2°55' ♎	9°41' ♓ r
13	Sa	12°55' ♑ r	19°48' ♏	21°12' ♍	10°09' ♌	8°21' ♑ r	19°49' ♓ r	3°29' ♍	10°37' ♈ r	1°30' ♎	2°30' ♎ r	3°06' ♎	9°33' ♓ r
14	So	12°43' ♑ r	19°50' ♏	21°30' ♍	10°36' ♌	8°20' ♑ r	19°48' ♓ r	3°30' ♍	10°33' ♈ r	1°37' ♎	1°35' ♎ r	3°17' ♎	9°27' ♓ r
15	Mo	12°30' ♑ r	19°51' ♏	21°48' ♍	11°03' ♌	8°18' ♑ r	19°48' ♓ r	3°30' ♍	10°30' ♈ r	1°43' ♎	0°20' ♎ r	3°28' ♎	9°22' ♓ r
16	Di	12°17' ♑ r	19°54' ♏	22°06' ♍	11°30' ♌	8°16' ♑ r	19°47' ♓ r	3°31' ♍	10°27' ♈ r	1°50' ♎	28°29' ♍ r	3°39' ♎	9°20' ♓ r
17	Mi	12°05' ♑ r	19°56' ♏	22°24' ♍	11°57' ♌	8°14' ♑ r	19°46' ♓ r	3°31' ♍	10°24' ♈ r	1°57' ♎	25°57' ♍ r	3°50' ♎	9°19' ♓ r
18	Do	11°53' ♑ r	20°00' ♏	22°43' ♍	12°24' ♌	8°13' ♑ r	19°45' ♓ r	3°32' ♍	10°21' ♈ r	2°03' ♎	22°52' ♍ r	4°01' ♎	9°20' ♓
19	Fr	11°41' ♑ r	20°03' ♏	23°01' ♍	12°51' ♌	8°11' ♑ r	19°44' ♓ r	3°32' ♍	10°17' ♈ r	2°10' ♎	19°36' ♍ r	4°12' ♎	9°22' ♓
20	Sa	11°29' ♑ r	20°07' ♏	23°20' ♍	13°18' ♌	8°09' ♑ r	19°43' ♓ r	3°33' ♍	10°14' ♈ r	2°16' ♎	16°37' ♍ r	4°23' ♎	9°25' ♓
21	So	11°17' ♑ r	20°11' ♏	23°38' ♍	13°46' ♌	8°08' ♑ r	19°42' ♓ r	3°33' ♍	10°11' ♈ r	2°23' ♎	14°14' ♍ r	4°34' ♎	9°30' ♓
22	Mo	11°06' ♑ r	20°16' ♏	23°57' ♍	14°13' ♌	8°06' ♑ r	19°41' ♓ r	3°34' ♍	10°08' ♈ r	2°30' ♎	12°32' ♍ r	4°45' ♎	9°36' ♓
23	Di	10°54' ♑ r	20°21' ♏	24°16' ♍	14°40' ♌	8°04' ♑ r	19°40' ♓ r	3°34' ♍	10°05' ♈ r	2°36' ♎	11°19' ♍ r	4°55' ♎	9°44' ♓
24	Mi	10°43' ♑ r	20°26' ♏	24°34' ♍	15°08' ♌	8°03' ♑ r	19°39' ♓ r	3°35' ♍	10°02' ♈ r	2°43' ♎	10°16' ♍ r	5°06' ♎	9°52' ♓
25	Do	10°32' ♑ r	20°32' ♏	24°53' ♍	15°35' ♌	8°01' ♑ r	19°38' ♓ r	3°36' ♍	9°58' ♈ r	2°50' ♎	9°05' ♍ r	5°17' ♎	10°01' ♓
26	Fr	10°22' ♑ r	20°38' ♏	25°12' ♍	16°02' ♌	8°00' ♑ r	19°37' ♓ r	3°36' ♍	9°55' ♈ r	2°56' ♎	7°46' ♍ r	5°28' ♎	10°12' ♓
27	Sa	10°11' ♑ r	20°45' ♏	25°31' ♍	16°30' ♌	7°58' ♑ r	19°36' ♓ r	3°37' ♍	9°52' ♈ r	3°03' ♎	6°42' ♍ r	5°38' ♎	10°23' ♓
28	So	10°01' ♑ r	20°51' ♏	25°50' ♍	16°57' ♌	7°56' ♑ r	19°35' ♓ r	3°37' ♍	9°49' ♈ r	3°10' ♎	6°33' ♍	5°49' ♎	10°35' ♓
29	Mo	9°51' ♑ r	20°59' ♏	26°09' ♍	17°25' ♌	7°55' ♑ r	19°34' ♓ r	3°38' ♍	9°46' ♈ r	3°16' ♎	7°55' ♍	6°00' ♎	10°48' ♓
30	Di	9°42' ♑ r	21°06' ♏	26°29' ♍	17°52' ♌	7°53' ♑ r	19°33' ♓ r	3°38' ♍	9°43' ♈ r	3°23' ♎	10°58' ♍	6°10' ♎	11°02' ♓
31	Mi	9°33' ♑ r	21°14' ♏	26°48' ♍	18°20' ♌	7°52' ♑ r	19°31' ♓ r	3°39' ♍	9°39' ♈ r	3°30' ♎	15°26' ♍	6°21' ♎	11°17' ♓

Quelle: Sarastro © by Sarastro Software (erstellt von Peter Fraiss)

Tag		Sonne	Mond	Merkur	Venus	Mars	Jupiter	Saturn	Chiron	Uranus	Neptun	Pluto	Mondkn. (w)
01	Do	9°10'04" ♌	27°05'07" ♊	3°20' ♍	24°52' ♌	7°34' ♊	14°23' ♊	18°36' ♓ r	23°31' ♈ r	26°50' ♉	29°42' ♓ r	0°40' ♒ r	8°34' ♈ r
02	Fr	10°07'29" ♌	10°09'59" ♋	3°39' ♍	26°05' ♌	8°15' ♊	14°34' ♊	18°33' ♓ r	23°31' ♈ r	26°52' ♉	29°41' ♓ r	0°39' ♒ r	8°26' ♈ r
03	Sa	11°04'56" ♌	23°02'12" ♋	3°53' ♍	27°19' ♌	8°55' ♊	14°44' ♊	18°30' ♓ r	23°31' ♈ r	26°53' ♉	29°40' ♓ r	0°37' ♒ r	8°16' ♈ r
04	So	12°02'23" ♌	5°41'29" ♌	4°02' ♍	28°33' ♌	9°35' ♊	14°55' ♊	18°27' ♓ r	23°30' ♈ r	26°55' ♉	29°39' ♓ r	0°36' ♒ r	8°06' ♈ r
05	Mo	12°59'51" ♌	18°07'54" ♌	4°06' ♍	29°47' ♌	10°15' ♊	15°05' ♊	18°24' ♓ r	23°30' ♈ r	26°56' ♉	29°38' ♓ r	0°34' ♒ r	7°56' ♈ r
06	Di	13°57'21" ♌	0°22'00" ♍	4°05' ♍ r	1°00' ♍	10°55' ♊	15°16' ♊	18°20' ♓ r	23°29' ♈ r	26°58' ♉	29°37' ♓ r	0°33' ♒ r	7°49' ♈ r
07	Mi	14°54'51" ♌	12°25'07" ♍	3°59' ♍ r	2°14' ♍	11°35' ♊	15°26' ♊	18°17' ♓ r	23°29' ♈ r	26°59' ♉	29°36' ♓ r	0°32' ♒ r	7°43' ♈ r
08	Do	15°52'22" ♌	24°19'25" ♍	3°47' ♍ r	3°28' ♍	12°15' ♊	15°36' ♊	18°13' ♓ r	23°28' ♈ r	27°00' ♉	29°35' ♓ r	0°30' ♒ r	7°40' ♈ r
09	Fr	16°49'54" ♌	6°07'55" ♎	3°30' ♍ r	4°41' ♍	12°55' ♊	15°46' ♊	18°10' ♓ r	23°27' ♈ r	27°01' ♉	29°34' ♓ r	0°29' ♒ r	7°39' ♈ r
10	Sa	17°47'26" ♌	17°54'25" ♎	3°07' ♍ r	5°55' ♍	13°35' ♊	15°56' ♊	18°06' ♓ r	23°27' ♈ r	27°02' ♉	29°33' ♓ r	0°28' ♒ r	7°40' ♈
11	So	18°45'00" ♌	29°43'24" ♎	2°40' ♍ r	7°09' ♍	14°14' ♊	16°05' ♊	18°03' ♓ r	23°26' ♈ r	27°04' ♉	29°32' ♓ r	0°26' ♒ r	7°41' ♈
12	Mo	19°42'34" ♌	11°39'50" ♏	2°07' ♍ r	8°22' ♍	14°54' ♊	16°15' ♊	17°59' ♓ r	23°25' ♈ r	27°05' ♉	29°31' ♓ r	0°25' ♒ r	7°42' ♈
13	Di	20°40'10" ♌	23°48'55" ♏	1°30' ♍ r	9°36' ♍	15°33' ♊	16°24' ♊	17°55' ♓ r	23°24' ♈ r	27°06' ♉	29°30' ♓ r	0°24' ♒ r	7°42' ♈ r
14	Mi	21°37'46" ♌	6°15'42" ♐	0°49' ♍ r	10°50' ♍	16°12' ♊	16°34' ♊	17°51' ♓ r	23°23' ♈ r	27°07' ♉	29°28' ♓ r	0°22' ♒ r	7°41' ♈ r
15	Do	22°35'24" ♌	19°04'43" ♐	0°04' ♍ r	12°03' ♍	16°51' ♊	16°43' ♊	17°48' ♓ r	23°22' ♈ r	27°07' ♉	29°27' ♓ r	0°21' ♒ r	7°38' ♈ r
16	Fr	23°33'02" ♌	2°19'20" ♑	29°17' ♌ r	13°17' ♍	17°30' ♊	16°52' ♊	17°44' ♓ r	23°21' ♈ r	27°08' ♉	29°26' ♓ r	0°20' ♒ r	7°33' ♈ r
17	Sa	24°30'42" ♌	16°01'08" ♑	28°27' ♌ r	14°30' ♍	18°09' ♊	17°01' ♊	17°40' ♓ r	23°20' ♈ r	27°09' ♉	29°25' ♓ r	0°18' ♒ r	7°27' ♈ r
18	So	25°28'22" ♌	0°09'19" ♒	27°36' ♌ r	15°44' ♍	18°48' ♊	17°10' ♊	17°36' ♓ r	23°19' ♈ r	27°10' ♉	29°23' ♓ r	0°17' ♒ r	7°21' ♈ r
19	Mo	26°26'04" ♌	14°40'20" ♒	26°44' ♌ r	16°58' ♍	19°26' ♊	17°19' ♊	17°32' ♓ r	23°18' ♈ r	27°11' ♉	29°22' ♓ r	0°16' ♒ r	7°15' ♈ r
20	Di	27°23'47" ♌	29°28'08" ♒	25°53' ♌ r	18°11' ♍	20°05' ♊	17°28' ♊	17°27' ♓ r	23°17' ♈ r	27°11' ♉	29°21' ♓ r	0°15' ♒ r	7°10' ♈ r
21	Mi	28°21'31" ♌	14°24'48" ♓	25°04' ♌ r	19°25' ♍	20°43' ♊	17°36' ♊	17°23' ♓ r	23°15' ♈ r	27°12' ♉	29°19' ♓ r	0°13' ♒ r	7°06' ♈ r
22	Do	29°19'17" ♌	29°21'52" ♓	24°18' ♌ r	20°38' ♍	21°22' ♊	17°44' ♊	17°19' ♓ r	23°14' ♈ r	27°12' ♉	29°18' ♓ r	0°12' ♒ r	7°04' ♈ r
23	Fr	0°17'04" ♍	14°11'32" ♈	23°35' ♌ r	21°52' ♍	22°00' ♊	17°53' ♊	17°15' ♓ r	23°13' ♈ r	27°13' ♉	29°17' ♓ r	0°11' ♒ r	7°04' ♈
24	Sa	1°14'53" ♍	28°47'41" ♈	22°57' ♌ r	23°05' ♍	22°38' ♊	18°01' ♊	17°10' ♓ r	23°11' ♈ r	27°13' ♉	29°15' ♓ r	0°10' ♒ r	7°05' ♈
25	So	2°12'43" ♍	13°06'19" ♉	22°25' ♌ r	24°19' ♍	23°16' ♊	18°09' ♊	17°06' ♓ r	23°10' ♈ r	27°14' ♉	29°14' ♓ r	0°09' ♒ r	7°07' ♈
26	Mo	3°10'36" ♍	27°05'32" ♉	21°59' ♌ r	25°32' ♍	23°53' ♊	18°17' ♊	17°02' ♓ r	23°08' ♈ r	27°14' ♉	29°12' ♓ r	0°08' ♒ r	7°08' ♈
27	Di	4°08'30" ♍	10°45'04" ♊	21°40' ♌ r	26°46' ♍	24°31' ♊	18°24' ♊	16°57' ♓ r	23°07' ♈ r	27°15' ♉	29°11' ♓ r	0°06' ♒ r	7°08' ♈ r
28	Mi	5°06'27" ♍	24°05'48" ♊	21°28' ♌ r	27°59' ♍	25°08' ♊	18°32' ♊	16°53' ♓ r	23°05' ♈ r	27°15' ♉	29°09' ♓ r	0°05' ♒ r	7°06' ♈ r
29	Do	6°04'25" ♍	7°09'16" ♋	21°25' ♌	29°13' ♍	25°46' ♊	18°39' ♊	16°48' ♓ r	23°04' ♈ r	27°15' ♉	29°08' ♓ r	0°04' ♒ r	7°03' ♈ r
30	Fr	7°02'25" ♍	19°57'11" ♋	21°29' ♌	0°26' ♎	26°23' ♊	18°47' ♊	16°44' ♓ r	23°02' ♈ r	27°15' ♉	29°06' ♓ r	0°03' ♒ r	6°59' ♈ r
31	Sa	8°00'26" ♍	2°31'18" ♌	21°42' ♌	1°40' ♎	27°00' ♊	18°54' ♊	16°39' ♓ r	23°00' ♈ r	27°15' ♉	29°05' ♓ r	0°02' ♒ r	6°55' ♈ r

Tag		Ceres	Pallas	Juno	Vesta	Pholus	Nessus	Transpl.	Mondkn.(m)	Lilith (m)	Lilith (o)	Lilith (n)	Priapus
01	Do	9°24' ♑ r	21°22' ♏	27°07' ♍	18°48' ♌	7°50' ♑ r	19°30' ♓ r	3°40' ♍	9°36' ♈ r	3°36' ♎	20°41' ♍	6°31' ♎	11°33' ♓
02	Fr	9°15' ♑ r	21°31' ♏	27°27' ♍	19°15' ♌	7°49' ♑ r	19°29' ♓ r	3°40' ♍	9°33' ♈ r	3°43' ♎	25°55' ♍	6°41' ♎	11°49' ♓
03	Sa	9°07' ♑ r	21°40' ♏	27°46' ♍	19°43' ♌	7°47' ♑ r	19°28' ♓ r	3°41' ♍	9°30' ♈ r	3°50' ♎	0°28' ♎	6°51' ♎	12°06' ♓
04	So	8°59' ♑ r	21°49' ♏	28°06' ♍	20°11' ♌	7°46' ♑ r	19°26' ♓ r	3°41' ♍	9°27' ♈ r	3°56' ♎	3°51' ♎	7°02' ♎	12°23' ♓
05	Mo	8°51' ♑ r	21°58' ♏	28°25' ♍	20°38' ♌	7°45' ♑ r	19°25' ♓ r	3°42' ♍	9°23' ♈ r	4°03' ♎	5°57' ♎	7°12' ♎	12°42' ♓
06	Di	8°44' ♑ r	22°08' ♏	28°45' ♍	21°06' ♌	7°43' ♑ r	19°24' ♓ r	3°43' ♍	9°20' ♈ r	4°09' ♎	7°01' ♎	7°21' ♎	13°00' ♓
07	Mi	8°37' ♑ r	22°18' ♏	29°05' ♍	21°34' ♌	7°42' ♑ r	19°22' ♓ r	3°43' ♍	9°17' ♈ r	4°16' ♎	7°26' ♎	7°31' ♎	13°20' ♓
08	Do	8°30' ♑ r	22°28' ♏	29°25' ♍	22°02' ♌	7°40' ♑ r	19°21' ♓ r	3°44' ♍	9°14' ♈ r	4°23' ♎	7°38' ♎	7°41' ♎	13°40' ♓
09	Fr	8°23' ♑ r	22°39' ♏	29°45' ♍	22°30' ♌	7°39' ♑ r	19°20' ♓ r	3°45' ♍	9°11' ♈ r	4°29' ♎	7°50' ♎	7°51' ♎	14°00' ♓
10	Sa	8°17' ♑ r	22°50' ♏	0°04' ♎	22°57' ♌	7°38' ♑ r	19°18' ♓ r	3°45' ♍	9°08' ♈ r	4°36' ♎	8°04' ♎	8°00' ♎	14°21' ♓
11	So	8°12' ♑ r	23°01' ♏	0°24' ♎	23°25' ♌	7°37' ♑ r	19°17' ♓ r	3°46' ♍	9°04' ♈ r	4°43' ♎	8°15' ♎	8°09' ♎	14°43' ♓
12	Mo	8°06' ♑ r	23°13' ♏	0°44' ♎	23°53' ♌	7°35' ♑ r	19°15' ♓ r	3°46' ♍	9°01' ♈ r	4°49' ♎	8°08' ♎ r	8°19' ♎	15°05' ♓
13	Di	8°01' ♑ r	23°25' ♏	1°05' ♎	24°21' ♌	7°34' ♑ r	19°14' ♓ r	3°47' ♍	8°58' ♈ r	4°56' ♎	7°29' ♎ r	8°28' ♎	15°27' ♓
14	Mi	7°57' ♑ r	23°37' ♏	1°25' ♎	24°49' ♌	7°33' ♑ r	19°13' ♓ r	3°48' ♍	8°55' ♈ r	5°03' ♎	6°06' ♎ r	8°37' ♎	15°50' ♓
15	Do	7°53' ♑ r	23°49' ♏	1°45' ♎	25°17' ♌	7°32' ♑ r	19°11' ♓ r	3°48' ♍	8°52' ♈ r	5°09' ♎	3°57' ♎ r	8°46' ♎	16°13' ♓
16	Fr	7°49' ♑ r	24°02' ♏	2°05' ♎	25°45' ♌	7°30' ♑ r	19°10' ♓ r	3°49' ♍	8°49' ♈ r	5°16' ♎	1°10' ♎ r	8°54' ♎	16°37' ♓
17	Sa	7°45' ♑ r	24°14' ♏	2°25' ♎	26°13' ♌	7°29' ♑ r	19°08' ♓ r	3°50' ♍	8°45' ♈ r	5°23' ♎	28°08' ♍ r	9°03' ♎	17°01' ♓
18	So	7°42' ♑ r	24°27' ♏	2°46' ♎	26°41' ♌	7°28' ♑ r	19°07' ♓ r	3°50' ♍	8°42' ♈ r	5°29' ♎	25°16' ♍ r	9°11' ♎	17°25' ♓
19	Mo	7°39' ♑ r	24°41' ♏	3°06' ♎	27°09' ♌	7°27' ♑ r	19°05' ♓ r	3°51' ♍	8°39' ♈ r	5°36' ♎	22°52' ♍ r	9°20' ♎	17°50' ♓
20	Di	7°37' ♑ r	24°54' ♏	3°26' ♎	27°37' ♌	7°26' ♑ r	19°03' ♓ r	3°52' ♍	8°36' ♈ r	5°42' ♎	20°56' ♍ r	9°28' ♎	18°15' ♓
21	Mi	7°35' ♑ r	25°08' ♏	3°47' ♎	28°05' ♌	7°25' ♑ r	19°02' ♓ r	3°52' ♍	8°33' ♈ r	5°49' ♎	19°17' ♍ r	9°36' ♎	18°41' ♓
22	Do	7°33' ♑ r	25°22' ♏	4°07' ♎	28°34' ♌	7°24' ♑ r	19°00' ♓ r	3°53' ♍	8°29' ♈ r	5°56' ♎	17°35' ♍ r	9°44' ♎	19°06' ♓
23	Fr	7°31' ♑ r	25°36' ♏	4°28' ♎	29°02' ♌	7°23' ♑ r	18°59' ♓ r	3°54' ♍	8°26' ♈ r	6°02' ♎	15°39' ♍ r	9°51' ♎	19°32' ♓
24	Sa	7°30' ♑ r	25°51' ♏	4°48' ♎	29°30' ♌	7°22' ♑ r	18°57' ♓ r	3°54' ♍	8°23' ♈ r	6°09' ♎	13°33' ♍ r	9°59' ♎	19°59' ♓
25	So	7°30' ♑ r	26°05' ♏	5°09' ♎	29°58' ♌	7°21' ♑ r	18°55' ♓ r	3°55' ♍	8°20' ♈ r	6°16' ♎	11°42' ♍ r	10°06' ♎	20°25' ♓
26	Mo	7°29' ♑ r	26°20' ♏	5°30' ♎	0°26' ♍	7°20' ♑ r	18°54' ♓ r	3°56' ♍	8°17' ♈ r	6°22' ♎	10°38' ♍ r	10°13' ♎	20°52' ♓
27	Di	7°29' ♑	26°35' ♏	5°50' ♎	0°55' ♍	7°19' ♑ r	18°52' ♓ r	3°56' ♍	8°14' ♈ r	6°29' ♎	10°49' ♍	10°19' ♎	21°19' ♓
28	Mi	7°30' ♑	26°50' ♏	6°11' ♎	1°23' ♍	7°19' ♑ r	18°50' ♓ r	3°57' ♍	8°10' ♈ r	6°36' ♎	12°23' ♍	10°26' ♎	21°47' ♓
29	Do	7°31' ♑	27°06' ♏	6°32' ♎	1°51' ♍	7°18' ♑ r	18°49' ♓ r	3°58' ♍	8°07' ♈ r	6°42' ♎	15°13' ♍	10°32' ♎	22°15' ♓
30	Fr	7°32' ♑	27°22' ♏	6°53' ♎	2°19' ♍	7°17' ♑ r	18°47' ♓ r	3°58' ♍	8°04' ♈ r	6°49' ♎	18°58' ♍	10°38' ♎	22°43' ♓
31	Sa	7°33' ♑	27°37' ♏	7°13' ♎	2°48' ♍	7°16' ♑ r	18°46' ♓ r	3°59' ♍	8°01' ♈ r	6°56' ♎	23°12' ♍	10°43' ♎	23°11' ♓

Quelle: Sarastro © by Sarastro Software (erstellt von Peter Fraiss)

Tag		Sonne	Mond	Merkur	Venus	Mars	Jupiter	Saturn	Chiron	Uranus	Neptun	Pluto	Mondkn.(w)
01	So	8°58'30" ♍	14°53'15" ♌	22°03' ♌	2°53' ♎	27°37' ♊	19°01' ♊	16°35' ♓ r	22°59' ♈ r	27°15' ♉	29°03' ♓ r	0°01' ♒ r	6°50' ♈ r
02	Mo	9°56'35" ♍	27°04'35" ♌	22°32' ♌	4°07' ♎	28°14' ♊	19°08' ♊	16°30' ♓ r	22°57' ♈ r	27°15' ♉ r	29°02' ♓ r	0°00' ♒ r	6°46' ♈ r
03	Di	10°54'42" ♍	9°06'53" ♍	23°09' ♌	5°20' ♎	28°51' ♊	19°14' ♊	16°26' ♓ r	22°55' ♈ r	27°15' ♉ r	29°00' ♓ r	29°59' ♑ r	6°42' ♈ r
04	Mi	11°52'50" ♍	21°01'48" ♍	23°55' ♌	6°34' ♎	29°27' ♊	19°21' ♊	16°21' ♓ r	22°53' ♈ r	27°15' ♉ r	28°59' ♓ r	29°58' ♑ r	6°40' ♈ r
05	Do	12°51'00" ♍	2°51'22" ♎	24°48' ♌	7°47' ♎	0°03' ♋	19°27' ♊	16°17' ♓ r	22°51' ♈ r	27°15' ♉ r	28°57' ♓ r	29°57' ♑ r	6°39' ♈ r
06	Fr	13°49'12" ♍	14°37'58" ♎	25°48' ♌	9°01' ♎	0°40' ♋	19°34' ♊	16°12' ♓ r	22°49' ♈ r	27°15' ♉ r	28°56' ♓ r	29°56' ♑ r	6°39' ♈
07	Sa	14°47'25" ♍	26°24'29" ♎	26°56' ♌	10°14' ♎	1°16' ♋	19°40' ♊	16°08' ♓ r	22°47' ♈ r	27°15' ♉ r	28°54' ♓ r	29°55' ♑ r	6°40' ♈
08	So	15°45'40" ♍	8°14'19" ♏	28°10' ♌	11°27' ♎	1°51' ♋	19°46' ♊	16°03' ♓ r	22°45' ♈ r	27°14' ♉ r	28°52' ♓ r	29°54' ♑ r	6°42' ♈
09	Mo	16°43'56" ♍	20°11'25" ♏	29°29' ♌	12°41' ♎	2°27' ♋	19°51' ♊	15°58' ♓ r	22°43' ♈ r	27°14' ♉ r	28°51' ♓ r	29°54' ♑ r	6°43' ♈
10	Di	17°42'14" ♍	2°20'04" ♐	0°54' ♍	13°54' ♎	3°03' ♋	19°57' ♊	15°54' ♓ r	22°41' ♈ r	27°14' ♉ r	28°49' ♓ r	29°53' ♑ r	6°45' ♈
11	Mi	18°40'34" ♍	14°44'47" ♐	2°24' ♍	15°07' ♎	3°38' ♋	20°02' ♊	15°49' ♓ r	22°39' ♈ r	27°13' ♉ r	28°48' ♓ r	29°52' ♑ r	6°45' ♈
12	Do	19°38'55" ♍	27°29'56" ♐	3°59' ♍	16°21' ♎	4°13' ♋	20°07' ♊	15°45' ♓ r	22°37' ♈ r	27°13' ♉ r	28°46' ♓ r	29°51' ♑ r	6°45' ♈ r
13	Fr	20°37'18" ♍	10°39'21" ♑	5°37' ♍	17°34' ♎	4°48' ♋	20°13' ♊	15°40' ♓ r	22°35' ♈ r	27°12' ♉ r	28°44' ♓ r	29°50' ♑ r	6°44' ♈ r
14	Sa	21°35'43" ♍	24°15'40" ♑	7°18' ♍	18°47' ♎	5°23' ♋	20°17' ♊	15°35' ♓ r	22°32' ♈ r	27°12' ♉ r	28°43' ♓ r	29°49' ♑ r	6°43' ♈ r
15	So	22°34'09" ♍	8°19'40" ♒	9°02' ♍	20°01' ♎	5°58' ♋	20°22' ♊	15°31' ♓ r	22°30' ♈ r	27°11' ♉ r	28°41' ♓ r	29°49' ♑ r	6°41' ♈ r
16	Mo	23°32'36" ♍	22°49'41" ♒	10°48' ♍	21°14' ♎	6°33' ♋	20°27' ♊	15°26' ♓ r	22°28' ♈ r	27°10' ♉ r	28°39' ♓ r	29°48' ♑ r	6°39' ♈ r
17	Di	24°31'05" ♍	7°41'15" ♓	12°36' ♍	22°27' ♎	7°07' ♋	20°31' ♊	15°22' ♓ r	22°25' ♈ r	27°10' ♉ r	28°38' ♓ r	29°47' ♑ r	6°38' ♈ r
18	Mi	25°29'36" ♍	22°47'16" ♓	14°26' ♍	23°40' ♎	7°41' ♋	20°35' ♊	15°17' ♓ r	22°23' ♈ r	27°09' ♉ r	28°36' ♓ r	29°47' ♑ r	6°37' ♈ r
19	Do	26°28'09" ♍	7°58'49" ♈	16°16' ♍	24°53' ♎	8°15' ♋	20°39' ♊	15°13' ♓ r	22°21' ♈ r	27°08' ♉ r	28°34' ♓ r	29°46' ♑ r	6°37' ♈
20	Fr	27°26'44" ♍	23°06'22" ♈	18°07' ♍	26°07' ♎	8°49' ♋	20°43' ♊	15°08' ♓ r	22°18' ♈ r	27°07' ♉ r	28°33' ♓ r	29°45' ♑ r	6°37' ♈
21	Sa	28°25'21" ♍	8°01'14" ♉	19°58' ♍	27°20' ♎	9°23' ♋	20°47' ♊	15°04' ♓ r	22°16' ♈ r	27°06' ♉ r	28°31' ♓ r	29°45' ♑ r	6°38' ♈
22	So	29°24'00" ♍	22°36'42" ♉	21°50' ♍	28°33' ♎	9°56' ♋	20°50' ♊	15°00' ♓ r	22°13' ♈ r	27°05' ♉ r	28°29' ♓ r	29°44' ♑ r	6°38' ♈
23	Mo	0°22'41" ♎	6°48'34" ♊	23°41' ♍	29°46' ♎	10°29' ♋	20°54' ♊	14°55' ♓ r	22°11' ♈ r	27°04' ♉ r	28°28' ♓ r	29°44' ♑ r	6°39' ♈
24	Di	1°21'25" ♎	20°35'11" ♊	25°32' ♍	0°59' ♏	11°03' ♋	20°57' ♊	14°51' ♓ r	22°08' ♈ r	27°03' ♉ r	28°26' ♓ r	29°43' ♑ r	6°39' ♈
25	Mi	2°20'11" ♎	3°57'02" ♋	27°23' ♍	2°12' ♏	11°35' ♋	21°00' ♊	14°47' ♓ r	22°06' ♈ r	27°02' ♉ r	28°24' ♓ r	29°43' ♑ r	6°39' ♈ r
26	Do	3°18'59" ♎	16°56'09" ♋	29°14' ♍	3°25' ♏	12°08' ♋	21°02' ♊	14°42' ♓ r	22°03' ♈ r	27°01' ♉ r	28°23' ♓ r	29°42' ♑ r	6°39' ♈ r
27	Fr	4°17'50" ♎	29°35'28" ♋	1°03' ♎	4°38' ♏	12°41' ♋	21°05' ♊	14°38' ♓ r	22°01' ♈ r	27°00' ♉ r	28°21' ♓ r	29°42' ♑ r	6°39' ♈ r
28	Sa	5°16'43" ♎	11°58'22" ♌	2°52' ♎	5°51' ♏	13°13' ♋	21°07' ♊	14°34' ♓ r	21°58' ♈ r	26°58' ♉ r	28°19' ♓ r	29°41' ♑ r	6°39' ♈ r
29	So	6°15'37" ♎	24°08'15" ♌	4°41' ♎	7°04' ♏	13°45' ♋	21°10' ♊	14°30' ♓ r	21°56' ♈ r	26°57' ♉ r	28°18' ♓ r	29°41' ♑ r	6°39' ♈ r
30	Mo	7°14'34" ♎	6°08'19" ♍	6°28' ♎	8°17' ♏	14°17' ♋	21°11' ♊	14°26' ♓ r	21°53' ♈ r	26°56' ♉ r	28°16' ♓ r	29°41' ♑ r	6°39' ♈

Tag		Ceres	Pallas	Juno	Vesta	Pholus	Nessus	Transpl.	Mondkn.(m)	Lilith (m)	Lilith (o)	Lilith (n)	Priapus
01	So	7°35' ♑	27°54' ♏	7°34' ♎	3°16' ♍	7°16' ♑ r	18°44' ♓ r	4°00' ♍	7°58' ♈ r	7°02' ♎	27°30' ♍	10°49' ♎	23°39' ♓
02	Mo	7°37' ♑	28°10' ♏	7°55' ♎	3°44' ♍	7°15' ♑ r	18°42' ♓ r	4°00' ♍	7°55' ♈ r	7°09' ♎	1°25' ♎	10°54' ♎	24°08' ♓
03	Di	7°40' ♑	28°26' ♏	8°16' ♎	4°13' ♍	7°14' ♑ r	18°40' ♓ r	4°01' ♍	7°51' ♈ r	7°15' ♎	4°46' ♎	10°58' ♎	24°37' ♓
04	Mi	7°42' ♑	28°43' ♏	8°37' ♎	4°41' ♍	7°14' ♑ r	18°39' ♓ r	4°01' ♍	7°48' ♈ r	7°22' ♎	7°29' ♎	11°03' ♎	25°06' ♓
05	Do	7°46' ♑	29°00' ♏	8°58' ♎	5°09' ♍	7°13' ♑ r	18°37' ♓ r	4°02' ♍	7°45' ♈ r	7°29' ♎	9°44' ♎	11°07' ♎	25°35' ♓
06	Fr	7°49' ♑	29°17' ♏	9°19' ♎	5°38' ♍	7°12' ♑ r	18°35' ♓ r	4°03' ♍	7°42' ♈ r	7°35' ♎	11°43' ♎	11°10' ♎	26°05' ♓
07	Sa	7°53' ♑	29°34' ♏	9°40' ♎	6°06' ♍	7°12' ♑ r	18°34' ♓ r	4°03' ♍	7°39' ♈ r	7°42' ♎	13°32' ♎	11°14' ♎	26°35' ♓
08	So	7°57' ♑	29°51' ♏	10°01' ♎	6°35' ♍	7°11' ♑ r	18°32' ♓ r	4°04' ♍	7°35' ♈ r	7°49' ♎	15°13' ♎	11°17' ♎	27°04' ♓
09	Mo	8°01' ♑	0°08' ♐	10°22' ♎	7°03' ♍	7°11' ♑ r	18°30' ♓ r	4°05' ♍	7°32' ♈ r	7°55' ♎	16°36' ♎	11°19' ♎	27°35' ♓
10	Di	8°06' ♑	0°26' ♐	10°43' ♎	7°32' ♍	7°11' ♑ r	18°29' ♓ r	4°05' ♍	7°29' ♈ r	8°02' ♎	17°31' ♎	11°22' ♎	28°05' ♓
11	Mi	8°11' ♑	0°44' ♐	11°04' ♎	8°00' ♍	7°10' ♑ r	18°27' ♓ r	4°06' ♍	7°26' ♈ r	8°09' ♎	17°43' ♎ r	11°23' ♎	28°35' ♓
12	Do	8°17' ♑	1°02' ♐	11°25' ♎	8°28' ♍	7°10' ♑ r	18°25' ♓ r	4°07' ♍	7°23' ♈ r	8°15' ♎	17°03' ♎ r	11°25' ♎	29°06' ♓
13	Fr	8°23' ♑	1°20' ♐	11°46' ♎	8°57' ♍	7°09' ♑ r	18°23' ♓ r	4°07' ♍	7°20' ♈ r	8°22' ♎	15°29' ♎ r	11°26' ♎	29°36' ♓
14	Sa	8°29' ♑	1°38' ♐	12°08' ♎	9°25' ♍	7°09' ♑ r	18°22' ♓ r	4°08' ♍	7°16' ♈ r	8°29' ♎	13°10' ♎ r	11°27' ♎	0°07' ♈
15	So	8°35' ♑	1°57' ♐	12°29' ♎	9°54' ♍	7°09' ♑ r	18°20' ♓ r	4°09' ♍	7°13' ♈ r	8°35' ♎	10°28' ♎ r	11°27' ♎	0°38' ♈
16	Mo	8°42' ♑	2°15' ♐	12°50' ♎	10°22' ♍	7°09' ♑ r	18°18' ♓ r	4°09' ♍	7°10' ♈ r	8°42' ♎	7°51' ♎ r	11°27' ♎ r	1°09' ♈
17	Di	8°49' ♑	2°34' ♐	13°11' ♎	10°51' ♍	7°09' ♑ r	18°17' ♓ r	4°10' ♍	7°07' ♈ r	8°49' ♎	5°34' ♎ r	11°26' ♎ r	1°40' ♈
18	Mi	8°56' ♑	2°52' ♐	13°32' ♎	11°19' ♍	7°08' ♑ r	18°15' ♓ r	4°10' ♍	7°04' ♈ r	8°55' ♎	3°39' ♎ r	11°25' ♎ r	2°11' ♈
19	Do	9°04' ♑	3°11' ♐	13°54' ♎	11°48' ♍	7°08' ♑ r	18°13' ♓ r	4°11' ♍	7°00' ♈ r	9°02' ♎	1°53' ♎ r	11°24' ♎ r	2°43' ♈
20	Fr	9°11' ♑	3°30' ♐	14°15' ♎	12°16' ♍	7°08' ♑ r	18°11' ♓ r	4°12' ♍	6°57' ♈ r	9°08' ♎	29°58' ♍ r	11°22' ♎ r	3°14' ♈
21	Sa	9°20' ♑	3°50' ♐	14°36' ♎	12°45' ♍	7°08' ♑ r	18°10' ♓ r	4°12' ♍	6°54' ♈ r	9°15' ♎	27°46' ♍ r	11°20' ♎ r	3°46' ♈
22	So	9°28' ♑	4°09' ♐	14°57' ♎	13°13' ♍	7°08' ♑ r	18°08' ♓ r	4°13' ♍	6°51' ♈ r	9°22' ♎	25°20' ♍ r	11°17' ♎ r	4°18' ♈
23	Mo	9°37' ♑	4°28' ♐	15°19' ♎	13°42' ♍	7°08' ♑	18°06' ♓ r	4°13' ♍	6°48' ♈ r	9°28' ♎	23°04' ♍ r	11°15' ♎ r	4°49' ♈
24	Di	9°46' ♑	4°48' ♐	15°40' ♎	14°10' ♍	7°08' ♑	18°05' ♓ r	4°14' ♍	6°45' ♈ r	9°35' ♎	21°26' ♍ r	11°11' ♎ r	5°21' ♈
25	Mi	9°55' ♑	5°08' ♐	16°01' ♎	14°39' ♍	7°08' ♑	18°03' ♓ r	4°15' ♍	6°41' ♈ r	9°42' ♎	20°47' ♍ r	11°08' ♎ r	5°53' ♈
26	Do	10°04' ♑	5°27' ♐	16°23' ♎	15°07' ♍	7°08' ♑	18°02' ♓ r	4°15' ♍	6°38' ♈ r	9°48' ♎	21°16' ♍	11°04' ♎ r	6°25' ♈
27	Fr	10°14' ♑	5°47' ♐	16°44' ♎	15°36' ♍	7°08' ♑	18°00' ♓ r	4°16' ♍	6°35' ♈ r	9°55' ♎	22°47' ♍	10°59' ♎ r	6°57' ♈
28	Sa	10°24' ♑	6°07' ♐	17°05' ♎	16°05' ♍	7°09' ♑	17°58' ♓ r	4°16' ♍	6°32' ♈ r	10°02' ♎	25°06' ♍	10°55' ♎ r	7°30' ♈
29	So	10°34' ♑	6°27' ♐	17°27' ♎	16°33' ♍	7°09' ♑	17°57' ♓ r	4°17' ♍	6°29' ♈ r	10°08' ♎	27°58' ♍	10°50' ♎ r	8°02' ♈
30	Mo	10°45' ♑	6°48' ♐	17°48' ♎	17°02' ♍	7°09' ♑	17°55' ♓ r	4°17' ♍	6°26' ♈ r	10°15' ♎	1°07' ♎	10°45' ♎ r	8°34' ♈

OKTOBER 2024 Planetenstände

0:00 Uhr • Mitteleuropäische Sommerzeit

Quelle: Sarastro © by Sarastro Software (erstellt von Peter Fraiss)

Tag	Sonne	Mond	Merkur	Venus	Mars	Jupiter	Saturn	Chiron	Uranus	Neptun	Pluto	Mondkn.(w)
01 Di	8°13'34"♎	18°01'31"♍	8°15'♎	9°30'♏	14°48'♋	21°13'♊	14°22'♓r	21°50'♈r	26°54'♉r	28°15'♓r	29°40'♑r	6°39'♈
02 Mi	9°12'35"♎	29°50'28"♍	10°01'♎	10°43'♏	15°20'♋	21°15'♊	14°18'♓r	21°48'♈r	26°53'♉r	28°13'♓r	29°40'♑r	6°39'♈
03 Do	10°11'38"♎	11°37'32"♎	11°46'♎	11°56'♏	15°51'♋	21°16'♊	14°14'♓r	21°45'♈r	26°52'♉r	28°11'♓r	29°40'♑r	6°39'♈r
04 Fr	11°10'44"♎	23°24'57"♎	13°31'♎	13°09'♏	16°22'♋	21°17'♊	14°10'♓r	21°42'♈r	26°50'♉r	28°10'♓r	29°39'♑r	6°39'♈r
05 Sa	12°09'51"♎	5°14'59"♏	15°14'♎	14°22'♏	16°52'♋	21°18'♊	14°06'♓r	21°40'♈r	26°48'♉r	28°08'♓r	29°39'♑r	6°38'♈r
06 So	13°09'00"♎	17°09'58"♏	16°57'♎	15°35'♏	17°23'♋	21°19'♊	14°03'♓r	21°37'♈r	26°47'♉r	28°06'♓r	29°39'♑r	6°38'♈r
07 Mo	14°08'12"♎	29°12'31"♏	18°39'♎	16°48'♏	17°53'♋	21°20'♊	13°59'♓r	21°34'♈r	26°45'♉r	28°05'♓r	29°39'♑r	6°37'♈r
08 Di	15°07'25"♎	11°25'31"♐	20°20'♎	18°01'♏	18°23'♋	21°20'♊	13°55'♓r	21°31'♈r	26°44'♉r	28°03'♓r	29°39'♑r	6°35'♈r
09 Mi	16°06'40"♎	23°52'08"♐	22°00'♎	19°14'♏	18°53'♋	21°20'♊	13°52'♓r	21°29'♈r	26°42'♉r	28°02'♓r	29°39'♑r	6°34'♈r
10 Do	17°05'57"♎	6°35'45"♑	23°40'♎	20°26'♏	19°22'♋	21°20'♊r	13°48'♓r	21°26'♈r	26°40'♉r	28°00'♓r	29°39'♑r	6°34'♈r
11 Fr	18°05'15"♎	19°39'37"♑	25°19'♎	21°39'♏	19°51'♋	21°20'♊r	13°45'♓r	21°23'♈r	26°38'♉r	27°59'♓r	29°39'♑r	6°34'♈
12 Sa	19°04'36"♎	3°06'33"♒	26°57'♎	22°52'♏	20°20'♋	21°20'♊r	13°42'♓r	21°20'♈r	26°37'♉r	27°57'♓r	29°39'♑r	6°34'♈
13 So	20°03'58"♎	16°58'24"♒	28°34'♎	24°05'♏	20°48'♋	21°19'♊r	13°38'♓r	21°18'♈r	26°35'♉r	27°56'♓r	29°39'♑	6°35'♈
14 Mo	21°03'22"♎	1°15'23"♓	0°10'♏	25°17'♏	21°17'♋	21°18'♊r	13°35'♓r	21°15'♈r	26°33'♉r	27°54'♓r	29°39'♑	6°36'♈
15 Di	22°02'47"♎	15°55'29"♓	1°46'♏	26°30'♏	21°45'♋	21°17'♊r	13°32'♓r	21°12'♈r	26°31'♉r	27°53'♓r	29°39'♑	6°37'♈
16 Mi	23°02'14"♎	0°54'06"♈	3°22'♏	27°43'♏	22°12'♋	21°16'♊r	13°29'♓r	21°09'♈r	26°29'♉r	27°51'♓r	29°39'♑	6°38'♈
17 Do	24°01'44"♎	16°04'01"♈	4°56'♏	28°55'♏	22°40'♋	21°14'♊r	13°26'♓r	21°07'♈r	26°27'♉r	27°50'♓r	29°39'♑	6°37'♈r
18 Fr	25°01'15"♎	1°16'10"♉	6°30'♏	0°08'♐	23°07'♋	21°13'♊r	13°23'♓r	21°04'♈r	26°25'♉r	27°48'♓r	29°39'♑	6°36'♈r
19 Sa	26°00'48"♎	16°20'48"♉	8°03'♏	1°20'♐	23°34'♋	21°11'♊r	13°21'♓r	21°01'♈r	26°23'♉r	27°47'♓r	29°39'♑	6°34'♈r
20 So	27°00'24"♎	1°09'00"♊	9°36'♏	2°33'♐	24°00'♋	21°09'♊r	13°18'♓r	20°58'♈r	26°21'♉r	27°45'♓r	29°39'♑	6°32'♈r
21 Mo	28°00'01"♎	15°33'58"♊	11°08'♏	3°45'♐	24°26'♋	21°07'♊r	13°15'♓r	20°56'♈r	26°19'♉r	27°44'♓r	29°40'♑	6°29'♈r
22 Di	28°59'42"♎	29°31'43"♊	12°39'♏	4°58'♐	24°52'♋	21°04'♊r	13°13'♓r	20°53'♈r	26°17'♉r	27°43'♓r	29°40'♑	6°26'♈r
23 Mi	29°59'24"♎	13°01'12"♋	14°10'♏	6°10'♐	25°18'♋	21°02'♊r	13°10'♓r	20°50'♈r	26°15'♉r	27°41'♓r	29°40'♑	6°24'♈r
24 Do	0°59'08"♏	26°03'47"♋	15°41'♏	7°22'♐	25°43'♋	20°59'♊r	13°08'♓r	20°48'♈r	26°12'♉r	27°40'♓r	29°41'♑	6°23'♈r
25 Fr	1°58'55"♏	8°42'39"♌	17°10'♏	8°35'♐	26°08'♋	20°56'♊r	13°06'♓r	20°45'♈r	26°10'♉r	27°39'♓r	29°41'♑	6°23'♈
26 Sa	2°58'44"♏	21°01'58"♌	18°39'♏	9°47'♐	26°32'♋	20°53'♊r	13°04'♓r	20°42'♈r	26°08'♉r	27°37'♓r	29°41'♑	6°24'♈
27 So	3°58'35"♏	3°06'24"♍	20°08'♏	10°59'♐	26°56'♋	20°49'♊r	13°02'♓r	20°40'♈r	26°06'♉r	27°36'♓r	29°42'♑	6°26'♈
28 Mo	5°00'58"♏	15°30'12"♍	21°39'♏	12°15'♐	27°21'♋	20°45'♊r	13°00'♓r	20°37'♈r	26°03'♉r	27°35'♓r	29°42'♑	6°28'♈
29 Di	6°00'54"♏	27°18'22"♍	23°07'♏	13°27'♐	27°44'♋	20°42'♊r	12°58'♓r	20°34'♈r	26°01'♉r	27°34'♓r	29°43'♑	6°29'♈
30 Mi	7°00'51"♏	9°04'40"♎	24°33'♏	14°39'♐	28°07'♋	20°38'♊r	12°56'♓r	20°32'♈r	25°59'♉r	27°32'♓r	29°43'♑	6°30'♈r
31 Do	8°00'51"♏	20°52'19"♎	25°59'♏	15°51'♐	28°30'♋	20°34'♊r	12°54'♓r	20°29'♈r	25°56'♉r	27°31'♓r	29°44'♑	6°28'♈r

Tag		Ceres	Pallas	Juno	Vesta	Pholus	Nessus	Transpl.	Mondkn.(m)	Lilith (m)	Lilith (o)	Lilith (n)	Priapus
01	Di	10°56' ♑	7°08' ♐	18°09' ♎	17°30' ♍	7°09' ♑	17°53' ♓ r	4°18' ♍	6°22' ♈ r	10°22' ♎	4°22' ♎	10°39' ♎ r	9°07' ♈
02	Mi	11°07' ♑	7°28' ♐	18°31' ♎	17°59' ♍	7°10' ♑	17°52' ♓ r	4°19' ♍	6°19' ♈ r	10°28' ♎	7°36' ♎	10°34' ♎ r	9°39' ♈
03	Do	11°18' ♑	7°49' ♐	18°52' ♎	18°27' ♍	7°10' ♑	17°50' ♓ r	4°19' ♍	6°16' ♈ r	10°35' ♎	10°47' ♎	10°28' ♎ r	10°12' ♈
04	Fr	11°30' ♑	8°10' ♐	19°14' ♎	18°56' ♍	7°10' ♑	17°49' ♓ r	4°20' ♍	6°13' ♈ r	10°41' ♎	13°58' ♎	10°22' ♎ r	10°44' ♈
05	Sa	11°41' ♑	8°30' ♐	19°35' ♎	19°24' ♍	7°11' ♑	17°47' ♓ r	4°20' ♍	6°10' ♈ r	10°48' ♎	17°11' ♎	10°16' ♎ r	11°17' ♈
06	So	11°53' ♑	8°51' ♐	19°56' ♎	19°53' ♍	7°11' ♑	17°46' ♓ r	4°21' ♍	6°06' ♈ r	10°55' ♎	20°25' ♎	10°10' ♎ r	11°50' ♈
07	Mo	12°06' ♑	9°12' ♐	20°18' ♎	20°21' ♍	7°12' ♑	17°44' ♓ r	4°21' ♍	6°03' ♈ r	11°01' ♎	23°30' ♎	10°04' ♎ r	12°22' ♈
08	Di	12°18' ♑	9°33' ♐	20°39' ♎	20°50' ♍	7°12' ♑	17°43' ♓ r	4°22' ♍	6°00' ♈ r	11°08' ♎	26°14' ♎	9°59' ♎ r	12°55' ♈
09	Mi	12°31' ♑	9°54' ♐	21°00' ♎	21°19' ♍	7°13' ♑	17°41' ♓ r	4°22' ♍	5°57' ♈ r	11°15' ♎	28°21' ♎	9°53' ♎ r	13°28' ♈
10	Do	12°44' ♑	10°16' ♐	21°22' ♎	21°47' ♍	7°13' ♑	17°40' ♓ r	4°23' ♍	5°54' ♈ r	11°21' ♎	29°36' ♎	9°47' ♎ r	14°00' ♈
11	Fr	12°57' ♑	10°37' ♐	21°43' ♎	22°16' ♍	7°14' ♑	17°38' ♓ r	4°23' ♍	5°51' ♈ r	11°28' ♎	29°47' ♎ r	9°42' ♎ r	14°33' ♈
12	Sa	13°10' ♑	10°58' ♐	22°04' ♎	22°44' ♍	7°15' ♑	17°37' ♓ r	4°24' ♍	5°47' ♈ r	11°35' ♎	28°51' ♎ r	9°36' ♎ r	15°06' ♈
13	So	13°24' ♑	11°20' ♐	22°26' ♎	23°13' ♍	7°15' ♑	17°36' ♓ r	4°24' ♍	5°44' ♈ r	11°41' ♎	26°59' ♎ r	9°31' ♎ r	15°38' ♈
14	Mo	13°37' ♑	11°41' ♐	22°47' ♎	23°41' ♍	7°16' ♑	17°34' ♓ r	4°25' ♍	5°41' ♈ r	11°48' ♎	24°35' ♎ r	9°27' ♎ r	16°11' ♈
15	Di	13°51' ♑	12°03' ♐	23°08' ♎	24°09' ♍	7°17' ♑	17°33' ♓ r	4°25' ♍	5°38' ♈ r	11°55' ♎	22°08' ♎ r	9°22' ♎ r	16°44' ♈
16	Mi	14°05' ♑	12°25' ♐	23°30' ♎	24°38' ♍	7°17' ♑	17°31' ♓ r	4°26' ♍	5°35' ♈ r	12°01' ♎	19°58' ♎ r	9°18' ♎ r	17°16' ♈
17	Do	14°20' ♑	12°46' ♐	23°51' ♎	25°06' ♍	7°18' ♑	17°30' ♓ r	4°26' ♍	5°32' ♈ r	12°08' ♎	18°05' ♎ r	9°14' ♎ r	17°49' ♈
18	Fr	14°34' ♑	13°08' ♐	24°12' ♎	25°35' ♍	7°19' ♑	17°29' ♓ r	4°27' ♍	5°28' ♈ r	12°14' ♎	16°16' ♎ r	9°10' ♎ r	18°21' ♈
19	Sa	14°49' ♑	13°30' ♐	24°34' ♎	26°03' ♍	7°20' ♑	17°28' ♓ r	4°27' ♍	5°25' ♈ r	12°21' ♎	14°14' ♎ r	9°07' ♎ r	18°54' ♈
20	So	15°04' ♑	13°52' ♐	24°55' ♎	26°32' ♍	7°21' ♑	17°26' ♓ r	4°27' ♍	5°22' ♈ r	12°28' ♎	11°48' ♎ r	9°05' ♎ r	19°26' ♈
21	Mo	15°19' ♑	14°14' ♐	25°16' ♎	27°00' ♍	7°22' ♑	17°25' ♓ r	4°28' ♍	5°19' ♈ r	12°34' ♎	9°04' ♎ r	9°02' ♎ r	19°59' ♈
22	Di	15°34' ♑	14°36' ♐	25°37' ♎	27°28' ♍	7°23' ♑	17°24' ♓ r	4°28' ♍	5°16' ♈ r	12°41' ♎	6°21' ♎ r	9°00' ♎ r	20°31' ♈
23	Mi	15°50' ♑	14°58' ♐	25°59' ♎	27°57' ♍	7°24' ♑	17°23' ♓ r	4°29' ♍	5°12' ♈ r	12°48' ♎	4°08' ♎ r	8°59' ♎ r	21°03' ♈
24	Do	16°05' ♑	15°21' ♐	26°20' ♎	28°25' ♍	7°25' ♑	17°22' ♓ r	4°29' ♍	5°09' ♈ r	12°54' ♎	2°43' ♎ r	8°58' ♎ r	21°36' ♈
25	Fr	16°21' ♑	15°43' ♐	26°41' ♎	28°53' ♍	7°26' ♑	17°20' ♓ r	4°29' ♍	5°06' ♈ r	13°01' ♎	2°16' ♎ r	8°57' ♎ r	22°08' ♈
26	Sa	16°37' ♑	16°05' ♐	27°02' ♎	29°22' ♍	7°27' ♑	17°19' ♓ r	4°30' ♍	5°03' ♈ r	13°08' ♎	2°40' ♎	8°57' ♎ r	22°40' ♈
27	So	16°53' ♑	16°28' ♐	27°23' ♎	29°50' ♍	7°28' ♑	17°18' ♓ r	4°30' ♍	5°00' ♈ r	13°14' ♎	3°44' ♎	8°57' ♎	23°12' ♈
28	Mo	17°10' ♑	16°51' ♐	27°45' ♎	0°19' ♎	7°29' ♑	17°17' ♓ r	4°31' ♍	4°56' ♈ r	13°21' ♎	5°18' ♎	8°58' ♎	23°45' ♈
29	Di	17°27' ♑	17°14' ♐	28°06' ♎	0°48' ♎	7°30' ♑	17°16' ♓ r	4°31' ♍	4°53' ♈ r	13°28' ♎	7°05' ♎	8°59' ♎	24°17' ♈
30	Mi	17°43' ♑	17°36' ♐	28°28' ♎	1°16' ♎	7°32' ♑	17°15' ♓ r	4°31' ♍	4°50' ♈ r	13°35' ♎	9°01' ♎	9°00' ♎	24°49' ♈
31	Do	18°00' ♑	17°59' ♐	28°49' ♎	1°44' ♎	7°33' ♑	17°14' ♓ r	4°32' ♍	4°47' ♈ r	13°41' ♎	11°09' ♎	9°02' ♎	25°21' ♈

Quelle: Sarastro © by Sarastro Software (erstellt von Peter Fraiss)

Tag	Sonne	Mond	Merkur	Venus	Mars	Jupiter	Saturn	Chiron	Uranus	Neptun	Pluto	Mondkn. (w)
01 Fr	9°00'52"♏	2°44'01"♏	27°25'♏	17°03'♐	28°52'♋	20°29'♊r	12°53'♓r	20°26'♈r	25°54'♉r	27°30'♓r	29°44'♑	6°26'♈r
02 Sa	10°00'56"♏	14°41'50"♏	28°49'♏	18°15'♐	29°14'♋	20°25'♊r	12°51'♓r	20°24'♈r	25°52'♉r	27°29'♓r	29°45'♑	6°21'♈r
03 So	11°01'01"♏	26°47'27"♏	0°13'♐	19°27'♐	29°35'♋	20°20'♊r	12°50'♓r	20°21'♈r	25°49'♉r	27°28'♓r	29°45'♑	6°16'♈r
04 Mo	12°01'09"♏	9°02'16"♐	1°36'♐	20°39'♐	29°56'♋	20°15'♊r	12°49'♓r	20°19'♈r	25°47'♉r	27°27'♓r	29°46'♑	6°09'♈r
05 Di	13°01'18"♏	21°27'35"♐	2°58'♐	21°51'♐	0°16'♌	20°10'♊r	12°48'♓r	20°16'♈r	25°45'♉r	27°26'♓r	29°47'♑	6°02'♈r
06 Mi	14°01'28"♏	4°04'48"♑	4°19'♐	23°03'♐	0°36'♌	20°05'♊r	12°46'♓r	20°14'♈r	25°42'♉r	27°25'♓r	29°47'♑	5°56'♈r
07 Do	15°01'41"♏	16°55'29"♑	5°39'♐	24°15'♐	0°55'♌	19°59'♊r	12°45'♓r	20°11'♈r	25°40'♉r	27°24'♓r	29°48'♑	5°51'♈r
08 Fr	16°01'54"♏	0°01'25"♒	6°58'♐	25°27'♐	1°14'♌	19°54'♊r	12°45'♓r	20°09'♈r	25°37'♉r	27°23'♓r	29°49'♑	5°48'♈r
09 Sa	17°02'10"♏	13°24'31"♒	8°16'♐	26°39'♐	1°33'♌	19°48'♊r	12°44'♓r	20°07'♈r	25°35'♉r	27°22'♓r	29°50'♑	5°47'♈r
10 So	18°02'26"♏	27°06'27"♒	9°32'♐	27°50'♐	1°51'♌	19°42'♊r	12°43'♓r	20°04'♈r	25°32'♉r	27°21'♓r	29°51'♑	5°47'♈
11 Mo	19°02'44"♏	11°08'16"♓	10°46'♐	29°02'♐	2°08'♌	19°36'♊r	12°43'♓r	20°02'♈r	25°30'♉r	27°20'♓r	29°51'♑	5°48'♈
12 Di	20°03'04"♏	25°29'48"♓	11°59'♐	0°14'♑	2°25'♌	19°30'♊r	12°42'♓r	20°00'♈r	25°27'♉r	27°19'♓r	29°52'♑	5°50'♈
13 Mi	21°03'24"♏	10°08'58"♈	13°10'♐	1°25'♑	2°42'♌	19°24'♊r	12°42'♓r	19°57'♈r	25°25'♉r	27°18'♓r	29°53'♑	5°50'♈r
14 Do	22°03'47"♏	25°01'25"♈	14°19'♐	2°37'♑	2°58'♌	19°17'♊r	12°42'♓r	19°55'♈r	25°22'♉r	27°18'♓r	29°54'♑	5°48'♈r
15 Fr	23°04'11"♏	10°00'27"♉	15°25'♐	3°48'♑	3°13'♌	19°11'♊r	12°42'♓r	19°53'♈r	25°20'♉r	27°17'♓r	29°55'♑	5°45'♈r
16 Sa	24°04'36"♏	24°57'39"♉	16°29'♐	4°59'♑	3°28'♌	19°04'♊r	12°42'♓	19°51'♈r	25°17'♉r	27°16'♓r	29°56'♑	5°39'♈r
17 So	25°05'03"♏	9°44'03"♊	17°29'♐	6°11'♑	3°42'♌	18°57'♊r	12°42'♓	19°49'♈r	25°15'♉r	27°15'♓r	29°57'♑	5°31'♈r
18 Mo	26°05'32"♏	24°11'38"♊	18°25'♐	7°22'♑	3°56'♌	18°50'♊r	12°42'♓	19°47'♈r	25°12'♉r	27°15'♓r	29°58'♑	5°23'♈r
19 Di	27°06'02"♏	8°14'32"♋	19°18'♐	8°33'♑	4°09'♌	18°43'♊r	12°42'♓	19°44'♈r	25°10'♉r	27°14'♓r	29°59'♑	5°15'♈r
20 Mi	28°06'34"♏	21°49'46"♋	20°06'♐	9°44'♑	4°22'♌	18°36'♊r	12°43'♓	19°42'♈r	25°07'♉r	27°13'♓r	0°00'♒	5°08'♈r
21 Do	29°07'08"♏	4°57'13"♌	20°49'♐	10°55'♑	4°33'♌	18°29'♊r	12°43'♓	19°40'♈r	25°05'♉r	27°13'♓r	0°01'♒	5°03'♈r
22 Fr	0°07'44"♐	17°39'11"♌	21°25'♐	12°06'♑	4°45'♌	18°22'♊r	12°44'♓	19°39'♈r	25°02'♉r	27°12'♓r	0°02'♒	5°00'♈r
23 Sa	1°08'21"♐	29°59'38"♌	21°56'♐	13°17'♑	4°55'♌	18°14'♊r	12°44'♓	19°37'♈r	25°00'♉r	27°12'♓r	0°03'♒	4°59'♈r
24 So	2°09'00"♐	12°03'35"♍	22°19'♐	14°28'♑	5°05'♌	18°07'♊r	12°45'♓	19°35'♈r	24°57'♉r	27°11'♓r	0°05'♒	4°59'♈
25 Mo	3°09'41"♐	23°56'27"♍	22°34'♐	15°38'♑	5°15'♌	17°59'♊r	12°46'♓	19°33'♈r	24°55'♉r	27°11'♓r	0°06'♒	5°00'♈
26 Di	4°10'23"♐	5°43'36"♎	22°40'♐	16°49'♑	5°23'♌	17°51'♊r	12°47'♓	19°31'♈r	24°52'♉r	27°10'♓r	0°07'♒	5°00'♈r
27 Mi	5°11'07"♐	17°30'02"♎	22°37'♐r	17°59'♑	5°31'♌	17°43'♊r	12°48'♓	19°29'♈r	24°50'♉r	27°10'♓r	0°08'♒	5°00'♈r
28 Do	6°11'52"♐	29°20'10"♎	22°23'♐r	19°10'♑	5°39'♌	17°36'♊r	12°50'♓	19°28'♈r	24°48'♉r	27°10'♓r	0°10'♒	4°56'♈r
29 Fr	7°12'39"♐	11°17'36"♏	21°59'♐r	20°20'♑	5°45'♌	17°28'♊r	12°51'♓	19°26'♈r	24°45'♉r	27°09'♓r	0°11'♒	4°51'♈r
30 Sa	8°13'27"♐	23°24'58"♏	21°23'♐r	21°30'♑	5°51'♌	17°20'♊r	12°52'♓	19°24'♈r	24°43'♉r	27°09'♓r	0°12'♒	4°42'♈r

Tag		Ceres	Pallas	Juno	Vesta	Pholus	Nessus	Transpl.	Mondkn.(m)	Lilith (m)	Lilith (o)	Lilith (n)	Priapus
01	Fr	18°17' ♑	18°22' ♐	29°10' ♎	2°12' ♎	7°34' ♑	17°13' ♓ r	4°32' ♍	4°44' ♈ r	13°48' ♎	13°38' ♎	9°04' ♎	25°52' ♈
02	Sa	18°34' ♑	18°44' ♐	29°31' ♎	2°40' ♎	7°35' ♑	17°12' ♓ r	4°32' ♍	4°41' ♈ r	13°54' ♎	16°42' ♎	9°07' ♎	26°23' ♈
03	So	18°51' ♑	19°07' ♐	29°52' ♎	3°08' ♎	7°37' ♑	17°11' ♓ r	4°33' ♍	4°37' ♈ r	14°01' ♎	20°27' ♎	9°10' ♎	26°55' ♈
04	Mo	19°09' ♑	19°30' ♐	0°13' ♏	3°37' ♎	7°38' ♑	17°10' ♓ r	4°33' ♍	4°34' ♈ r	14°08' ♎	24°47' ♎	9°14' ♎	27°26' ♈
05	Di	19°26' ♑	19°53' ♐	0°34' ♏	4°05' ♎	7°39' ♑	17°10' ♓ r	4°33' ♍	4°31' ♈ r	14°14' ♎	29°23' ♎	9°18' ♎	27°57' ♈
06	Mi	19°44' ♑	20°16' ♐	0°54' ♏	4°33' ♎	7°41' ♑	17°09' ♓ r	4°33' ♍	4°28' ♈ r	14°21' ♎	3°49' ♏	9°22' ♎	28°28' ♈
07	Do	20°02' ♑	20°39' ♐	1°15' ♏	5°01' ♎	7°42' ♑	17°08' ♓ r	4°34' ♍	4°25' ♈ r	14°28' ♎	7°34' ♏	9°27' ♎	28°58' ♈
08	Fr	20°20' ♑	21°02' ♐	1°36' ♏	5°29' ♎	7°44' ♑	17°07' ♓ r	4°34' ♍	4°21' ♈ r	14°34' ♎	10°15' ♏	9°32' ♎	29°29' ♈
09	Sa	20°38' ♑	21°25' ♐	1°57' ♏	5°57' ♎	7°45' ♑	17°07' ♓ r	4°34' ♍	4°18' ♈ r	14°41' ♎	11°33' ♏	9°38' ♎	29°59' ♈
10	So	20°56' ♑	21°48' ♐	2°18' ♏	6°24' ♎	7°47' ♑	17°06' ♓ r	4°34' ♍	4°15' ♈ r	14°48' ♎	11°22' ♏ r	9°43' ♎	0°29' ♉
11	Mo	21°14' ♑	22°11' ♐	2°38' ♏	6°52' ♎	7°48' ♑	17°05' ♓ r	4°35' ♍	4°12' ♈ r	14°54' ♎	9°58' ♏ r	9°50' ♎	0°58' ♉
12	Di	21°33' ♑	22°35' ♐	2°59' ♏	7°20' ♎	7°50' ♑	17°05' ♓ r	4°35' ♍	4°09' ♈ r	15°01' ♎	7°51' ♏ r	9°56' ♎	1°28' ♉
13	Mi	21°51' ♑	22°58' ♐	3°20' ♏	7°48' ♎	7°51' ♑	17°04' ♓ r	4°35' ♍	4°06' ♈ r	15°08' ♎	5°36' ♏ r	10°03' ♎	1°57' ♉
14	Do	22°10' ♑	23°21' ♐	3°40' ♏	8°16' ♎	7°53' ♑	17°03' ♓ r	4°35' ♍	4°02' ♈ r	15°14' ♎	3°36' ♏ r	10°10' ♎	2°26' ♉
15	Fr	22°29' ♑	23°44' ♐	4°01' ♏	8°43' ♎	7°54' ♑	17°03' ♓ r	4°35' ♍	3°59' ♈ r	15°21' ♎	1°49' ♏ r	10°18' ♎	2°55' ♉
16	Sa	22°48' ♑	24°08' ♐	4°22' ♏	9°11' ♎	7°56' ♑	17°02' ♓ r	4°36' ♍	3°56' ♈ r	15°28' ♎	0°02' ♏ r	10°26' ♎	3°23' ♉
17	So	23°07' ♑	24°31' ♐	4°42' ♏	9°39' ♎	7°58' ♑	17°02' ♓ r	4°36' ♍	3°53' ♈ r	15°34' ♎	27°54' ♎ r	10°34' ♎	3°51' ♉
18	Mo	23°26' ♑	24°54' ♐	5°02' ♏	10°06' ♎	7°59' ♑	17°01' ♓ r	4°36' ♍	3°50' ♈ r	15°41' ♎	25°14' ♎ r	10°42' ♎	4°19' ♉
19	Di	23°46' ♑	25°18' ♐	5°23' ♏	10°34' ♎	8°01' ♑	17°01' ♓ r	4°36' ♍	3°47' ♈ r	15°47' ♎	22°07' ♎ r	10°51' ♎	4°46' ♉
20	Mi	24°05' ♑	25°41' ♐	5°43' ♏	11°01' ♎	8°03' ♑	17°01' ♓ r	4°36' ♍	3°43' ♈ r	15°54' ♎	18°54' ♎ r	11°00' ♎	5°13' ♉
21	Do	24°25' ♑	26°05' ♐	6°04' ♏	11°29' ♎	8°05' ♑	17°00' ♓ r	4°36' ♍	3°40' ♈ r	16°01' ♎	16°03' ♎ r	11°09' ♎	5°40' ♉
22	Fr	24°44' ♑	26°28' ♐	6°24' ♏	11°56' ♎	8°06' ♑	17°00' ♓ r	4°36' ♍	3°37' ♈ r	16°07' ♎	13°55' ♎ r	11°19' ♎	6°06' ♉
23	Sa	25°04' ♑	26°52' ♐	6°44' ♏	12°23' ♎	8°08' ♑	17°00' ♓ r	4°37' ♍	3°34' ♈ r	16°14' ♎	12°35' ♎ r	11°28' ♎	6°32' ♉
24	So	25°24' ♑	27°15' ♐	7°04' ♏	12°51' ♎	8°10' ♑	17°00' ♓ r	4°37' ♍	3°31' ♈ r	16°21' ♎	11°59' ♎ r	11°38' ♎	6°58' ♉
25	Mo	25°44' ♑	27°39' ♐	7°24' ♏	13°18' ♎	8°12' ♑	16°59' ♓ r	4°37' ♍	3°27' ♈ r	16°27' ♎	11°52' ♎	11°48' ♎	7°23' ♉
26	Di	26°04' ♑	28°02' ♐	7°44' ♏	13°45' ♎	8°14' ♑	16°59' ♓ r	4°37' ♍	3°24' ♈ r	16°34' ♎	11°59' ♎	11°58' ♎	7°48' ♉
27	Mi	26°24' ♑	28°26' ♐	8°04' ♏	14°12' ♎	8°15' ♑	16°59' ♓ r	4°37' ♍	3°21' ♈ r	16°41' ♎	12°07' ♎	12°09' ♎	8°12' ♉
28	Do	26°44' ♑	28°49' ♐	8°24' ♏	14°39' ♎	8°17' ♑	16°59' ♓ r	4°37' ♍	3°18' ♈ r	16°47' ♎	12°10' ♎	12°19' ♎	8°36' ♉
29	Fr	27°05' ♑	29°13' ♐	8°44' ♏	15°06' ♎	8°19' ♑	16°59' ♓ r	4°37' ♍	3°15' ♈ r	16°54' ♎	12°12' ♎	12°30' ♎	8°59' ♉
30	Sa	27°25' ♑	29°37' ♐	9°04' ♏	15°33' ♎	8°21' ♑	16°59' ♓ r	4°37' ♍	3°12' ♈ r	17°01' ♎	12°33' ♎	12°41' ♎	9°21' ♉

DEZEMBER 2024 Planetenstände

0:00 Uhr • Mitteleuropäische Zeit

Quelle: Sarastro © by Sarastro Software (erstellt von Peter Fraiss)

Tag		Sonne	Mond	Merkur	Venus	Mars	Jupiter	Saturn	Chiron	Uranus	Neptun	Pluto	Mondkn.(w)
01	So	9°14'16"♐	5°44'00"♐	20°37'♐r	22°41'♑	5°56'♌	17°12'♊r	12°54'♓	19°23'♈r	24°40'♉r	27°09'♓r	0°13'♒	4°31'♈r
02	Mo	10°15'07"♐	18°15'28"♐	19°40'♐r	23°51'♑	6°00'♌	17°04'♊r	12°56'♓	19°21'♈r	24°38'♉r	27°08'♓r	0°15'♒	4°19'♈r
03	Di	11°15'59"♐	0°59'26"♑	18°34'♐r	25°00'♑	6°04'♌	16°55'♊r	12°57'♓	19°20'♈r	24°36'♉r	27°08'♓r	0°16'♒	4°06'♈r
04	Mi	12°16'52"♐	13°55'28"♑	17°20'♐r	26°10'♑	6°07'♌	16°47'♊r	12°59'♓	19°19'♈r	24°33'♉r	27°08'♓r	0°18'♒	3°55'♈r
05	Do	13°17'46"♐	27°03'00"♑	16°01'♐r	27°20'♑	6°09'♌	16°39'♊r	13°01'♓	19°17'♈r	24°31'♉r	27°08'♓r	0°19'♒	3°45'♈r
06	Fr	14°18'40"♐	10°21'40"♒	14°38'♐r	28°30'♑	6°10'♌	16°31'♊r	13°03'♓	19°16'♈r	24°29'♉r	27°08'♓r	0°20'♒	3°38'♈r
07	Sa	15°19'36"♐	23°51'28"♒	13°16'♐r	29°39'♑	6°10'♌	16°23'♊r	13°06'♓	19°15'♈r	24°26'♉r	27°08'♓r	0°22'♒	3°33'♈r
08	So	16°20'32"♐	7°32'45"♓	11°55'♐r	0°48'♒	6°10'♌r	16°15'♊r	13°08'♓	19°13'♈r	24°24'♉r	27°08'♓r	0°23'♒	3°31'♈r
09	Mo	17°21'29"♐	21°26'07"♓	10°40'♐r	1°58'♒	6°09'♌r	16°06'♊r	13°10'♓	19°12'♈r	24°22'♉r	27°08'♓	0°25'♒	3°31'♈
10	Di	18°22'26"♐	5°31'51"♈	9°33'♐r	3°07'♒	6°07'♌r	15°58'♊r	13°13'♓	19°11'♈r	24°19'♉r	27°08'♓	0°26'♒	3°31'♈r
11	Mi	19°23'24"♐	19°49'28"♈	8°34'♐r	4°16'♒	6°04'♌r	15°50'♊r	13°15'♓	19°10'♈r	24°17'♉r	27°08'♓	0°28'♒	3°30'♈r
12	Do	20°24'22"♐	4°17'02"♉	7°46'♐r	5°24'♒	6°00'♌r	15°42'♊r	13°18'♓	19°09'♈r	24°15'♉r	27°08'♓	0°30'♒	3°27'♈r
13	Fr	21°25'22"♐	18°50'48"♉	7°09'♐r	6°33'♒	5°56'♌r	15°34'♊r	13°21'♓	19°08'♈r	24°13'♉r	27°08'♓	0°31'♒	3°22'♈r
14	Sa	22°26'22"♐	3°25'15"♊	6°43'♐r	7°42'♒	5°50'♌r	15°26'♊r	13°24'♓	19°07'♈r	24°11'♉r	27°08'♓	0°33'♒	3°13'♈r
15	So	23°27'22"♐	17°53'38"♊	6°28'♐r	8°50'♒	5°44'♌r	15°18'♊r	13°27'♓	19°06'♈r	24°09'♉r	27°09'♓	0°34'♒	3°02'♈r
16	Mo	24°28'23"♐	2°08'57"♋	6°24'♐	9°58'♒	5°37'♌r	15°10'♊r	13°30'♓	19°05'♈r	24°07'♉r	27°09'♓	0°36'♒	2°49'♈r
17	Di	25°29'25"♐	16°05'13"♋	6°30'♐	11°06'♒	5°29'♌r	15°02'♊r	13°33'♓	19°05'♈r	24°05'♉r	27°09'♓	0°38'♒	2°37'♈r
18	Mi	26°30'28"♐	29°38'22"♋	6°44'♐	12°14'♒	5°21'♌r	14°54'♊r	13°36'♓	19°04'♈r	24°03'♉r	27°10'♓	0°39'♒	2°26'♈r
19	Do	27°31'32"♐	12°46'44"♌	7°08'♐	13°21'♒	5°11'♌r	14°46'♊r	13°40'♓	19°03'♈r	24°01'♉r	27°10'♓	0°41'♒	2°17'♈r
20	Fr	28°32'36"♐	25°31'06"♌	7°39'♐	14°29'♒	5°01'♌r	14°39'♊r	13°43'♓	19°03'♈r	23°59'♉r	27°10'♓	0°43'♒	2°11'♈r
21	Sa	29°33'41"♐	7°54'15"♍	8°16'♐	15°36'♒	4°50'♌r	14°31'♊r	13°47'♓	19°02'♈r	23°57'♉r	27°11'♓	0°44'♒	2°07'♈r
22	So	0°34'47"♑	20°00'26"♍	9°00'♐	16°43'♒	4°38'♌r	14°23'♊r	13°50'♓	19°02'♈r	23°55'♉r	27°11'♓	0°46'♒	2°06'♈r
23	Mo	1°35'53"♑	1°54'50"♎	9°49'♐	17°50'♒	4°25'♌r	14°16'♊r	13°54'♓	19°01'♈r	23°53'♉r	27°12'♓	0°48'♒	2°06'♈
24	Di	2°37'00"♑	13°43'02"♎	10°43'♐	18°56'♒	4°12'♌r	14°08'♊r	13°58'♓	19°01'♈r	23°51'♉r	27°12'♓	0°49'♒	2°05'♈r
25	Mi	3°38'08"♑	25°30'40"♎	11°41'♐	20°02'♒	3°57'♌r	14°01'♊r	14°02'♓	19°01'♈r	23°49'♉r	27°13'♓	0°51'♒	2°04'♈r
26	Do	4°39'16"♑	7°23'03"♏	12°43'♐	21°09'♒	3°42'♌r	13°54'♊r	14°06'♓	19°00'♈r	23°48'♉r	27°13'♓	0°53'♒	2°01'♈r
27	Fr	5°40'25"♑	19°24'50"♏	13°47'♐	22°14'♒	3°26'♌r	13°47'♊r	14°10'♓	19°00'♈r	23°46'♉r	27°14'♓	0°55'♒	1°54'♈r
28	Sa	6°41'35"♑	1°39'47"♐	14°55'♐	23°20'♒	3°09'♌r	13°40'♊r	14°14'♓	19°00'♈r	23°44'♉r	27°15'♓	0°57'♒	1°45'♈r
29	So	7°42'45"♑	14°10'25"♐	16°06'♐	24°25'♒	2°52'♌r	13°33'♊r	14°18'♓	19°00'♈r	23°43'♉r	27°16'♓	0°58'♒	1°33'♈r
30	Mo	8°43'55"♑	26°57'55"♐	17°18'♐	25°31'♒	2°34'♌r	13°26'♊r	14°22'♓	19°00'♈	23°41'♉r	27°16'♓	1°00'♒	1°20'♈r
31	Di	9°45'06"♑	10°02'03"♑	18°33'♐	26°35'♒	2°15'♌r	13°20'♊r	14°27'♓	19°00'♈	23°40'♉r	27°17'♓	1°02'♒	1°06'♈r

Tag		Ceres	Pallas	Juno	Vesta	Pholus	Nessus	Transpl.	Mondkn.(m)	Lilith (m)	Lilith (o)	Lilith (n)	Priapus
01	So	27°46' ♑	0°00' ♑	9°24' ♏	16°00' ♎	8°23' ♑	16°59' ♓	4°37' ♍	3°08' ♈ r	17°07' ♎	13°42' ♎	12°53' ♎	9°43' ♉
02	Mo	28°06' ♑	0°24' ♑	9°44' ♏	16°27' ♎	8°25' ♑	16°59' ♓	4°37' ♍ r	3°05' ♈ r	17°14' ♎	16°08' ♎	13°04' ♎	10°04' ♉
03	Di	28°27' ♑	0°48' ♑	10°03' ♏	16°54' ♎	8°27' ♑	16°59' ♓	4°37' ♍ r	3°02' ♈ r	17°21' ♎	20°04' ♎	13°15' ♎	10°25' ♉
04	Mi	28°48' ♑	1°11' ♑	10°23' ♏	17°20' ♎	8°29' ♑	16°59' ♓	4°37' ♍ r	2°59' ♈ r	17°27' ♎	25°20' ♎	13°27' ♎	10°45' ♉
05	Do	29°09' ♑	1°35' ♑	10°42' ♏	17°47' ♎	8°31' ♑	16°59' ♓	4°37' ♍ r	2°56' ♈ r	17°34' ♎	1°22' ♏	13°39' ♎	11°04' ♉
06	Fr	29°30' ♑	1°59' ♑	11°02' ♏	18°14' ♎	8°33' ♑	16°59' ♓	4°37' ♍ r	2°53' ♈ r	17°41' ♎	7°21' ♏	13°51' ♎	11°22' ♉
07	Sa	29°51' ♑	2°23' ♑	11°21' ♏	18°40' ♎	8°35' ♑	16°59' ♓	4°37' ♍ r	2°49' ♈ r	17°47' ♎	12°20' ♏	14°03' ♎	11°40' ♉
08	So	0°12' ♒	2°46' ♑	11°41' ♏	19°06' ♎	8°37' ♑	17°00' ♓	4°37' ♍ r	2°46' ♈ r	17°54' ♎	15°38' ♏	14°16' ♎	11°56' ♉
09	Mo	0°33' ♒	3°10' ♑	12°00' ♏	19°33' ♎	8°39' ♑	17°00' ♓	4°37' ♍ r	2°43' ♈ r	18°00' ♎	16°58' ♏	14°28' ♎	12°12' ♉
10	Di	0°55' ♒	3°34' ♑	12°19' ♏	19°59' ♎	8°41' ♑	17°00' ♓	4°37' ♍ r	2°40' ♈ r	18°07' ♎	16°36' ♏ r	14°41' ♎	12°27' ♉
11	Mi	1°16' ♒	3°58' ♑	12°38' ♏	20°25' ♎	8°43' ♑	17°01' ♓	4°36' ♍ r	2°37' ♈ r	18°14' ♎	15°17' ♏ r	14°53' ♎	12°40' ♉
12	Do	1°38' ♒	4°21' ♑	12°57' ♏	20°51' ♎	8°45' ♑	17°01' ♓	4°36' ♍ r	2°33' ♈ r	18°20' ♎	13°47' ♏ r	15°06' ♎	12°52' ♉
13	Fr	1°59' ♒	4°45' ♑	13°16' ♏	21°17' ♎	8°47' ♑	17°01' ♓	4°36' ♍ r	2°30' ♈ r	18°27' ♎	12°29' ♏ r	15°19' ♎	13°03' ♉
14	Sa	2°21' ♒	5°09' ♑	13°35' ♏	21°43' ♎	8°49' ♑	17°02' ♓	4°36' ♍ r	2°27' ♈ r	18°34' ♎	11°19' ♏ r	15°32' ♎	13°13' ♉
15	So	2°42' ♒	5°33' ♑	13°54' ♏	22°09' ♎	8°52' ♑	17°02' ♓	4°36' ♍ r	2°24' ♈ r	18°40' ♎	9°57' ♏ r	15°45' ♎	13°22' ♉
16	Mo	3°04' ♒	5°56' ♑	14°12' ♏	22°35' ♎	8°54' ♑	17°03' ♓	4°36' ♍ r	2°21' ♈ r	18°47' ♎	8°03' ♏ r	15°58' ♎	13°29' ♉
17	Di	3°26' ♒	6°20' ♑	14°31' ♏	23°00' ♎	8°56' ♑	17°03' ♓	4°36' ♍ r	2°18' ♈ r	18°54' ♎	5°24' ♏ r	16°12' ♎	13°34' ♉
18	Mi	3°48' ♒	6°44' ♑	14°49' ♏	23°26' ♎	8°58' ♑	17°04' ♓	4°35' ♍ r	2°14' ♈ r	19°00' ♎	2°06' ♏ r	16°25' ♎	13°38' ♉
19	Do	4°10' ♒	7°08' ♑	15°08' ♏	23°51' ♎	9°00' ♑	17°04' ♓	4°35' ♍ r	2°11' ♈ r	19°07' ♎	28°33' ♎ r	16°38' ♎	13°40' ♉
20	Fr	4°32' ♒	7°31' ♑	15°26' ♏	24°17' ♎	9°02' ♑	17°05' ♓	4°35' ♍ r	2°08' ♈ r	19°14' ♎	25°15' ♎ r	16°52' ♎	13°40' ♉ r
21	Sa	4°54' ♒	7°55' ♑	15°44' ♏	24°42' ♎	9°04' ♑	17°06' ♓	4°35' ♍ r	2°05' ♈ r	19°20' ♎	22°34' ♎ r	17°05' ♎	13°38' ♉ r
22	So	5°16' ♒	8°19' ♑	16°03' ♏	25°07' ♎	9°06' ♑	17°06' ♓	4°35' ♍ r	2°02' ♈ r	19°27' ♎	20°36' ♎ r	17°19' ♎	13°33' ♉ r
23	Mo	5°38' ♒	8°42' ♑	16°21' ♏	25°32' ♎	9°09' ♑	17°07' ♓	4°34' ♍ r	1°59' ♈ r	19°34' ♎	19°14' ♎ r	17°32' ♎	13°27' ♉ r
24	Di	6°00' ♒	9°06' ♑	16°39' ♏	25°57' ♎	9°11' ♑	17°08' ♓	4°34' ♍ r	1°55' ♈ r	19°40' ♎	18°12' ♎ r	17°46' ♎	13°17' ♉ r
25	Mi	6°22' ♒	9°30' ♑	16°57' ♏	26°22' ♎	9°13' ♑	17°09' ♓	4°34' ♍ r	1°52' ♈ r	19°47' ♎	17°09' ♎ r	18°00' ♎	13°05' ♉ r
26	Do	6°45' ♒	9°53' ♑	17°14' ♏	26°46' ♎	9°15' ♑	17°10' ♓	4°34' ♍ r	1°49' ♈ r	19°54' ♎	15°49' ♎ r	18°14' ♎	12°49' ♉ r
27	Fr	7°07' ♒	10°17' ♑	17°32' ♏	27°11' ♎	9°17' ♑	17°10' ♓	4°34' ♍ r	1°46' ♈ r	20°00' ♎	14°01' ♎ r	18°27' ♎	12°30' ♉ r
28	Sa	7°30' ♒	10°41' ♑	17°50' ♏	27°36' ♎	9°19' ♑	17°11' ♓	4°33' ♍ r	1°43' ♈ r	20°07' ♎	11°47' ♎ r	18°41' ♎	12°07' ♉ r
29	So	7°52' ♒	11°04' ♑	18°07' ♏	28°00' ♎	9°22' ♑	17°12' ♓	4°33' ♍ r	1°39' ♈ r	20°14' ♎	9°28' ♎ r	18°55' ♎	11°40' ♉ r
30	Mo	8°15' ♒	11°28' ♑	18°24' ♏	28°24' ♎	9°24' ♑	17°13' ♓	4°33' ♍ r	1°36' ♈ r	20°20' ♎	7°36' ♎ r	19°09' ♎	11°08' ♉ r
31	Di	8°37' ♒	11°52' ♑	18°42' ♏	28°48' ♎	9°26' ♑	17°14' ♓	4°32' ♍ r	1°33' ♈ r	20°27' ♎	6°47' ♎ r	19°23' ♎	10°31' ♉ r

ZEICHEN & SYMBOLE

PLANETEN

☉ Sonne
☽ Mond
☿ Merkur
♀ Venus
♂ Mars
♃ Jupiter
♄ Saturn
⚷ Chiron
♅ Uranus
♆ Neptun
♇ Pluto

TIERKREISZEICHEN

♈ Widder
♉ Stier
♊ Zwillinge
♋ Krebs
♌ Löwe
♍ Jungfrau
♎ Waage
♏ Skorpion
♐ Schütze
♑ Steinbock
♒ Wassermann
♓ Fische

PUNKTE

⚸ Lilith
Priapus
☊ aufsteigender Mondknoten
☋ absteigender Mondknoten

ASPEKTE

☌	Konjunktion	0°
⚹	Sextil	60°
□	Quadrat	90°
△	Trigon	120°
☍	Opposition	180°

SONSTIGES

→ Planet tritt in ein neues Zeichen
← Planet wechselt rückläufig in das vorherige Zeichen
SR Stationär rückläufig
SD Stationär direktläufig
v/c Void of Course (keine Hauptaspekte des Mondes vor Eintritt in ein neues Zeichen, siehe Seite 54)

DEUTUNG DES GEBURTSHOROSKOPS

Auf den folgenden Seiten finden sich Kurzdeutungen zu den Planeten, Zeichen und Häusern. Damit lassen sich eigene Deutungen zu allen Planetenkonstellationen erschließen. Es ist hilfreich, dabei wie folgt vorzugehen:

Planet – Was? Zeichen – Wie? Häuser – Wo?

- Die **Planeten** zeigen die Themen an, um die es geht.
- Die **Zeichen** geben Hinweise, wie wir das Thema angehen und umsetzen können.
- Die **Häuser** beschreiben, in welchen Lebensbereichen das Thema konkret zum Ausdruck kommen soll.

Dazu ein Beispiel: Mars in Löwe im 6. Haus
Bei Mars geht es um die Durchsetzung eigener Interessen. Er zeigt an, wofür wir kämpfen und uns stark machen sollen. Im Zeichen Löwe soll dieser Kampf mit Mut und ganzem persönlichen Einsatz geführt werden. Mars in Löwe möchte Heldentaten vollbringen, die bei anderen große Beachtung finden. Das 6. Haus zeigt an, dass der beherzte Kampf von Löwe-Mars im Alltag und am Arbeitsplatz nutzbringend eingesetzt und verwertet werden soll.

KURZDEUTUNGEN ZU DEN PLANETEN

☉ *Sonne:* Wer wir sind und mit welchen Werten und Zielen wir uns identifizieren. Was unser Wesen und unsere Persönlichkeit ausmacht. Wodurch wir zu uns selbst finden.

☽ *Mond:* Was wir brauchen, um uns wohlzufühlen. Unser inneres Kind. Wie wir unsere Gefühle zeigen und uns anderen nahe fühlen können.

☿ *Merkur:* Wie wir uns mitteilen. Wie wir die Welt wahrnehmen und verstehen. Was unsere Aufmerksamkeit und Neugier weckt.

♀ *Venus:* Was uns gefällt und was uns anzieht. Wie wir auf andere zugehen und ihnen unsere Zuneigung zeigen. Unsere innere Geliebte. Wo wir uns nach dem Schönen sehnen und das Leben genießen.

♂ *Mars:* Was wir wollen und wie wir dafür kämpfen. Wie wir unsere Kraft für unsere Ziele einsetzen. Unser innerer Geliebter. Unser Umgang mit Wut und Aggression.

♃ *Jupiter:* Wie wir der Fülle des Lebens begegnen. Wo wir aus dem Vollen schöpfen. Was uns optimistisch und zuversichtlich stimmt. Wie wir zu unserem Glück finden.

♄ *Saturn:* Wofür wir uns verantwortlich fühlen. Wo wir an Grenzen stoßen und Angst haben zu versagen. Woran wir wachsen, reifen und Meisterschaft erlangen. Unser Umgang mit Autoritäten.

⚷ *Chiron:* Was uns isoliert und zum Einzelgänger macht. Unsere wunden Punkte und wodurch wir sie heilen können. Unser Lehrer- und Heilerpotenzial. Was uns unsterblich macht.

⛢ *Uranus:* Unser Wunsch nach Freiheit und Unabhängigkeit. Wodurch wir uns von uns selbst und von anderen entfremden. Wo wir aus der Reihe tanzen und anders sein möchten. Wie wir innere Autonomie erringen.

♆ *Neptun:* Was unsere tiefsten Sehnsüchte weckt. Womit wir uns selbst und andere täuschen und betrügen. Wie wir durch Hingabe zur Erlösung finden. Was uns bezaubert und beglückt.

♇ *Pluto:* Unser Streben nach Macht und Einfluss. Wie wir durch Krisen zu unserer inneren Wahrheit finden. Wodurch wir uns innerlich wandeln und erneuern.

⚸ *Lilith:* Worüber wir selbst bestimmen und entscheiden. Unsere verdrängten und abgespaltenen Bedürfnisse. Wo wir frei von Konditionierungen sind.

⚳ *Priapus:* Was uns emotional nährt und guttut. Wovon wir überwältigt werden. Unser schöpferisch-zeugendes Potenzial.

☊ *Mondknoten:* Was wir als schicksalhaft empfinden. Unsere innere Bestimmung. Karmische Begegnungen.

KURZDEUTUNGEN ZU DEN TIERKREISZEICHEN

♈ *Widder:* Wo wir Pioniere und Kämpfer sind. Was uns ungeduldig und rastlos macht. Wie wir dem Leben die Stirn bieten und unsere Interessen durchsetzen.

♉ *Stier:* Wo wir nach Genuss und Sicherheit streben. Was wir mit Geduld hegen und pflegen. Wie wir Besitzstände wahren.

♊ *Zwillinge:* Wo wir voller Zweifel sind und alles hinterfragen. Was uns neugierig und ablenkbar macht. Wie wir unsere Vielseitigkeit zur Geltung bringen.

♋ *Krebs:* Wo wir fürsorglich und sentimental sind. Was uns zu Herzen geht und unsere Gefühle weckt. Wie wir uns um uns selbst und andere kümmern.

♌ *Löwe:* Wo wir zum Helden unseres Lebens werden. Was unsere Lebensfreude weckt und uns zu großen Taten veranlasst. Wie wir uns selbstbewusst in Szene setzen.

♍ *Jungfrau:* Wo wir gründlich und genau sind. Was wir gewissenhaft vervollkommnen und perfektionieren möchten. Wie wir uns nützlich machen und anderen dienen können.

♎ *Waage:* Wo wir nach Harmonie und Ausgleich streben. Was wir innerlich lange abwägen müssen und nur schwer entscheiden können. Wie wir für Frieden und Gerechtigkeit sorgen und wo wir Zwietracht säen.

♏ *Skorpion:* Wo wir radikal und ehrlich sind. Was wir erforschen und aufdecken müssen. Wie wir mit Tabus und Geheimnissen umgehen.

♐ *Schütze:* Wo wir weltoffen und voller Zuversicht sind. Was wir in moralischer Hinsicht als richtig und gut empfinden. Wie wir die Welt verbessern möchten.

♑ *Steinbock:* Wo wir streng sind und uns nach Regeln und Gesetzen richten. Was wir mit Disziplin und Nachdruck verfolgen. Wie wir unserer Verantwortung gerecht werden.

♒ *Wassermann:* Wo wir über den Dingen stehen und unabhängig sind. Was wir verändern und neu erfinden möchten. Wie wir unsere Individualität zum Ausdruck bringen.

♓ *Fische:* Wo wir hilfsbereit und nachgiebig sind. Was wir gerne teilen. Wie wir die Welt retten und unser inneres Heil finden können.

KURZDEUTUNGEN ZU DEN ASTROLOGISCHEN HÄUSERN

1. Haus Unsere äußere Erscheinung und die Art und Weise, wie wir auf unbekannte Situationen zugehen. Unser Selbstausdruck, unsere körperliche Konstitution und Ausstrahlung. Der erste Eindruck, den wir bei anderen wecken. Unsere Maske, die wir tragen, und was sich dahinter verbirgt.

2. Haus Unsere Einstellung gegenüber Geld, Werten und Besitz und die Art unserer Existenz- und Reviersicherung. Wie und wodurch wir unser Geld verdienen und womit wir unsere Existenz bestreiten können. Was unser Selbstwertgefühl stärkt und wie wir das Beste aus unseren Talenten machen können.

3. Haus Das Wissen und die Erfahrungen, die wir im täglichen Umgang mit anderen sammeln. Unsere Fähigkeit, uns auszudrücken und hinzuzulernen. Die sozialen Kompetenzen, die uns helfen, mit unserer unmittelbaren Umgebung klarzukommen.

4. Haus Unsere Art, uns ein Zuhause zu schaffen. Wodurch wir uns geborgen und beschützt fühlen können. Die Atmosphäre unseres Elternhauses und die wesentlichen Erfahrungen der Kindheit. Faktoren, die bei Orts- und Wohnungswahl und bei der Gründung einer Familie eine wichtige Rolle spielen.

5. Haus Unser schöpferischer Selbstausdruck und alles, was uns Spaß und Freude bereitet. Die Bühnen, auf denen wir uns ausprobieren und kreativ entfalten können. Unsere »Liebhabereien« und Hobbys bis hin zu unseren Flirts und Affären. Unsere Einstellung zu Kindern und wie wir mit unserem eigenen inneren Kind umgehen.

6. Haus Wodurch wir unseren persönlichen Lebens- und Arbeitsrhythmus finden und den Alltag gemäß unseren persönlichen Bedürfnissen gestalten können. Unsere Einstellung zur Arbeit und zu den Verpflichtungen des alltäglichen Lebens. Chronische Erkrankungen, die u. a. mit unserer Ernährung sowie unserem Lebens- und Arbeitsrhythmus zusammenhängen.

7. Haus Unsere Art, Beziehungen einzugehen, um innerlich ganz zu werden. Wo wir uns selbst in anderen wiederfinden. Wie wir uns unserer Projektionen bewusst werden. Was wir von unseren Partnern und unseren Beziehungen mit ihnen erwarten. Unsere »bessere Hälfte«, durch die wir innerlich zu Ausgleich und Harmonie finden.

8. Haus Unsere Bereitschaft zu Wandlung und Transformation. Wie wir all die inneren Tode sterben, die uns zum Kern unserer Existenz und zu unserer inneren Wahrheit führen. Die Tabus und Geheimnisse, die wir brechen und lüften müssen, um zu uns selbst zu finden und uns mit anderen verbinden zu können. Unsere tiefsten Verstrickungen mit dem Leben durch Beziehungen oder finanzielle Verpflichtungen und gemeinsame Projekte.

9. Haus Unser Weg, um zu einer sinnvollen und erfüllenden Lebensperspektive zu finden. Womit wir unseren Horizont erweitern, in die Ferne schweifen und uns auf innere Reisen begeben. Was wir auf der Suche nach dem Sinn des Lebens als bedeutsam und wichtig erleben. Die Art und Weise, wie wir nach höherer Bildung und umfassender Erkenntnis streben, was uns hilft, unser Streben auf ein höheres Ziel hin auszurichten.

10. Haus Die Verwirklichung dessen, wozu wir uns berufen fühlen. Die Erfolge, nach denen wir streben und die unseren gesellschaftlichen Status definieren. Wie wir unserer sozialen Verantwortung gerecht werden. Unser Lebensziel und unser Drang, über uns hinauszuwachsen und in der Welt etwas Bedeutsames zu leisten. Wie wir unsere individuelle Selbstverwirklichung in den Dienst einer größeren Aufgabe stellen können.

11. Haus Unsere Art, Gleichgesinnte zu finden, um große Aufgaben zu bewältigen und humanitäre Ziele zu verwirklichen. Freunde und Menschen, denen wir uns geistig verwandt und verbunden fühlen. Wie wir uns in Gruppen bewegen und in Teams mit anderen zusammenarbeiten und kooperieren können. Wie wir

Netzwerke knüpfen und unsere persönlichen Anliegen in Gemeinschaften tragen, deren Ziele wir teilen.

12. Haus Unsere Rückverbindung mit dem großen Ganzen. Wodurch wir uns mit der Welt verbunden fühlen. Was wir erleben, wenn wir uns zurückziehen und mit uns alleine sind. Ein Ort der Stille, der unserer inneren Zentrierung dient und uns zugleich Zugang zur Grenzenlosigkeit des Daseins gewährt. Was wir gerne vor der Welt verborgen halten und uns nur heimlich zugestehen.

STICHWORTE ZU DEN ASTROLOGISCHEN ASPEKTEN

KONJUNKTION ☌

Potenzial: vereinte Kraft, gegenseitige Verstärkung, gute Teamarbeit
Konflikt: Konfusion, erzwungene Kooperation, gegenseitiger Boykott

OPPOSITION ☍

Potenzial: Vereinigung von Gegensätzen/Polaritäten, Bewusstheit durch Konfrontation
Konflikt: Projektion, Abspaltung, Entweder-oder, Schwanken zwischen Extremen

QUADRAT □

Potenzial: Reibung, Energie, Herausforderung
Konflikt: Unvereinbarkeit, Zerrissenheit, Spannung, Blockade

SEXTIL ⚹

Potenzial: Anregung
Konflikt: Unschlüssigkeit

TRIGON △

Potenzial: Harmonie; Unterstützung, Kooperation, Entspannung
Konflikt: Trägheit, passive Glückserwartung, Selbstverständlichkeit

★ Astrologie lernen ★
★ zu sich selbst finden ★
★ Menschen verstehen ★
Lebensschule
Astrologie
ASTROLOGIE
ZENTRUM BERLIN
Markus Jehle
+49 (0)170 3850061
(MO-FR 10:00 – 17:00)
www.astrologie-zentrum-berlin.de